dtv

W0198407

Ein schwarzer Tag in der Geschichte des Vatikans: Im Mai 1998 wird der Kommandant der Päpstlichen Schweizergarde, Alois Estermann, ermordet in seiner Wohnung aufgefunden. Im selben Raum zwei weitere Tote: Estermanns Frau Gladys und der junge Gardist Cédric Tornay. Noch in derselben Nacht präsentiert der Vatikan eine Erklärung für das blutige Drama: Frustriert über eine ihm verweigerte Medaille habe Tornay seinen Vorgesetzten und dessen Frau erschossen. Aber etwas ist faul im Staat des Papstes. Ermittlungen der italienischen Polizei werden nicht zugelassen, ein angeblicher Abschiedsbrief Tornays erweist sich als Fälschung. Valeska von Roques, die über beste Kontakte zu inneren Zirkeln des Vatikans verfügt, hat den Fall recherchiert. Was sie herausgefunden hat, beweist, dass die vatikanische Version des Geschehens eine hastig zusammengezimmerte Konstruktion ist. Es galt, Spuren zu verwischen, die geradewegs in das Zentrum der Macht des Heiligen Stuhls führen und eine für die Kirchenoberen unerträgliche Wahrheit vertuschen sollen.

Valeska von Roques, Journalistin und Historikerin, lebt in Hamburg. 23 Jahre arbeitete sie als Korrespondentin für den ›Spiegel‹. Zahlreiche Veröffentlichungen, u.a. ›Verschwörung gegen den Papst‹ (2001).

Valeska von Roques

Mord im Vatikan

Ermittlungen gegen die katholische Kirche

Deutscher Taschenbuch Verlag

Aktualisierte Ausgabe
Dezember 2005
Deutscher Taschenbuch Verlag GmbH & Co. KG,
München
www.dtv.de
Alle Rechte vorbehalten.
© 2003 Hoffmann und Campe Verlag, Hamburg
Umschlagkonzept: Balk & Brumshagen
Umschlaggestaltung: Bettina Wengenmeier unter Verwendung
eines Fotos von © Corbis / Fulvio Reiter
Satz: Dörlemann Satz, Lemförde
Druck und Bindung: Druckerei C. H. Beck, Nördlingen
Gedruckt auf säurefreiem, chlorfrei gebleichtem Papier
Printed in Germany · ISBN 3-423-34266-8

Inhalt

Teil 1

Tod in der Schweizergarde

Es ist aber nichts verborgen, das nicht offenbar werde,
noch heimlich, das man nicht wissen werde.

Lukas 12,2

Kapitel 1

Drei Tote in einer Kaserne

Unter einem klaren römischen Abendhimmel, der die raue Fassade der Kaserne rostrot färbte, saß der Schweizergardist Cédric Tornay, umringt von Freunden, auf einer altertümlichen Kanone. Er war 23 Jahre alt, rauchte eine Zigarette und war gut gelaunt bis zum Übermut.

Hinter der Kaserne ragt fast senkrecht die Rückwand des Apostolischen Palastes auf. Dort wohnt der Papst, den zu schützen der Junge drei Jahre zuvor mit so kräftigem Druck seiner Hände geschworen hatte, dass die Fahnenstange, die er dabei halten musste, einknickte.

Jetzt war Feierabend. Cédric trug Jeans und seine geliebte Lederjacke. Und als sein Vorgesetzter, Alois Estermann, Vizekommandant der Garde, am Arm geführt von seiner Frau Gladys aus Venezuela, an ihm vorbeispazierte, winkte Cédric den beiden zu und rief »Buona sera«, ein eher informelles Verhalten in einer Welt von militärischem Reglement und altertümlichem Ritual. Gladys Estermann blickte ungnädig, wenn nicht empört in seine Richtung. Der Vizekommandant hingegen murmelte eine Erwiderung, die Cédric als Gegengruß deutete.

Am nächsten Vormittag musste er einsehen, dass er sich geirrt hatte. Estermann rief den jungen Westschweizer in sein Büro, um ihn abzukanzeln, und das nicht zum ersten Mal. Cédric nahm es ziemlich gelassen hin. Er konnte nicht ahnen, dass der eher belanglose Vorfall ein paar Monate später Element eines vatikanischen Täterprofils sein würde, das Cédric als disziplin- und haltlosen, sogar drogenabhängigen jungen Menschen beschreiben und als Bestandteil einer offiziösen Darstellung seines Todes in die Geschichte der Schweizergarde eingehen sollte.

Cédric Tornay, Alois Estermann und Gladys Meza Romero, wurden am 4. Mai 1998 gegen 21 Uhr in einer Kaserne der Schweizergarde erschossen aufgefunden. Drei Stunden später, gegen null Uhr des 5. Mai 1998, hatte der Sprecher des Heiligen Stuhls, Joaquín Navarro-Valls, bereits eine komplette Erklärung des blutigen Geschehens zur Hand: In einem »raptus di follia« – wörtlich übersetzt: einem plötzlichen Anfall von Verrücktheit (einem in der Fachsprache der Psychiatrie unbekannten Phänomen) – habe Cédric Tornay seinen Vorgesetzten und dessen Frau erschossen und sich anschließend mit seiner Dienstwaffe selbst gerichtet.

Ich hörte die Meldung am 5. Mai 1998 um sieben Uhr früh im Radio. Sie war so ungewöhnlich, dass ich meine Jogging-Schuhe wieder aufschnürte und darauf verzichtete, durch die um diese Uhrzeit ziemlich unbelebte Altstadt Roms in Richtung Spanische Treppe und dann in den Borghese-Park zu trotten. Es nieselte noch immer, wie ständig in den vergangenen Tagen. Ich ging über die Piazza della Rotonda, den leicht nach unten geschwungenen Vorplatz des römischen Pantheons. Pino, mein langhaariger Zeitungshändler, sah mich kommen und stellte mir meine Mischung zusammen: drei italienische Tageszeitungen, »La Repubblica«, den »Corriere della Sera« und »La Stampa« sowie die »Herald Tribune«. Die später eintreffende »Süddeutsche« würde er für mich aufbewahren. Aber an diesem Morgen legte er mit Schwung noch den »Messaggero« auf meinen Stapel. »Die Jungs vom ›Messaggero‹ haben es noch ins Blatt bekommen«, sagte er. In der Tat: »Bluttat im Vatikan« lautete die Balkenüberschrift, während der dazugehörige Artikel auf der ersten Seite der moderat konservativen Zeitung nicht sehr viel mehr Auskunft gab als die Rai-Redakteure vom Frühdienst des Dritten Programms. Ich nahm mein Päckchen und begab mich ins Café Pantheon.

Direkt auf der Piazza, die längst zum Fußgängerbereich erklärt worden ist, parkten wie lange, schwarze Haie die Limousinen der Wichtigen in der Stadt. Ihre Chauffeure umlagerten, wie immer um diese morgendliche Stunde, die Theke meines Stammcafés und schwatzten mit den Polizisten, deren Aufgabe es gewesen wäre, die Windschutzscheiben dieser Autos mit Strafzetteln zu spicken.

Als ich eintrat, begann Giorgio, der schnauzbärtige Barmann des Cafés, unverzüglich mit der Zubereitung meines *caffé latte*. Meist plauderten wir bei dieser Gelegenheit über Belangloses. Doch an diesem 5. Mai des Jahres 1998 schüttelte Giorgio besorgt den Kopf. »Was werdet ihr Ausländer nun wieder über uns schreiben?« Ich antwortete: »Giorgio, wir alle wissen noch gar nichts. Sie nichts, ich nichts, meine Kollegen auch nichts. Heute sollte niemand in Deutschland oder anderswo von uns eine Erklärung verlangen.«

Aber diese Meldung wollte mir nicht aus dem Kopf gehen. Ein Jüngling von der Schweizergarde, 23 Jahre alt, erschießt seinen Vorgesetzten, dessen Frau und dann sich selbst. Warum? Keine Informationen über die Vorgeschichte. Der Knabe schien in jeder Hinsicht völlig unauffällig gewesen zu sein. Nichts Ungewöhnliches war den wenigen Journalisten, die sich in der Nacht mit dem Fall beschäftigt hatten, zu Ohren gekommen. Das konnte sich natürlich stündlich ändern. Eine jugendliche Schizophrenie? Aber aus heiterem Himmel? Ohne Warnzeichen? Eine nach dreijährigem Dienst in der Schweizergarde unentdeckte Veranlagung des jungen Mannes zu explodierender Gewalttätigkeit? Woher wusste man eigentlich so schnell, dass er es wirklich gewesen war?

Ich nahm meinen Korb und ging auf den kleinen Markt vor meiner Haustür, wo ich stets darauf achtete, keinen der beiden großen Obst- und Gemüsestände eindeutig zu bevorzugen. Das wäre unfreundlich gewesen. Heute war Simonetta mit ihren verlockenden, frischen Auslagen dran. Hinter ihr erhob sich ein schmales Palais aus dem 18. Jahrhundert, frisch restauriert in einem freundlichen Ockerton. Ich blickte auf das Fenster im ersten Stockwerk. Richtig, da saß er, mein behäbiger Freund in seiner schwarzen Soutane und dem lila Käppi auf dem runden, haarlosen Schädel. Bewegungslos las er, wie immer um diese Tageszeit, der fleißige Mann. Wir kannten uns ganz gut, und manchmal erwies mir seine Exzellenz die Ehre einer kleinen, inoffiziellen Privataudienz, unter der Voraussetzung natürlich, dass keines seiner kostbaren Worte gedruckt erscheine. Damit konnte ich leben. Aber an diesem Morgen war ich gespannt auf seine Reaktion. Ich blickte hartnäckig über die Körbchen mit den sizilianischen Erdbeeren, den letzten Orangen und den ersten Zuckermelonen der Saison hinweg in seine Richtung. Dann hob ich die Hand und winkte ihm ganz vorsichtig zu. Meist schaute er dann auf, sah mich unten stehen, lächelte fast unmerklich und gab mir mit jener typischen römischen Handbewegung, die das Telefonieren nachahmt, zu verstehen, dass ich seine geheime Privatnummer anwählen dürfe.

Heute jedoch, an diesem regnerischen 5. Mai, reagierte der Erzbischof nicht. Er starrte vor sich hin – auf ein Buch, auf die Bibel, auf ein Dokument seiner ehemaligen Kongregation, ich konnte es von meinem Standort aus nicht erkennen. Das Signal, das er mir auf diese Weise gab, war überdeutlich: Es würde nicht einfach werden. Ich hatte auch keine Eile – ich hatte genug mit meinen aktuellen Recherchen zu tun, ein anderes vatikanisches Thema musste zu Ende geschrieben werden. Und jeder Annäherung an gesicherte Erkenntnisse in einem derart sensationellen Mordfall würde der Vatikan mit Sicherheit einige Hindernisse in den Weg stellen. Und so war es dann auch.

In einem rasanten Tempo, das nicht typisch ist für vatikanische Arbeitsgänge, wurde umgehend eine Mauer des Schweigens um das Verbrechen gezogen, durch deren vergitterte Luken nur das nach außen gereicht wurde, was den Lenkern der offiziösen Wahrheit dienlich erschien. Aber sie trafen auf unerwarteten Widerstand.

Fast ein Jahrzehnt nach der Bluttat sind die Zweifel und Fragen an der vatikanischen Darstellung nicht verstummt. Sie sind eher lauter geworden, und das erste spektakuläre Gewaltverbrechen im Vatikan seit 150 Jahren ist inzwischen eine *cause célèbre* geworden. Die Mutter des jungen Schweizergardisten und angeblichen Mörders, Muguette Baudat, eine intensive, hochintelligente und völlig mittellose Frau, nahm den Kampf gegen eine der mächtigsten Institutionen der Welt auf: gegen die katholische Kirche und ihr Zentrum, den Heiligen Stuhl im römischen Vatikanstaat. Anders als ihr Sohn gehört Muguette Baudat nicht der katholischen Kirche an. Sie ist Protestantin, nicht besonders fromm oder gar protestantisch im kämpferischen Sinne. »Ich habe nichts gegen den Vatikan, ich will nur die Wahrheit«, hat sie, jedenfalls anfangs, immer wieder beteuert. Heute sieht sie die Männer an der Spitze der katholischen Kirche sehr viel kritischer. Und dass ihr die Wahrheit gewährt werde, verhindert der Vatikan seit Jahren und mit allen Mitteln. Er beharrt auf seiner Version – ohne sie zu beweisen.

Ein Ermittlungsverfahren der vatikanischen Justiz wird nach nur acht Monaten, Anfang Januar 1999, abgeschlossen und kommt zu demselben Ergebnis wie die drei Stunden nach der Tat aus dem Ärmel geschüttelten Behauptungen des Vatikansprechers Navarro-Valls: Cédric Tornay sei ein Doppelmörder und habe sich sofort nach dem Verbrechen selbst gerichtet. Einen Monat später veröffentlicht das Presseamt des Heiligen Stuhls ein Bulletin, das sich als Zusammenfassung eines Einstellungsbescheides gibt, als gekürzte Fassung eines gerichtlichen Dokuments also. Allein für die korrekte Veröffentlichung durch die akkreditierten Journalisten beim Heiligen Stuhl müsste das Schriftstück die Unterschrift des Richters tragen, der diesen wichtigen Beschluss gefasst und begründet hat. Aber diese Unterschrift fehlt. Dabei konstatiert das Dokument überaus schwerwiegende Dinge. Der junge Tornay sei psychisch labil, drogenabhängig, ein Querulant und ein chronisch disziplinloser Soldat der Päpstlichen Schweizergarde gewesen. Beweise werden nicht vorgelegt, angebliche Zeugen nicht namentlich genannt. Zehn Gutachten »nekroskopischer, anatomisch-histologischer, toxologischer, ballistischer, technisch-telefonischer« Natur seien von »illustren Experten« erstellt worden. Aber die Namen dieser hervorragenden Fachleute werden nicht aufgeführt, die Gutachten nicht veröffentlicht. Die kriminologische Beweisführung in einem durchaus irdischen Mordfall bleibt eine Sache des Glaubens.

Zwei der bekanntesten Anwälte Frankreichs, Jacques Vergès und Luc Brossollet, stehen der Mutter Cédrics inzwischen zur Seite. Vergès, der so unterschiedliche Verbrecher wie den Nazi-Schergen Klaus Barbie oder den internationalen Terroristen Illich Ramirez Sanchez, genannt Carlos, verteidigt hat, ist ebenso berühmt wie berüchtigt – wenngleich weniger bekannt ist, dass der Anwalt zum Beispiel auch, unentgeltlich, einen marokkanischen Gärtner aus dem Kerker befreit hat, der bereits in letzter Instanz für einen Mord verurteilt worden war, den er nicht begangen hatte.

Doch anders als Frankreich folgt die vatikanische Justiz keinen rechtsstaatlichen Prinzipien. Die Mutter Cédrics ist für das so genannte Ermittlungsverfahren des Kirchenstaats nicht vorgeladen worden. Ihre Briefe an den Heiligen Vater, den sie, in genauer Kenntnis der Sachlage, als den »obersten Souverän des Vatikanstaats und daher auch die oberste richterliche Instanz« angesprochen hatte, blieben unbeantwortet. Mit Schweigen reagierte der Vatikan auch auf eine detaillierte Eingabe der beiden Pariser Rechtsanwälte, in der sie vortrugen, dass sich die Beweislage seit der Einstellung des vatikanischen Verfahrens geändert habe. Erst nach einer dramatischen Pressekonferenz, die Brossollet und Vergès im Juli 2002 vor der Haustür des Papstes, im Gebäude der Auslandspresse in Rom, abhielten, ließ sich das Staatssekretariat, die zentrale Stabsstelle der Kirchenregierung, vernehmen: Ein Antrag auf Wiederaufnahme des Verfahrens sei bei ihm eingegangen und werde zurzeit von den »zuständigen Behörden« überprüft. Dann folgte ein mürrischer Schlusssatz: Im Übrigen verbitte man sich die auf der Pressekonferenz von den Rechtsanwälten vorgetragenen Unterstellungen.

Inzwischen ist viel Wasser den Tiber hinuntergeflossen. Überprüft wird angeblich immer noch. Spielen die Monsignori auf Zeit, wünschen sie sich, dass die Öffentlichkeit vergisst? Wird Benedikt XVI., der Nachfolger Johannes Pauls II., die Mordaffäre im Zentrum der katholischen Kirche endgültig begraben und sagen, ein neues Pontifikat könne sich nicht mit juristischen Querelen des vorangegangenen beschäftigen? Fragen über Fragen.

Ich hatte meine Recherchen im Jahr 2001 aufgenommen. Vorausgegangen war ein geheimes Angebot aus dem Vatikan, mir mit Insider-Informationen zu helfen. Später wurden die Unterlagen der Pariser Rechtsanwälte zu einer wichtigen Quelle. Sie sind zum großen Teil im Vatikan selbst entstanden, unter den blinden Augen des Staatssekretariats. Mein behäbiger Freund an der Piazzetta della Maddalena wiederum hat das Material gegengelesen und in seiner feinen Schrift da und dort eine Korrektur angebracht. Grundsätzlich war er jedoch mit dem einverstanden, was mir als Rohstoff geliefert wurde. Allen, die daran mitgewirkt haben, danke ich hier – es wäre mir wahrhaft lieber, ich könnte einzelne Namen nennen. Aber das verbietet sich unter vatikanischen Umständen. Zahlreiche Interviews haben das Material ergänzt. Valeria, die Freundin und schließlich die Verlobte Cédric Tornays, hat sich, nach langem Schweigen und großem Zögern, entschlossen, mir alles über den Jungen aus der Westschweiz zu erzählen, in den sie sich verliebt hatte und den sie heiraten wollte. Die Fotos im Anhang zu diesem Band stammen aus der Zeit der Liebe zwischen der jungen Römerin und dem Schweizergardisten Cédric Tornay. Valeria hat sie aus dem dicken Album gescannt, das sie über ihre lange und doch viel zu kurze Freundschaft mit dem jungen Schweizer angelegt hat; sie organisierte auch die Aussagen seiner römischen Freunde, welche die Fotos ergänzen.

In weiten Teilen ist dieses Buch eine Fallstudie: Es beweist, dass der junge Mann, den der Vatikan als Mörder und Selbstmörder brandmarkte, unschuldig ist. Das war mein wichtigstes Ziel.

Freilich gibt es auch einen weiteren Rahmen für die Geschichte, die ich hier erzähle. Es lag mir daran, das Umfeld zu schildern, in welchem die Führung einer großen, aber nicht der einzigen und nicht der größten Religionsgemeinschaft in der Welt, der katholischen Kirche, einen rechtsfreien Raum für sich beansprucht, der ihr nicht zusteht.

Wir leben nicht mehr im Mittelalter, die Kämpfe zwischen Papst- und Kaisertum sind ausgetragen. Die weltliche Konkurrenz der beiden Mächte gehört einer fernen Vergangenheit an. Der Staat des Papstes in Rom muss sich allgemein gültigen völkerrechtlichen Regeln fügen – sonst darf er nicht in der Gemeinschaft der Völker mitreden. Die Predigt eines jeden Papstes vom Frieden wird unglaubwürdig, wenn sein eigener Staat grundlegende Menschenrechte verweigert.

Montag, der 4. Mai 1998, ein kühler, verregneter Tag in Rom. In der kleinen Welt der päpstlichen Schweizergarde im Vatikan besteigt die Nonne Marie Frowine Helfenberger den Lift in der Kaserne, in der sie gemeinsam mit vier anderen Schwestern ihres Ordens, den Schwestern von der Göttlichen Vorsehung aus dem Kloster Baldegg in der Schweiz, ein Apartment im zweiten Stock bewohnt. Auf der anderen Seite des kleinen Flurs, ebenfalls im zweiten Stock, leben die Estermanns. Schwester Marie Frowine schleppt an ihren Einkäufen und hat es ein wenig eilig: Sie will die täglich von Radio Vatikan um 20.45 Uhr gesendete Rosenkranz-Andacht nicht versäumen. Doch als sie den Aufzug verlässt, hält sie inne. Sie wundert sich über langsame, schwere Schritte, die aus dem Treppenhaus zu vernehmen sind. Sie klingen seltsam, so als habe jemand eine Zentnerlast von unten nach oben zu schleppen. Aber ihr frommer Wunsch, dem abendlichen Rosenkranz-Gebet beizuwohnen, ist stärker als ihre Neugier. Sie lässt sich mit ihren Mitschwestern vor dem Radio nieder. Die Perlen gleiten durch ihre Hände, und sie murmeln dazu das Ave-Maria. Doch wenig später, gegen 20.50 Uhr, erschrecken sie über gänzlich ungewohnte Geräusche, die sie

Mai 1995: Der zwanzigjährige Cédric Tornay leistet seinen Fahneneid bei der Schweizergarde.

nicht genau definieren können. »Dumpfe Schläge«, sagt die eine später, die andere will ein unbestimmbares Poltern gehört haben, »wie in Watte gewickelt«, zweimal kurz hintereinander. Die rechte Andacht will sich in der kleinen Runde nicht mehr einstellen. Alle lauschen. Und als nun, nach dem Ende der Gebetssendung, schnelle Schritte im Treppenhaus zu vernehmen sind, die von oben nach unten trappeln, springen die Schwestern auf, sehr beunruhigt inzwischen.

Etwa zur selben Zeit hört Caroline Meier, Frau des Sergeanten Stefan Meier, die mit ihrem Mann im Erdgeschoss lebt, wie eine Autotür zuschlägt und ein Wagen über den Ulmenhof, einen dem Papstpalast vorgelagerten Platz im Vatikan, in hohem Tempo davonprescht. Auch ihr ist das Gepolter aus dem zweiten Stock aufgefallen. Also läuft sie über das Treppenhaus nach oben, während aus der Wohnung der Nonnen die Schwestern Marie Frowine und Anna Lina auf den Flur stürzen. Sie finden den einen Flügel der Tür zur Wohnung der Estermanns halb offen. Schwester Marie Frowine tritt mutig ein und sieht, zusammengekauert gegen die Tür zum Wohnungsflur gelehnt, Gladys Estermann. »Geht es Ihnen nicht gut?«, fragt die Nonne und berührt leicht die regungslose Frau des Kommandanten. Gladys fällt nach vorn. Sie ist tot, ihr Kostüm blutdurchtränkt. Aufgelöst vor Schreck, verängstigt, als sei ihr selbst ein Mörder hinterher, läuft die Nonne zum nächsten Posten der Schweizergarde am Bronzetor, rechts am Halbrund der Bernini-Säulen.

Die Wachtmeistergattin Caroline Meier bleibt noch ein wenig in der Wohnung des toten Kommandanten und sieht sich sogar tapfer weiter um. »Ich war die Erste am Tatort«, erzählt sie wenig später einem Journalisten von der Turiner »Stampa«. In seinem kleinen Privatbüro habe sie zunächst den neuen Chef der Schweizergarde tot auf dem Fußboden gefunden, mit dem Gesicht nach oben. Um ein Auge habe sich bereits ein schwärzlicher Bluterguss gebildet. Und merkwürdig – auf seinem Gesicht habe ein Lächeln gelegen, so als habe er einen Bekannten begrüßen wollen, bevor ihn die tödlichen Schüsse trafen. Aus einer Schulterwunde habe er noch geblutet. Am anderen Ende des Raums, erzählt Caroline Meier, habe sie einen jungen Gardisten entdeckt, mit dem Gesicht nach unten auf dem Boden liegend. Sie erkennt ihn sofort: Es ist Cédric Tornay, einer der beliebtesten jungen Leute des Korps. Von Grauen gepackt, läuft nun auch sie davon.

Wohl gleichfalls beunruhigt über die ungewöhnlichen Geräusche – so sagt er später jedenfalls –, eilt ein Offizier der Schweizergarde, Roman Fringeli, der im dritten Stock lebt, in die Wohnung der Estermanns. Er betrachtet die Toten und geht wieder. Die Schwestern nehmen an, er werde Hilfe holen, aber niemand erscheint. Schwester Anna Lina ist mittlerweile am Bronzetor eingetroffen – jenem Eingang zum Petersdom, der nur in Heiligen Jahren für das Publikum geöffnet wird. Hier befindet sich die zentrale Schaltstelle für die Dienst habenden Gardisten. Hier müssen sie sich telefonisch an- und abmelden, wenn sie ihre Wache antreten oder beenden, und hier liegt auch ein Dienstplan aus, der zeigt, wo welcher Gardist gerade beschäftigt ist. Zwei Hellebardiere – ihre Namen stehen in den Akten der Rechtsanwälte – werden sofort in die Wohnung der Estermanns geschickt. Der vatikanische Sanitätsdienst wird alarmiert. Am Tatort versucht einer der beiden Gardisten, den Pfarrer von Sankt Anna zu erreichen, der Gemeindekirche für die Vatikanbewohner. Als guter Katholik wünscht der Gardist, dass den Toten die Letzte Ölung gereicht werde. Der zuständige Pfarrer ist nicht zu Hause, aber sein Stellvertreter, der philippinische Pater Stefano Cañuto, eilt mit dem Gefäß für das Sterbesakrament an den Tatort.

Pater Stefano gehört zu den wichtigsten Augenzeugen der ersten Stunde – und er ist einer der wenigen Menschen, die etliche Jahre nach der Tragödie noch im Vatikan arbeiten; die meisten derjenigen, die auch nur entfernt etwas über die Tat wissen und erzählen könnten, sind inzwischen nach Hause geschickt worden.

Ich erlaube mir einen morgendlichen Überraschungsbesuch in Sankt Anna. Pater Stefano, ein jugendlich wirkender Mann, verabschiedet sich gerade von den überwiegend weiblichen Besuchern seiner Messe. Andere Frauen warten geduldig und in abgesicherter Reihenfolge vor seinem Büro, um ein persönliches Anliegen vorzutragen. Sie blicken irritiert, als ich an ihnen vorbeimarschiere. Leichtes Murren wird laut. Aber als der Pater die Tür öffnet, um die nächste der Frauen hereinzurufen, stehe ich schon unmittelbar vor ihm und sage: »Pater, ich habe ein paar Fragen an Sie. Es geht um den Mordfall bei der Schweizergarde.« Der Geistliche blickt abweisend, aber er schickt mich nicht weg. Ich sei nur ganz kurz in Rom, drängle ich, und müsse hier und heute mit ihm reden. Stefano Cañuto zögert immer noch, aber ich bewege mich einen halben Schritt auf ihn zu, sodass er ein wenig zurückweicht, ich setze nach und bin in seinem Zimmer. Gleichsam nachträglich sagt er: »Kommen Sie herein – aber nur einen Moment. Sie haben ja gesehen, wie viele Menschen da draußen auf mich warten.« »Ich werde Sie nicht lange aufhalten«, beruhige ich ihn. Wir setzen uns – er hinter, ich vor seinen Schreibtisch. Das Büro blickt auf die Via del S. Pellegrino, die »Hauptstraße« des Vatikanstaats, die am Sankt-Anna-Tor endet. Ich sehe schwarz gekleidete Männer vorbeieilen, wahrscheinlich auf dem Weg zu ihren wichtigen oder weniger wichtigen Diensten zum Wohl der katholischen Kirche, Bürokraten oder Gottes Diener, je nach Funktion oder Selbstverständnis. Pater Cañuto sieht mich abwartend an, Zurückhaltung im Blick. Für den Fall, dass er unser Gespräch schneller beendet, als ich es mir wünsche, stelle ich meine wichtigsten Fragen zuerst, wenn auch vorsichtig. Ich will ihn nicht verschrecken. »Pater Stefano«, beginne ich, »Sie haben die Toten gesehen und ihnen die Letzte Ölung gegeben. Können Sie mir denn sagen, wie diese drei Menschen gekleidet waren?« Der Pater blickt mich unbewegt an und antwortet ohne Aufregung: »Der Kommandant trug Zivil. Frau Estermann hatte ein graues Kostüm an. Und der Junge, der war in Jeans und eine schwarze

Lederjacke gekleidet.« »Apropos Cédric Tornay – erinnern Sie sich daran, ob er nasse Haare hatte? Waren seine Jeans an den Hosenbeinen nass?« Der Pater schaut verdutzt. »Also, da muss ich nachdenken. Seine Haare waren ganz kurz, da ist es schwer zu erkennen, ob sie nass oder trocken waren. Aber was die Kleidung angeht: Die war mit Sicherheit trocken. Ich habe ihn ja angefasst.« Nun war ich erstaunt, aber nicht allzu sehr. Für Padre Cañuto ist die Welt anders geordnet als für Journalisten und Ermittler. Er war in geistlicher Mission unterwegs; er hatte sich in ein Sterbezimmer begeben, nicht an einen Tatort. Da es galt, dem toten Gardisten ein Kreuz aus heiligem Öl auf die Stirn zu malen, musste er ihn anfassen. »Heißt das, Cédric Tornay lag auf dem Bauch, als Sie ihn fanden?« »Ja, er lag auf dem Bauch, mit dem Gesicht nach unten.« »Also haben Sie ihn auf den Rücken gedreht?« »Nein, um Himmels willen«, wehrte der Philippine ab, »das hätte ich nie geschafft. Ich habe nur seinen Kopf ein wenig gewendet, sodass ich ihn salben konnte.« »Und Gladys Estermann?« »Der hatte ich die Ölung als Erste gegeben. Sie lag zusammengekauert in der Ecke des Zimmers. Sie war offensichtlich nach vorne gefallen. Ihr Kopf lag hinter dem Sofa an der Tür in einer großen Blutlache.« »Durch diese Tür sind Sie eingetreten?« »Nein, diesen Raum betritt man seitlich, vom Wohnzimmer aus. Als ich mein Gebet für Frau Estermann verrichtet hatte, begab ich mich zum Kommandanten. Der lag auf dem Rücken, auch er in einer Pfütze von Blut, das sogar noch nachzulaufen schien. Ich salbte ihn, und dann ging ich zu dem jungen Gardisten.« Jetzt stellte ich so beiläufig wie möglich meine wichtigste Frage: »Und um den Kopf des Jungen, da war doch sicher auch ganz viel Blut zu sehen?« »Nein«, sagte der Pater. »Überhaupt kein Blut. Deshalb dachte ich von ihm ja auch zuerst, er sei ohnmächtig, weil ich keine Wunde und auch kein Blut entdecken konnte. Aber er war eindeutig nicht mehr am Leben, der Arme.«

Jetzt zog ich einen Plan der Estermannschen Wohnung und des Flurs im zweiten Stock aus meiner Mappe und breitete ihn auf dem Schreibtisch aus. Padre Cañuto blickte entschieden irritiert, was ich nachvollziehen konnte. Meine Befragung musste für ihn allmählich wie ein Verhör wirken, also versuchte ich ihn zu besänftigten. »Ich weiß, es muss ein furchtbarer Schock für Sie gewesen sein ...« »Und ob«, erwiderte der Pater fast lautlos. »Ich habe noch nie ermordete Menschen gesehen und noch nie so viel Blut.« »Bitte, helfen Sie mir nur noch eine halbe Minute lang«, flehte ich. »Können Sie mir denn zeigen, wo Estermann und Tornay lagen?« Der Pater beugte sich eher widerwillig nach vorn und legte einen Finger auf den Plan und sagte: »Hier, auf der rechten Seite, lag der Kommandant. Und dort, auf der anderen Seite des Raums, hat der junge Mann gelegen.« »Erkennen Sie die Möblierung auf dieser Zeichnung wieder?« Padre Canuto schüttelte den Kopf. »Es ging alles so schnell, und sicher bin ich mir überhaupt nicht mehr, wo was stand. Ich habe natürlich auch gar nicht darauf geachtet.«

In diesem Moment klopfte es kurz an der Tür, eine Frau steckte ihren Kopf ins Zimmer und ließ sich mit einem energischen »Pater!« vernehmen, das wohl an die Wartenden vor seinem Büro erinnern sollte. Padre Cañuto erhob sich, ich bedankte mich herzlich bei ihm und ging. Den beiden Schweizergardisten am Sankt-Anna-Tor, die regungslos ihren Dienst verrichteten, winkte ich zu, und sie grüßten zurück. Sie kannten mich allmählich. Ich war zufrieden. Dieser unhöfliche »Überfall« hatte sich gelohnt. Was wäre wohl geschehen, wenn ich telefonisch um einen Termin gebeten hätte? Sicher wäre der Padre zurückhaltender gewesen, denn, das spürte ich im Verlauf meiner Recherche häufig, das Schweigen ist immer noch eine der schärfsten Waffen des Vatikans. Allerdings provoziert diese Maxime auch das Gegenteil. Hat sich jemand entschlossen zu reden, dann kann man als Journalist sicher sein, dass man mehr zu hören bekommt, als man zu fragen gewagt hätte.

Als ich auf der Via di Porta Angelica in Richtung Petersplatz lief, lächelte ich in mich hinein. Der Pater hatte mir zwei entscheidende Hinweise gegeben. Just zu der Zeit nämlich, in der nach Angaben des Vatikans Cédric Tornay in mörderischer Raserei, seinen Dienstrevolver in der Hand, den Ehrenhof der Kaserne überquert haben sollte, gegen 20.45 Uhr, ging ein schwerer Wolkenbruch über dem Zentrum der Ewigen Stadt nieder, ein wahres Naturereignis. Die Zeitungen hatten darüber geschrieben, und Freunde, die zu einem Abendkonzert ins Pantheon geeilt waren, hatten mir noch am selben Abend von einer mächtigen Säule aus Wasser berichtet, die sich aus der Öffnung der Kuppel auf den Steinboden jenes »allen Göttern« gewidmeten Tempels ergossen habe.

Das war die Stunde, in der hinter den Mauern des Vatikans drei Menschen ihr blutiges Ende fanden. Hätte Cédric Tornay in diesem Moment den Ehrenhof überquert, wäre er ziemlich durchnässt bei seinen Opfern angelangt, denn etwa zwanzig Meter hätte er zurücklegen müssen, ungeschützt, durch den prasselnden Regen – es sei denn, er hätte daran gedacht, sich für seinen »Anfall von Verrücktheit« in der Kaserne der Schweizergarde mit einem großen Regenschirm auszustatten. Aber von einem solchen hat man nichts gehört.

Die zweite brisante Information, die der Pater mir ahnungslos überlassen hatte, betraf seine Aussage, dass der Kopf von Cédric Tornay nicht in einer Blutlache gelegen habe. Wie denn das? Ein junger Mann schießt sich mit einer schweren Kriegswaffe in den Mund, eine merkwürdige Art von Selbstmord für einen Soldaten im Übrigen, und das hätte keine dramatische Zerstörung seines Schädels bewirkt? Keine durchnässte Kleidung, kein Blut am Kopf des angeblichen Mörders – ist der Tatort kurz nach dem Geschehen verändert worden, ging es mir durch den Kopf. Und wenn ja, warum und von wem? Schwester Marie Frowine soll in der Kaserne auch erzählt haben, sie habe Cédric Tornay in der bunten Uniform der Schweizergarde auf dem Boden liegen sehen. Sind die Toten gar umgezogen worden? Nichts scheint ausgeschlossen zu sein. Denn zwischen Viertel nach neun und zehn Uhr abends füllt sich die Wohnung der toten Estermanns, als gelte es, eine makabre Party zu feiern. Nicht weniger als 21 Personen hat ein anwesender Unteroffizier in dem nicht besonders großen Apartment der Estermanns gezählt, unter ihnen hohe Vertreter des Staatssekretariats, der Sprecher des Heiligen Stuhls, Joaquín Navarro-Valls, der Kommandant der päpstlichen Gendarmerie, Camillo Cibin, sein Stellvertreter Raoul Bonarelli und viele andere. Der oben erwähnte Unteroffizier, ein mutiger Mann, war einer der Wenigen, die nach langem Zögern bereit waren, das ihnen vom Vatikan strikt auferlegte Schweigen zu brechen. Er schilderte mir sehr genau, was er am Tatort erlebt hatte. Absichtlich zertrampelte Munitionshülsen habe er gesehen. Achtlos seien die Besucher über die drei Toten hinweggestiegen, es sei geraucht worden. Monsignore Giovanni Battista Re habe in der Küche eine geöffnete Schachtel mit Pralinés gefunden, ein Stückchen von der guten Schweizer Schokolade gegessen und die Schachtel dann unter den Anwesenden herumgereicht. Auf meine Frage, ob er viel Blut gesehen habe, antwortete er: »Nein, da war kein Blut. Und das hat mich natürlich sehr gewundert – zumal ein Hellebardier, der eine gute Stunde vor mir in diesem Raum war, von ganz viel Blut geredet hat. Aber ich sah nichts davon – und ich bin doch nicht farbenblind.« Mein Verdacht, dass der Tatort aus welchen Gründen auch immer verändert worden war, schien sich zu bestätigen.

Niemand unter den Anwesenden – nicht einmal der Chef der Gendarmerie – denkt daran, den Tatort umgehend zu sperren. Eine sofortige Spurensicherung wird unterlassen. Erst nach 22 Uhr trifft endlich der damals zuständige Vertreter des vatikanischen Tribunals, Gianluigi Marrone, am Tatort ein. Der Jurist ist alles andere als professionell vorbereitet auf die kriminologische Aufarbeitung eines dreifachen Kapitalverbrechens. Er hatte sich für seine Doktorarbeit auf kanonisches Recht spezialisiert, was ihm den unbezahlten Nebenjob als Richter und Ermittler beim Tribunal des Vatikanstaats eintrug.

Anders als die traditionsreiche, komplexe und gelehrte Gerichtsbarkeit der Kurie, die so genannte Heilige Rota, befasst sich das Tribunal des »Staates der Vatikanstadt« in der Regel mit eher unbedeutenden Konflikten im kleinsten Staat der Welt, etwa der Regelung von Schadensersatz für ein Auto des Malteser-Ordens, das im Bereich des Vatikans mit einem Wagen der päpstlichen Flotte zusammengestoßen ist. Im Hauptberuf ist Marrone heute als Chef der Rechtsabteilung in der Administration des italienischen Parlaments tätig. »Mir ist fast schlecht geworden beim Anblick der Toten«, wird er in einer Zeitung zitiert. »Ich bin per Zufall an den Fall geraten, weil ich als Einziger unter meinen drei Kollegen vom Tribunal telefonisch aufzutreiben war. Mit einem Kriminalfall hatte ich noch nie zu tun. Ich weiß gar nicht, wie man ermittelt.« Das war nicht zu verkennen. Auch Marrone sperrt den Tatort nicht sofort, er schickt die Besucher nicht weg. Die drei Leichen werden von Gardisten, die nicht einmal sterile Handschuhe tragen, auf einfache Liegen gewuchtet und in die vatikanische Leichenhalle nahe der Kirche von Sankt Anna geschleppt. Die Toten werden dafür nicht in spezielle Plastiksäcke gehüllt, wie es jede Morduntersuchung verlangt, sondern mit Laken zugedeckt und in einem Korridor abgestellt. Mit einer Leichtfertigkeit, die der Schwere des Delikts kaum entspricht, werden in den zwei Stunden, in denen Marrone in der Kaserne der Schweizergarde seines Amtes waltet, sämtliche Regeln für die professionelle Behandlung eines schweren Verbrechens ignoriert.

Die Verantwortung für die wichtigste Entscheidung, die am Tatort zu treffen war, trägt jedoch nicht der Einzelrichter Marrone, sondern der anwesende *Sostituto*, der stellvertretende Staatssekretär des Heiligen Stuhls, Giovanni Battista Re: Er war es, der umgehend verfügte, die italienische Polizei nicht einzuschalten, und das war bei einem derart kapitalen Delikt äußerst ungewöhnlich: Der Vatikan berief sich auf seine staatliche Souveränität, und das machte es später so schwer, den legalen, in demokratischen Staaten selbstverständlichen Austausch von Akten und Informationen in diesem Aufsehen erregenden Mordfall zu garantieren. Die Grundrechte der Opfer auf einen fairen Prozess wurden missachtet und alle Prinzipien der Rechtsstaatlichkeit ad absurdum geführt.

Und das war ganz gewiss nicht so gedacht, als Mussolini 1929 mit Papst Pius XI. die so genannten Lateranverträge abschloss, die den »Staat der Vatikanstadt« als souveränes Völkerrechtssubjekt begründete. Damals fanden beide Seiten offenkundig, dass die Einrichtung einer Kriminalpolizei in dem winzigen päpstlichen Gemeinwesen von nie mehr als ein paar hundert ständigen Bewohnern überflüssig sei. Der italienische Staat sollte dem Vatikan im Bedarfsfall seine professionellen Kräfte zur Verfügung stellen. So geschah es zum Beispiel nach dem Attentat auf Johannes Paul II. am 13. Mai 1981, als die Ermittlungen sofort in die Hände der Digos, der italienischen Antiterrorpolizei, gelegt wurden und sich die italienische Justiz des Attentäters, Ali Agca, annahm. Auch die – bisher nicht geklärte – Entführung der fünfzehnjährigen Vatikanbürgerin Emanuela Orlandi im Jahr 1983 und eines gleichaltrigen römischen Mädchens, Mirella Gregori, hatten, wie selbstverständlich, die italienischen Ermittlungsbehörden übernommen, deren Vertreter sich allerdings schon während der Untersuchung des Falls lautstark darüber beschwerten, dass der Vatikan ihre Nachforschungen aktiv behindert, wenn nicht gar boykottiert habe. Wir kommen darauf zurück. Aber auch in einem weit weniger Aufsehen erregenden Fall – ein Römer verübte Selbstmord in der Peterskirche – machte sich sofort die italienische Polizei ans Werk.

In dem Dreifachdelikt vom 4. Mai 1998 hingegen, dem sensationellsten Mordfall im Vatikan seit Generationen, entschloss sich die Regierung des Heiligen Stuhls, auf die italienische Polizei zu verzichten – eine ungewöhnliche, wenn nicht gar verdächtige Entscheidung.

Besorgt und verängstigt versammelten sich die Gardisten am Abend des 4. Mai 1998 vor allem in jenen Stuben, von denen aus man über den Ehrenhof der Garde auf das gegenüberliegende

Kasernengebäude blickt, wo überwiegend Offiziere mit ihren Familien wohnen. Dort, im zweiten Stock rechts von der Kaserne der Gardisten aus gesehen, ereignete sich die Tragödie: Drei Tote, die sie alle gekannt hatten, und der Mörder war angeblich einer von ihnen, der umgängliche und lebenslustige Cédric Tornay.

Die jungen Leute der Garde sind keine kriegserprobten Soldaten, sie laufen nicht Gefahr, plötzlich in einem Krisengebiet eingesetzt zu werden oder wie die GSG–9 ein Geiseldrama beenden zu müssen. Die Schweizergarde ist, jedenfalls da, wo sie für Touristen sichtbar wird, ein pittoresker Wachtrupp, der gern fotografiert wird. Die größte tägliche Herausforderung der »Hellebardiere« besteht darin, ernst und grimmig zu gucken, auch wenn sich die hübschesten Skandinavierinnen neben ihnen aufstellen, um sich mit ihnen fotografieren zu lassen.

Jetzt aber geht nackte Angst um. Und selbst die Offiziere zeigen mehr als gebührendes Entsetzen über die Bluttat im Gardequartier. Major Hasler und seine Frau, die Italienerin Michela Petti, verkriechen sich in ihrer Wohnung. Viel später wird Signora Petti Bekannten anvertrauen, dass sie und ihr Mann nach wie vor um ihr Leben fürchten, und das wird so bleiben, auch lange nach dem Tod des angeblichen Mörders Cédric Tornay.

Auch für die Autopsie der Leichen muss sich Richter Marrone an vatikanisches Eigenpersonal halten. Die betagten Professoren Giovanni Arcudi, 72, und Piero Fucci, 78, beide bereits pensioniert und eigentlich nur als Berater des vatikanischen Sanitätsdienstes tätig, werden mit der Obduktion beauftragt. Die beiden Mediziner sollen strenge Vorgaben erhalten haben. Sie müssen versprechen, über ihre Arbeit absolutes Stillschweigen zu bewahren. Sie haben den Befund in nur einer Ausfertigung abzuliefern und das bleierne Schweigen des Vatikans rückhaltlos mitzutragen – und das haben sie getan.

Dass die Autopsie vor Ort durchgeführt wurden, sollte offenkundig verschleiert werden. Gegen 23.30 Uhr braust eine Ambulanz des nahe gelegenen Krankenhauses Santo Spirito mit heulenden Sirenen durch das Sankt-Anna-Tor in Richtung Tiber, was den inzwischen eingetroffenen Zuschauern und Journalisten den Eindruck vermittelt, dass die Toten in Santo Spirito fachmännisch untersucht werden sollen. Aber die Ambulanz war leer. Die Journalistin Anna Maria Turi hatte sich das Kennzeichen notiert, doch als sie am nächsten Tag im Krankenhaus Santo Spirito vorsprach, um die Fahrer zu interviewen, sagte ihr der zuständige Mann von der Verwaltung, ein Fahrzeug mit dieser Nummer gebe es im Wagenpark des Krankenhauses nicht.

Abgestellt in einem Korridor der vatikanischen Leichenhalle, warten die drei Toten auf den nächsten Tag, an dem die Professoren Piero Fucci und Giovanni Arcudi erkunden sollen, wie und warum das Leben Estermanns, seiner Frau und Cédric Tornays so unplanmäßig und verfrüht zu Ende gegangen ist. Joaquín Navarro-Valls hingegen weiß es seit dem Vorabend schon genau – drei Stunden nach der Entdeckung der Mordtat, vor der Autopsie und vor jeder kriminologischen Untersuchung des Falls.

Wenige Minuten nach Mitternacht gibt der Vatikansprecher eine umfängliche Meldung an die Agenturen heraus, welche die fortan unveränderliche, wie einbetonierte vatikanische Version des Geschehens darbietet: »Der Kommandant des Korps der päpstlichen Schweizergarde, Alois Estermann, ist in seiner eigenen Wohnung, gemeinsam mit seiner Frau Gladys Meza Romero und dem Vizekorporal Cédric Tornay tot aufgefunden worden. Die Leichen sind wenige Minuten nach 21 Uhr von einer Nachbarin, die auf demselben Stockwerk lebt, gefunden worden, nachdem sie durch heftige Geräusche aus der Nachbarwohnung aufgeschreckt worden war. Nach einer ersten summarischen Übersicht kann gesagt werden, dass alle drei durch Schüsse aus einer Feuerwaffe getötet wurden. Unter dem Körper des Gefreiten ist die Dienstwaffe desselben gefunden worden. Die bisher aufgetauchten Daten erlauben die Hypothese eines plötzlichen Anfalls von Verrücktheit des Vizekorporals Cédric Tornay.«

Der damalige Chef vom Dienst bei der römischen Tageszeitung »Messaggero« sieht jedenfalls kurz nach Mitternacht die sensationelle Meldung über den Bildschirm wandern, just in dem Moment, als er sein Blatt für den Druck freigeben will. Er scheucht sechs Kollegen an die Arbeit zurück und rast selbst zum Vatikan. Das hohe, geschwungene Tor von Sankt Anna, der offizielle Eingang des Kirchenstaats, ist fest verschlossen. Eine stählerne Sichtblende vor den Gittern, grau bemalt, verhindert nachts den Einblick ins Innere der Vatikanstadt. Scharfäugig sitzen jedoch zwei Adler aus dem Wappen einer berühmten römischen Familie, die mehrere Päpste gestellt hat, auf den beiden vierkantigen Säulen, die das Sankt-Anna-Tor stützen, und blicken so grimmig, als wollten sie jeden Eindringling mit ihren scharfen, geschwungenen Schnäbeln sofort zerfetzen. Einige Fenster der links neben dem Tor liegenden Kasernen der päpstlichen Schutztruppe sind erleuchtet. Von innen öffnet sich das Fußgängerportal, ein Mann verlässt die Vatikanstadt, ein »verstörtes Gesicht« wollen die Journalisten, die jetzt vor dem Sankt-Anna-Tor warten, an ihm wahrgenommen haben; im Hintergrund sei jemand anders mit einem blutgetränkten Laken über dem Arm und einem Koffer vorbeispaziert, melden sie aufgeregt ihren Kollegen über ihr kurzes Sichterlebnis. Jahre später wird es ein Gardist bestätigen, der denselben Mann aus seinem Fenster in der Kaserne zur selben Zeit sah. Es regnet noch immer, wie seit Tagen.

Dann kommt oder geht niemand mehr. Überragt von der blässlich beleuchteten Kuppel des Petersdoms ruhen die mächtigen Renaissancebauten in der Stadt des Papstes in majestätischem Schweigen.

Kapitel 2
Erste Zweifel

Muguette Baudat fährt rasant. Mit kreischenden Reifen braust ihr Wagen um die Kurven in dem Walliser Bergtal, das sie mir zeigt: Stationen ihres eigenen Lebens, Schauplätze von Cédrics Kindheit, Orte, an denen sie glücklich, andere, an denen sie weniger glücklich war. Im Fond sitzt, ziemlich still, ihre jüngste Tochter, Sarah, Anfang 20. Sie war es, die zuerst vom Pfarrer des Ortes davon hörte, dass ihrem Bruder »etwas Schlimmes« zugestoßen sei. Ich drehe mich um und bitte sie, vom Abend des 4. Mai zu erzählen.

»Der Pfarrer rief so gegen 21.30 Uhr an und fragte nach meiner Mutter. Als ich sagte, sie sei mit Freunden unterwegs, ich könne sie nicht erreichen, reagierte er merkwürdig irritiert: so als wolle er meiner Mutter einen Vorwurf daraus machen, dass sie um halb zehn Uhr abends nicht zu Hause sei. Er legte auf und rief zwanzig Minuten später wieder an und sagte mir wieder nichts Konkretes. Jetzt konnte ich mich nicht mehr beherrschen, und ich schrie ihn an, ohne mich mit einem Hochwürden für ihn aufzuhalten: Sagen Sie mir endlich, was los ist. Und da hat er gesagt: Dein Bruder ist tot. Er hat sich umgebracht. Und vorher hat er zwei Menschen ermordet. Ich weiß noch, wie hilflos ich war, ein Gefühl, wie ich es nie zuvor gehabt hatte. Alles war wie betäubt in mir. Ich wartete auf Mutters Rückkehr, wartete auf einen weiteren Anruf aus Rom, hoffte, irgendjemand würde anrufen und mir sagen, dass alles ein Irrtum sei, und schließlich wartete ich nur noch darauf, dass die Wände über mir zusammenfallen. Und als sich Mutter endlich meldete, sagte ich nur: Komm schnell nach Hause. Ich wusste einfach, dass ich meiner Mutter diese Nachricht nicht am Telefon zumuten konnte. Die Angst, dass ihr auf dem Weg zu mir was zustoßen könnte, holte mich aus meiner Lethargie zurück.«

»Ich habe an Sarahs Stimme gemerkt, dass etwas ganz Furchtbares geschehen war«, ergänzt Muguette vom Fahrersitz, »aber ich dachte dabei nicht an Cédric. Mit dem hatte ich doch erst am Mittag telefoniert, eine halbe Stunde lang. Ich wusste sogar, dass er aus irgendwelchen Gründen den Abend in der Kaserne verbringen sollte. Mélinda, meine älteste Tochter, wohnte schon mit ihrem Freund zusammen. Auch sie wähnte ich in Sicherheit. Also fiel mir nur ein, dass Sarah etwas zugestoßen sein musste; das Haus, in dem wir damals wohnten, lag etwas abseits. Ich dachte also, o Gott, sie ist vergewaltigt worden. Und ich tat genau das, was meine Tochter verhindern wollte, ich fuhr wie eine Irre über die enge Passstraße nach Vollèges zurück.«

Muguette bremst abrupt, schaltet in einen niedrigeren Gang und meistert eine der unzähligen Serpentinen. Ich will mir nicht vorstellen, dass sie an jenem Abend noch schneller fuhr. Bis wir die steile Abfahrt hinter uns haben, sitze ich schweigend neben ihr.

An jenem schrecklichen Abend des 4. Mai 1998 trifft sie gegen elf Uhr zu Hause ein. Mutter und Tochter liegen sich weinend in den Armen. Mélinda wird benachrichtigt und eilt mit ihrem Freund nach Vollèges. Ein Besuch des Pfarrers ist zu ertragen. Er spricht Worte des Trostes und weiß wohl selbst, dass die ein wenig blechern klingen. Muguette bereitet sich auf eine schwierige Reise vor.

Ähnlich verwirrt und tief getroffen durchwachen in Rom die Eltern Estermanns, sein jüngerer Bruder Markus und seine Schwester Edith die Nacht. Sie waren aus der Schweiz angereist, um die Krönung der Karriere ihres Alois mitzufeiern: seine Ernennung zum Kommandanten. Die Zeremonie sollte zwei Tage später stattfinden, zeitgleich mit der feierlichen Einschwörung der neuen Rekruten.

Um seine Beförderung zu feiern, hatte Alois Estermann für den Abend des 4. Mai 1998 seine Familie und ein paar Freunde für 21.30 Uhr zum Abendessen im Hotel Columbus geladen, einem Haus für die besseren vatikanischen Feierlichkeiten an der breiten Prachtstraße Via della Conciliazione, die vom Tiber zum Petersdom führt. Mit der Familie war ein vorheriger kleiner Umtrunk in Estermanns Dienstwohnung vereinbart worden. Doch der Chauffeur des vatikanischen Fahrdienstes, der Alois' Eltern und Geschwister von ihrem Hotel abholen sollte, verfährt sich merkwürdigerweise auf dem Rückweg in den Vatikan. Das kann Zufall gewesen sein – oder auch nicht, denke ich, als ich davon höre.

Statt um kurz vor neun trifft die kleine Gruppe jedenfalls erst um 21.15 Uhr am Tor von Sankt Anna ein. Die Familie Estermann wird eingelassen, doch als sie den Ehrenhof betritt, stoppt sie ein Offizier der Schweizergarde und berichtet, was geschehen ist. Nur dem jüngeren Bruder Markus wird nach eindringlicher Bitte gestattet, die Toten zu sehen. Unter schwerem Schock lassen sich die Angehörigen aus Gunzwil ins Hotel zurückbegleiten, das sie kaum eine halbe Stunde zuvor in festlicher Stimmung verlassen haben. Auch in ihren Köpfen kreisen unablässig Fragen, auf die sie in der Nacht, die vor ihnen liegt, keine Antwort finden werden.

In den frühen Morgenstunden des 5. Mai erscheinen vor der Wohnung des ehemaligen Gardehauptmanns Martin Utz in der Via Sforza di Palavicini in unmittelbarer Nähe des Vatikanstaats ein paar Carabinieri und drei Agenten des italienischen Militärgeheimdienstes Sismi. Utz war 1995 durch eine typisch vatikanische Kabale aus der Schweizergarde gedrängt worden, hielt aber weiterhin engen Kontakt mit einigen Freunden im Vatikan und erledigte die deutsche Korrespondenz des Privatsekretärs Johannes Pauls II., Monsignore Stanislaw Dziwisz. Er war stets gut informiert und hatte bereits gegen zehn durch einen Anruf aus der Kaserne erfahren, was geschehen war. »Was ist denn los?«, riefen die Agenten zu ihm herauf. »Warum sind wir nicht gerufen worden? Weißt du, was läuft?« Utz beugte sich über das Geländer seines langen Balkons im dritten Stock und schüttelte den Kopf. »Ich habe keine Ahnung«, sagte er wahrheitsgemäß.

Auch wenn es ihm seine Freunde unten auf der Straße nicht abnehmen wollten.

»Haben Sie an diesem ersten Abend schon gedacht, dass da etwas nicht stimmen könnte«, frage ich Muguette auf unserer Fahrt durch das Wallis. Wir sitzen im Freien und trinken Kaffee in einem beschaulichen Bergdorf. Um uns herum jahrhundertealte Bauernhäuser aus ergrautem Holz, errichtet auf einem Fundament aus Felsstein. Dahinter glänzen die frisch ergrünten Matten auf den steilen Hängen des Tals.

»Ja und nein«, sagt Muguette. »Keine Mutter will es glauben, wenn ihr eigener Sohn plötzlich zum Mörder erklärt wird und sich anschließend erschossen haben soll. Ich wusste einfach nicht, was ich denken sollte. Ich wusste nur, dass ich sofort nach Rom fahren wollte, und das keinesfalls allein.«

»Und wann wurden Sie misstrauisch?«

»Erst am nächsten Morgen. Da rief mich jemand aus dem Staatssekretariat an und versuchte mich davon abzuhalten, nach Rom zu kommen. Erst sagte dieser Mensch: ›Es ist sehr schwer im Moment, ein Hotelzimmer in Rom zu finden. Wir werden Ihnen nicht helfen können.‹ Darauf antwortete ich: ›Keine Sorge, ich bin es gewohnt, meine Reisen nach Rom selbst zu organisieren.‹ Der Mann vom Staatssekretariat drängelte weiter: ›Bitte reisen Sie nicht nach Rom. Es ist heiß hier. Wenn Sie ankommen, könnte der Körper Ihres Sohnes schon in einem Zustand sein, dessen Anblick wir Ihnen ersparen möchten.‹ Jetzt wurde ich richtig wütend. Ich schrie ins Telefon: ›Aber es ist doch kühl, und es regnet in Rom, darüber habe ich doch gestern Mittag noch mit meinem Jungen gesprochen. Und Nachrichten habe ich heute Morgen auch gesehen. Von sechs Uhr morgens an. Bei euch regnet es immer noch. Und außerdem: Habt ihr keine Kühlkammern für eure Toten im Vatikan?‹«

Das vatikanische Verhinderungsmanöver, so sah es Muguette, konnte, musste aber nicht unbedingt finstere Hintergründe haben. Doch sie war gewarnt und richtete sich auf schwierige Begegnungen ein.

Rom, 5. Mai, 13.30 Uhr, Pressekonferenz des obersten Darstellers vatikanischer Wahrheiten, Joaquín Navarro-Valls. Der Saal an der Via della Conciliazione ist zum Bersten gefüllt: von der physischen Präsenz der akkreditierten Journalisten, die aus ganz Rom herbeigeeilt sind, aber auch von ihrer Betroffenheit über ein ungeheuerliches Geschehen hinter den Mauern des Kirchenstaats, von Skepsis und Zweifeln.

Joaquín Navarro-Valls gibt sich gelassen, aber er ist nervös. Ich sitze ziemlich weit vorn und sehe, wie seine manikürten Finger immer wieder nach dem Glas Wasser vor ihm greifen. Üblicherweise berührt er es nicht während seiner Mitteilungsstunden. Nach jedem Schluck tupft er seinen Mund mit einem blütenweißen Taschentuch ab. Er redet viel schneller als sonst. Manchmal schiebt sich ein kleines, unruhiges Lachen in seine Rede. Es ist ganz deutlich: Er bewegt sich auf dünnem Eis. Später höre ich noch von einem Kollegen, dass er dem Assistenten, der das Mikrofon herumreicht, genaue Anweisung erteilt hatte, wer von den Journalisten es bekommen sollte und wer nicht – was ihm nicht geholfen hat. Die wichtigsten Fragen werden einfach laut in den Raum geschrien.

Zunächst versucht Navarro-Valls mit betonter Gelassenheit, die grausige Gewalttat in der Kaserne der Schweizergarde zu einem fast normalen Zwischenfall herabzuspielen, der aus dem unglücklichen Zusammentreffen zwischen einem strengen Vorgesetzten und einem seelisch gestörten jungen Mann entstanden sei. »Glauben Sie mir: Es gibt kein Geheimnis hier«, wiederholt der Sprecher des Heiligen Stuhls immer wieder, als könnte er die Journalisten mit einer Beschwörungsformel überzeugen. »Es ist ein sehr schmerzhafter Fall, aber er könnte in jeder sozialen Gruppe geschehen.«

»Aber warum, warum?«, ruft ein Ungeduldiger dazwischen.

»Nun, die Motive sind für uns völlig klar. Wir denken an

einen plötzlichen Anfall von Verrücktheit eines jungen Menschen, der quälende Gedanken hatte und der sich im Korps nicht genug geschätzt fühlte.«

»Anfall von Verrücktheit?«, murmelt ein Kollege neben mir.

Navarro-Valls legt nun dar, wie sich nach Ansicht des Heiligen Stuhls, der sich auf keine kriminalistische Untersuchung berufen kann, die tragische Verstrickung zwischen Cédric Tornay und seinem Vorgesetzten entwickelt habe. Geradezu analytisch listet er drei Phasen der Eskalation auf. Die erste: eine schriftliche Abmahnung Cédrics, die ihn im Februar 1998 erreichte, nachdem er eine ganze Nacht lang nicht in die Kaserne zurückgekehrt war. Die zweite: eine kürzlich entbrannte Konfrontation zwischen beiden, in dem der Vizekommandant dem Gefreiten erneut heftige Vorwürfe machte, die in der Weisung gipfelten, sich »einen neuen Job zu suchen«. Und schließlich, drittens, der Beschluss Estermanns, Cédric Tornay von der Verleihung des Benemerenti auszuschließen, einer Bronzemedaille, die den jungen Gardisten am 6. Mai nach drei Jahren Dienst gleichsam routinemäßig an die Brust geheftet wird.

Ungläubiges Geraune im Publikum. »Drei Tote für einen Bronzeklunker – das kann er uns doch nicht weismachen wollen«, höre ich jemanden hinter mir.

»Und wie soll das Drama abgelaufen sein?«, wird der Vatikansprecher gefragt. Und der weiß es schon, als wäre er dabei gewesen. »Nach unseren Erkenntnissen ist der Vizekorporal Tournay zwischen 20.30 und 21.00 Uhr in die Wohnung der Familie Estermann eingedrungen ...« »Tornay, nicht Tournay«, ruft jemand von hinten, was der Sprecher nicht zu vernehmen scheint. Er bleibt bei der falschen Version des Namens.

»Hat er die Tür eingetreten?«, will jemand wissen.

»Nein«, beschwichtigt der Pressesprecher, »er hat geklingelt, wahrscheinlich hat Frau Estermann ihm geöffnet. Dann ist er mit gezogener Pistole über den Flur in das Arbeitszimmer des Kommandanten geeilt und hat erst seinen Vorgesetzten erschossen und anschließend Frau Estermann.«

»Aber warum musste die denn sterben, wenn Tornay sich hinterher selbst gerichtet hat. Da konnte ihm eine Augenzeugin doch egal sein.«

Der Sprecher stutzt einen Moment, aber er findet umgehend zu seinem Konzept zurück: »... wie gesagt, wir gehen von einem Zustand geistiger Verwirrung des Vizekorporals aus.«

»Und wie hat der sich umgebracht?«

»Das ergibt sich aus einer ersten ballistischen Untersuchung am Tatort. Wir gehen davon aus, dass sich Tournay nach den beiden Morden im Raum des Kommandanten hingekniet hat, vielleicht in einer Geste der Reue. Dann hat er sich seine Dienstpistole umgekehrt, also mit dem Abzug nach oben gerichtet, in den Mund gesteckt und hat abgedrückt. Die Kugel hat seinen Schädel senkrecht durchquert, sie ist aus der oberen Schädeldecke ausgetreten, gegen die Zimmerdecke geprallt und in der Nähe des Leichnams auf den Boden gefallen.«

»Was ist das für eine Waffe, die Dienstpistole?«

Navarro-Valls schaut auf seine Notizen und sucht eine Sekunde lang. Er blickt auf und verkündet: »Das ist eine Sig Sauer 75, eine Kriegswaffe der Schweizer Armee mit einem Kaliber von neun Millimetern.«

»Dann wäre vom Kopf des Jungen nicht viel übrig geblieben«, zweifelt einer der Journalisten, aber der Sprecher geht auf den Einwand nicht ein. Es drängt ihn vielmehr, ein Beweistück aus dem Hut zu zaubern, einen Abschiedsbrief nämlich, den der junge Gardist an seine Eltern geschrieben und einem Kollegen übergeben habe; der Brief sei – selbstverständlich – verschlossen geblieben und werde den Eltern umgehend zugestellt. Abschließend setzt Navarro-Valls ein quasi päpstliches Siegel unter seine Ausführungen: Darüber, dass die Bluttat so wie von ihm geschildert und nicht anders geschehen sei, herrsche höheren Orts eine »moralische Gewissheit«, ein eher ungewöhnlicher Ausdruck für die Wahrheitsfindung in einem sensationellen Kriminalfall.

Diese postulierte Sicherheit scheint über Spielraum zu verfügen. Der Ermittler Gianluigi Marrone hat mir gegenüber später zugegeben, dass er selbst noch in der Mordnacht den angeblichen Abschiedsbrief geöffnet und fotokopiert hat. Vor diesem Hintergrund erscheint es glaubwürdig, wenn einige Gardisten sagen, der Brief sei bereits am Morgen des 5. Mai 1998 um sechs Uhr früh der in den Ehrenhof einberufenen Truppe vorgelesen worden.

Die trostlose Reise der Muguette Baudat und ihrer Freundin Catherine beginnt am frühen Morgen des 6. Mai. Darüber, welche Route sie wählen und wann sie eintreffen würden, hatte Muguette die vatikanischen Behörden nur ungenau informiert. Ihr lag wenig daran, von einer Delegation von Monsignori und Schweizergardisten in Empfang genommen und fortan bei jedem ihrer Schritte kontrolliert zu werden. Also nahmen die beiden Frauen zunächst einen Zug nach Mailand und flogen von dort nach Fiumicino, wo in der Tat ein vatikanisches Empfangskomitee auf sie wartete – freilich am Auslandsterminal, während die beiden Frauen in aller Ruhe aus der Inlandshalle mit dem Taxi ins Zentrum fuhren.

Ein Hotel in der Nähe des Sankt-Anna-Tors hatte Muguette unter dem Namen ihrer Freundin reserviert, sodass beide Frauen ganz regulär unter Vorlage ihrer Pässe einchecken konnten: eine ganze Kette von gut bedachten Entscheidungen, an der sich das Format einer ernst zu nehmenden Gegnerin für die Monsignori aus dem Vatikan abzeichnete. Fast vorwurfsvoll wurde ihr bei ihrem ersten Anruf in der Kommandantur der Schweizergarde entgegengehalten: »Madame Chamorel, wir haben Sie überall gesucht.«

Muguette lächelte leise, aber sie sagte nichts. Chamorel war der Name ihres zweiten Mannes, von dem sie seit vier Jahren geschieden war. Niemand nannte sie mehr so, sie selbst vor allem nicht – aber möglicherweise hatte Cédric diesen Namen bei seiner Anmeldung für die Garde angegeben, weil damals, 1994, die Scheidung noch nicht amtlich besiegelt war. Immerhin, sie verriet den Namen ihres Hotels und verabredete sich mit einem hohen Besuch, der ihr aus dem Vatikan angekündigt wurde, in der Halle.

Wenig später betrat Pater Roland Trauffer, damals Sekretär der Schweizer Bischofskonferenz, die einfache Herberge. Nach einer moderat herzlichen Kondolenz zum Tod Cédrics beschwor der Kirchenmann die beiden Schweizerinnen, sich auf ihr gemeinsames Zimmer zurückzuziehen und dort auf einen Anruf von Monsignore Stanislaw Dziwisz, dem Privatsekretär des Papstes, zu warten. Seine Heiligkeit wünsche nämlich, die Mutter Cédrics zu empfangen und mit ihr zu sprechen. Muguette nickte brav, aber sie gehorchte nicht. Das liegt nicht in ihrem Naturell. Kaum war Trauffer verschwunden, machte sie sich auf den Weg in den Vatikan, wo etliche der Gardisten sie herzlich umarmten und mit ihr weinten.

Vom »appartamento«, wie im vatikanischen Jargon der oberste Chef der katholischen Kirche und sein Privatsekretär genannt werden, erreichte Muguette natürlich kein einziges Wort. Stattdessen kehrte am nächsten Morgen gegen zehn Uhr Kirchenmann Trauffer zurück. Diesmal hatte er ein längliches, bereits ausgefülltes Formular dabei. »Das ist die Genehmigung für die Feuerbestattung Ihres Sohnes«, sagte er mit gewinnendem Lächeln, so als sei die Verbrennung Cédrics bereits beschlossen, gleichsam ein Zuvorkommen des Vatikans, das der Mutter den teuren Transfer ihres Sohnes in die Schweiz erspare. Im Kopf Muguettes flackerten Warnlichter auf. Sie, die Protestantin, entsann sich, dass Cédric selbst ihr einmal gesagt hatte, er wünsche nicht, verbrannt zu werden – schließlich glaube auch er an seine leibliche Auferstehung. Sie schaute den Schweizer Pater lange an, schüttelte den Kopf und sagte: »Was für ein seltsamer Vorschlag, Pater Trauffer. Natürlich wird mein Sohn begraben, und zwar in seiner Heimaterde.« Trauffer schaute betroffen drein. (Später hat er geleugnet, Muguette Baudat die Einäscherung ihres Sohnes nahe gelegt zu haben – aber immerhin war ihre Freundin Catherine dabei, als er das tat.) Anschließend führte der Schweizer Geistliche die beiden

Frauen in die Kapelle der Schweizergarde, Sankt Martin und Sankt Sebastian, wo die Toten aufgebahrt waren. Sie hätten kaum eine Minute später eintreffen dürfen. Vatikanische Handwerker waren gerade dabei, die Särge zu versiegeln und die der Estermanns abzutransportieren: Am späteren Nachmittag sollte die feierliche Totenmesse für das Ehepaar im Petersdom begangen werden. Nur Cédric ruhte noch auf seinem Totenbett. »Er sah friedlich aus, wie ein Engel«, erzählt Muguette, »mir schien fast, er lächelte. Ich nahm ihn in meine Arme, streichelte ihn und ließ meine Hand über seinen Hinterkopf gleiten. Der schien unversehrt zu sein, bis auf ein kleines Loch an der unteren Hälfte des Schädels. Als ich ihn wieder hinlegte, entdeckte ich, dass an seinen beiden oberen Schneidezähnen ein präzises Dreieck fehlte.« Sie schaut Pater Trauffer an. »Was ist denn da passiert?«, fragt sie. »Ihr Sohn muss schwache Zähne gehabt haben«, entgegnet der Geistliche. »Das wäre mir als Mutter in den achtzehn Jahren, die er bei mir lebte, kaum entgangen.« Wieder merkt Muguette, wie sich Zorn in ihre Trauer mischt.

In der Intensität der Minuten, die sie erlebten, hatten Muguette und ihre Freundin nicht bemerkt, dass sie nach dem Abtransport der Särge von Alois und Gladys Estermann nicht allein in der kleinen Kapelle geblieben waren. Auf einer Stufe in der Nähe des Sarges saß eine dunkel gekleidete Gestalt, ein Priester, so schien es, und der weinte hemmungslos, fast hysterisch. Muguette fand sich in der, wie sie sagt, »etwas absurden Situation«, dass sie, die Mutter des Toten, nun einen Fremden tröstete. Aber zwischen seinen Schluchzern wiederholte der junge, etwa 35-jährige Priester immer wieder: »Sie haben ihn ermordet, ich habe die Beweise hier, in meiner Aktentasche, und jetzt muss ich auch um mein Leben fürchten.« Eher verblüfft als erschrocken nahm die Mutter Cédrics das Angebot an, sich mit dem jungen Mann, der sich inzwischen als Padre Ivan Bertorello vorgestellt hatte, zum Abendessen zu verabreden.

Gemeinsam verließen sie die Kapelle, und als sie den Hof der Kaserne überquerten, schien es Muguette, als sei der Padre allgemein bekannt unter den Gardisten. Und mehr noch: Sein Wort schien auch in weiteren Kreisen des Vatikans Gewicht zu haben. Als sich nämlich herausstellte, dass Muguette keine Lire mehr bei sich hatte, sondern nur noch Schweizer Franken, erbot sich Padre Ivan sofort, ihr beim IOR, der Vatikanbank, Geld wechseln zu lassen – und das lange nach Büroschluss. Der mächtige Turm Nikolaus V., in dem die anrüchige Bank untergebracht ist, erhebt sich direkt vor der äußeren Kaserne der Schweizergarde. Padre Ivan klingelte am Haupteingang, fragte nach einem der Direktoren, der auch prompt erschien und, ohne zu murren, einen Schalter öffnen ließ, an dem Muguette Baudat dann zweihundert Franken in Lire umtauschen konnte.

Beim Staatssekretariat konnten Nachrichten für Bertorello hinterlassen werden. Er hatte freien Zugang zum Vatikan, ohne sich ausweisen zu müssen, jeweils freundlich begrüßt von den Wachen der Schweizergarde. Selbst in den festungsartig verschlossenen Pressesaal des Heiligen Stuhls an der Via della Conciliazione wurde er ohne Schwierigkeiten eingelassen, ohne den Pass und die dazugehörige Magnetkarte, die selbst seit Jahrzehnten akkreditierte Journalisten heutzutage benutzen müssen. Bertorellos Name steht allerdings nicht im »Annuario Pontifico«, dem Verzeichnis aller Mitarbeiter der katholischen Kirche, was freilich nicht sehr viel zu sagen hat. Immerhin: So, wie Muguette ihn in diesen ersten Stunden in Rom erlebt hat, gab er sich als Mann von einiger Bedeutung, der zudem mit Cédric befreundet gewesen war und über seinen Tod weinte.

Am Abend trafen sich die beiden Frauen mit Bertorello in einer Pizzeria. Wieder hatte er seine Aktentasche dabei. Aber er öffnete sie nicht. Er hielt sie vielmehr krampfhaft auf seinem Schoß fest und musste sich über sie beugen, wenn er ein Stück von seiner Pizza absäbelte. Und außerdem war er plötzlich alles andere als gesprächig. Wann immer Muguette nach den versprochenen Beweisen für die Ermordung ihres Jungen forschte, wich Bertorello aus. Muguette war schnell klar, dass der mysteriöse, blasse junge Mann mit den dicken Brillengläsern in der Zwischenzeit von seinen Oberen, wer immer die sein mochten, an die Kandare genommen, wenn nicht gar bedroht worden sein musste. Und das wiederum verstärkte Muguettes Eindruck, im Vatikan bestehe die Absicht, eine strahlensichere Kappe aus Blei über die Wahrheit zu legen. Aber ganz dicht blieb dieser Schutzmantel nicht.

Obwohl die Gardisten ernsthaft genug zum Schweigen verdonnert worden waren, gab es in diesen ersten Tagen heimliche Informanten der Presse. Wenn einige der jungen Leute in Zivil den Vatikan verließen, schlenderten sie, eher bei ihrer Rückkehr, an einem gegenüberliegenden Café vorbei und nahmen von einem der Kellner zusammengerollte Zettelchen entgegen – Fragen von skeptischen Journalisten. Bei ihrem nächsten Ausgang steckten sie ihrem Komplizen von der Café-Bar ein Zettelchen mit den Antworten zu.

Die offizielle, gleichwohl fragwürdige vatikanische Version der Wahrheit wird derweil unter die Leute gebracht. Die päpstlichen Gemächer hat sie längst erreicht. Während seiner öffentlichen Mittwochsaudienz preist Papst Johannes Paul II. Alois Estermann als eine »Person von großem Glauben und fester Hingabe an seine Pflicht«. Achtzehn Jahre lang habe er seinen »treuen und kostbaren Dienst« geleistet, für den er ihm »persönlich dankbar« sei. Cédric Tornay, der »jetzt vor dem Urteil Gottes steht«, empfiehlt der Heilige Vater dagegen »dem Erbarmen« des Herrn an.

Noch am 6. Mai wird in der Peterskirche die feierliche Totenmesse für Alois Estermann und Gladys Meza Romero zelebriert – unter Anwesenheit vieler der beim Heiligen Stuhl akkreditierten Diplomaten und der Familien der beiden Estermanns. Die Totenpredigt hält Staatssekretär Kardinal Angelo Sodano, der zweite Mann nach dem Papst in der Hierarchie der katholischen Kirche. Von Alois Estermann zeichnet der Kardinal das Porträt eines Heroen: Als junger Gardist habe er sich beim Attentat auf den Papst am 13. Mai 1981 aufopfernd vor den Heiligen Vater geworfen, um als »menschlicher Schutzschild« die Kugeln des Türken Ali Agca abzufangen – eine außergewöhnliche, auffällige Handlung, die am Tag des Attentats freilich niemand bemerkt hatte. Kein Wunder: Die angebliche Heldentat war auch frei erfunden worden, um den allzu schnellen Aufstieg Estermanns in der Schweizergarde zu begründen. Für Cédric erfleht auch Sodano das Erbarmen Gottes und Vergebung für seine menschliche Anfälligkeit.

Zur gleichen Zeit gibt Kaplan Alois Jehle eine Erklärung für die Presseagenturen ab: »Ich kannte den Vizekorporal Tornay gut und habe mehr als einmal versucht, in den zahlreichen Konfrontationen zwischen den beiden zu vermitteln.« Und er fügt hinzu, dass er am nächsten Tag, dem 7. Mai, höchstpersönlich die Totenmesse für Cédric Tornay abhalten werde.

Auch unter den folgsamsten der Gardisten löst diese Ankündigung Rebellion aus: Die meisten wissen nur allzu gut, dass Jehle die Konflikte zwischen Estermann und Tornay eher geschürt als geschlichtet hat.

Den Oberbefehl der Schweizergarde hat inzwischen wieder der aus der Schweiz zurückgebetene Exkommandant Roland Buchs übernommen. Und der schreitet vermittelnd ein. Er bittet den Präsidenten der Schweizer Bischofskonferenz, Monsignore Amédée Grab, die Totenmesse für Cédric Tornay zu zelebrieren. In etlichen Gesten bekundet Roland Buchs ziemlich auffälligen Dissens zur offiziellen Haltung des Vatikans. So entwirft er ein Kommuniqué zum Mordfall hinter den vatikanischen Mauern, das er in drei Sprachen veröffentlichen will: »Die Tat, die diese große Bestürzung ausgelöst hat, bleibt geheimnisvoll. Nur Gott kennt die Antwort auf unsere Fragen.« Aber Joaquín Navarro-Valls weigert sich, die beiden lakonischen, aber abgründigen Sätze des Kommandanten über das Presseamt zu verbreiten, auf Weisung des Staatssekretariats, wie es heißt. Buchs trägt in den Monaten, die es dauern wird, einen neuen Kommandanten zu finden, die Uniform der Schweizergarde nicht. Von Männern des Staatssekretariats darauf angesprochen, sagt er vieldeutig: »Meine Uniform ist in der Wäscherei.«

Auch sorgt Kommandant Buchs dafür, dass für Cédric Tornay eine Totenfeier mit allen militärischen Ehren stattfindet. Sie wird am Vormittag des 7. Mai zwischen elf und halb eins in der Kapelle von Sankt Anna abgehalten. Vierzig Hellebardenträger stehen neben dem Sarg Spalier, ebenso die Träger der Ehrenschwerter und die Tamboure, die das berühmte soldatische Trauerlied von Ludwig Uhland anstimmen: »Ich hatt' einen Kameraden«. Da fällt es kaum auf, dass der geistliche Herr, der die Totenmesse leitet, Monsignore Grab, seinerseits wiederum die vatikanische Version des Tathergangs beschwört, die bereits über ein festes Vokabular verfügt. Wieder wird Cédric dem Mitleid Gottes anempfohlen und das Verständnis des Höchsten für die Anfälligkeit der menschlichen Natur erfleht. Muguette Baudat, weiß gekleidet wie ihre Freundin Catherine, die sie begleitet, und die römische Freundin Cédrics, Valeria, sitzen in der ersten Reihe der kleinen Kirche. Hinter ihnen haben sich die betagten Eltern Alois Estermanns und eine Schwester von Gladys niedergelassen. Und als der liturgische Moment gekommen ist, mit den Umsitzenden ein Zeichen des Friedens auszutauschen, reichen sich die Mitglieder der beiden Familien die Hände und umarmen sich.

Nach der Totenfeier für ihren Sohn wurde Muguette Baudat gebeten, »auf fünf Minuten« beim vatikanischen Tribunal vorbeizukommen. Es gehe darum, die Schrift ihres Sohnes in dem hinterlassenen Brief zu identifizieren. Schon im Vorzimmer des ermittelnden Richters erlebte sie eine seltsame Szene: »Am Vorabend hatte ich Claude Gugelmann getroffen, einen Kollegen Cédrics aus der Garde. Er begrüßte mich herzlich, sprach mir sein Beileid aus. Er hatte zu den sechs bis acht Leuten gehört, die Cédric gern mitbrachte, wenn ich ihn und seine Freunde bei meinen Besuchen in Rom auf eine Pizza einlud.« Aber nun, im Vorzimmer des Richters, war er kaum wiederzuerkennen. Kläglich kauerte er auf seinem Stuhl beim Schreibtisch der Sekretärin.

»Er wagte es kaum, mich zu grüßen, und als ich ihn ansah, merkte ich, dass er geweint hatte. Heute ist mir klar, was passiert war. Ihm war im Tribunal des Vatikans, diesem angeblichen Ort der absoluten Wahrheit, eingebläut worden, welche Rolle er spielen sollte: diejenige des Kameraden, dem Cédric angeblich den Abschiedsbrief übergeben hatte. Und auch ich wurde auf ziemlich plumpe Weise getäuscht. Als ich in das Zimmer des ermittelnden Richters geführt wurde, erhob sich der einigermaßen verlegen von seinem Schreibtisch und stellte sich als Gianluigi Marrone vor. Er war es aber nicht, wie ich bald feststellen konnte. Die Herren konnten sich wohl nicht vorstellen, dass ich mehr als einmal bei diesem Tribunal auftauchen würde. Ich sollte ja auch nur für fünf Minuten vorbeikommen, um die Handschrift Cédrics zu identifizieren.«

Der Mann, der Richter Marrone spielen sollte, übergab Muguette den angeblichen Abschiedsbrief Cédrics – und ihr fielen auf den ersten Blick alarmierende Ungereimtheiten auf. Das Schreiben, das den letzten Gruß ihres Jungen darstellen sollte, war an »Chamorel Muguette« adressiert, den Namen also, den sie längst abgelegt hatte. Außerdem fehlte Cédrics Unterschrift. Die Schrift, so kam es Muguette damals zunächst vor, schien die Cédrics zu sein. Trotzdem beschlichen sie erste Zweifel.

Muguette steckt den Brief ein. Ihr ist klar, dass die vatikanische Gerichtsbarkeit ihn ihr nicht hätte aushändigen dürfen – für ernste Ermittlungen zum Hergang des Verbrechens wäre er ein Beweisstück von höchster Bedeutung. Aber sie erhält den Brief, einfach so – ein weiterer Beleg für die mangelnde Kompetenz der vatikanischen Ermittler.

Verblüfft blickt Muguette Baudat am nächsten Morgen auf eine der drei Seiten, die der »Corriere della Sera« am 8. Mai dem Mordfall widmet. Denn sie entdeckt, in fotomechanischer Wiedergabe, den Brief ihres Sohnes, der ihre Handtasche nicht verlassen hatte. Zudem ist er geändert worden. Jetzt trägt er nämlich eine Unterschrift. Er ist mit »Cedrich« unterzeichnet. Waren mit dem »Anfall von Verrücktheit« italienische Sprachgewohnheiten in den Kopf ihres Jungen geschlüpft? Das harte »c« am Ende des Namens kann nämlich auf Italienisch nur mit »ch« buchstabiert werden, während das »e« im Italienischen auch ohne Akzentzeichen als langes »e« ausgesprochen wird. Nur in italienischer Lautschrift würde der französische Name Cédric »Cedrich« geschrieben – und in genau dieser orthographisch schwer missglückten Form war der Name des toten Jungen auch bereits im Bulletin vom 5. Mai erschienen. Selbst Navarro-Valls blind ergebenen Vatikankorrespondenten wie etwa Luigi Accatoli vom »Corriere della Sera« müssen bei der Veröffentlichung des Textes Zweifel gekommen sein, denn Accatoli kommentiert in einem für den obersten Vasallen ungewöhnlich skeptischen Ton: »Wir haben den kompletten Text des Briefes erhalten und haben versucht, mit wenig Erfolg übrigens, seine Authentizität zu überprüfen, die gleichwohl gesichert erscheint.« So einen verqueren Satz muss man sich – als Journalist – erst mal ausdenken können; ein Redakteur kann ihn nur deshalb durchlassen, weil er weiß, dass die »vaticanisti« nicht redigiert werden.

Empört über die Veröffentlichung und die Manipulation eines Schriftstücks, das – in diesem Stadium jedenfalls – nur für ihre Augen bestimmt und zudem stets in ihrer Handtasche geblieben war, verlangte Muguette im Vatikan, noch einmal mit Gianluigi Marrone sprechen zu dürfen.

Ihre Überraschung ist groß. Der Mann, der ihr jetzt gegenübersitzt, ist nicht identisch mit demjenigen, der sich ihr am Vortag als Richter Marrone vorgestellt hat. Zornig fragt sie nach dem Ausweis des Mannes. Zögernd zieht dieser ihn aus der Brieftasche. Mit steinernem Gesicht mustert Muguette das Dokument, schließlich nickt sie und gibt Marrone seinen Ausweis zurück.

Catherine, ihre Freundin, die sie, wie zum Treffen am Vortag, auch diesmal begleitete, ist bereit, das plumpe Täuschungsmanöver beim vatikanischen Tribunal zu beschwören. Muguette sagt: »Die dachten einfach, sie könnten mich mit einem einzigen kurzen Besuch abspeisen. Ich sollte ja auch nur ›auf fünf Minuten‹ vorbeikommen. Für die war ich eine kleine, naive Frau aus einem Dorf in der Westschweiz, mit der sie anstellen können, was ihnen im Moment so einfällt«, interpretiert sie heute das Geschehen. Der »echte« Richter Marrone schien sich im Übrigen ungemein zu genieren. Und als sich Muguette nach einer dreistündigen Unterhaltung von ihm verabschiedete, umarmte er sie.

Die italienische Presse blieb nicht lange so willfährig, wie es einige Berichte aus den ersten Tagen erscheinen lassen. Allein aus den Titeln sind Skepsis und zuweilen Sarkasmus zu vernehmen: »Das Geheimnis des Vatikans – und sein vergiftetes Schweigen«, titelte die »Repubblica« am 6. Mai 1998. Und in der »Stampa« hieß es: »Ein Anfall ohne Motiv und Argumente, die nicht haften«.

Der bekannte Journalist Corrado Augias veröffentlichte am 7. Mai in der »Repubblica« unter dem Titel »Eine zu perfekte Version« einen Kommentar, in dem es hieß: »Diesmal könnte sich Joaquín Navarro-Valls, der Sprecher des Vatikans, ein Mann von außerordentlicher professioneller Begabung, quasi ein Virtuose seines Gebiets, eines Übermaßes an Perfektion schuldig gemacht haben. Seine Antworten waren zu glatt, zu komplett, und das Bild, das er von der Affäre gezeichnet hat, zu perfekt. Die Erklärung, die er gestern gegeben hat, ist wenig überzeugend, weil sie zu viele Aspekte der Angelegenheit außer Acht lässt oder kleinredet, vor allem die bekannten Unstimmigkeiten, die es um die Ernennung Alois Estermanns zum Kommandeur der Schweizergarde gegeben hat.«

Im ganz und gar nicht oppositionellen »Giornale« kommentiert Giancarlo Perna: »Jedes Mal, wenn Joaquín Navarro-Valls vor die Presse tritt, um zu erklären, wie das Drama im Vatikan abgelaufen ist, muss man befürchten, dass sich die schöne Nase des Spaniers JNV verlängern könnte wie die von Pinocchio. Während er sich sonst nie erschüttern lässt, zeigt er jetzt deutliche Verlegenheit, obwohl er immer noch versucht, diese hinter seinen feinen Manieren des spanischen Edelmannes zu verbergen. Um den Skeptizismus der Presse zu zerstreuen, führte er akrobatische Spiegelfechtereien vor, die dennoch nicht glaubwürdig wirken.«

Oder Giuseppe D'Avanzo im »Corriere della Sera«: »Die offizielle Version des Dramas simplifiziert die Katastrophe bis zur Banalisierung. Sie entwirft eine manichäische Vision der Ereignisse, die alle Schatten auf Cédric versammeln, während auf der anderen Seite strahlendes Licht um die Gestalt von Estermann fließt. Wie man weiß, im wirklichen Leben ist das selten so. Cédric war ein fröhlicher Junge, er war spirituell und fromm, und er liebte die Mädchen. Er hatte ein ausgeprägtes Gefühl von Gerechtigkeit; wenn ihm etwas konträr zu diesem Konzept lief, schwieg er nicht, er protestierte, auch für andere. Er kann keine so fragwürdige Persönlichkeit gewesen sein, wenn sich seine Disziplinlosigkeit auf ein paar Minuten oder mal eine Stunde Verspätung reduzierte. Ein schlechter Soldat dürfte er auch nicht gewesen sein, immerhin hat man ihm, als er im vorigen Jahr gehen wollte, die Beförderung zum Vizekorporal angeboten … Und was Alois Estermann angeht: Seine Existenz war von Schatten umhüllt, die weit von der offiziellen Version abweichen, in demselben Maße, wie das Leben Cédrics in Wirklichkeit klar und in vollem Licht erscheint.«

Alois Estermann ist in seiner Heimat beigesetzt worden. Sein Grab liegt in einer den Honoratioren vorbehaltenen Reihe auf dem Friedhof der Hauptkirche von Beromünster in der Nähe seines Heimatortes Gunzwil. Ein kunstvoller Grabstein aus spiegelglattem, graugrünem Granit in Form einer Blüte, die sich um eine zentrale Kelchform auffächert, erinnert an den Verstorbenen. Zwei Ähren, um ein Kreuz geschlungen, erinnern an die bäuerliche Herkunft der Familie. Links von der zentralen Kelchform auf dem Grabstein ist ein Blütenblatt dem toten Ehepaar Estermann gewidmet. Oben steht: Alois Estermann-Meza 1954–1998. Darunter sein letzter, nur so kurze Zeit getragener

Rang: Kommandant der päpstlichen Schweizergarde. Darunter, in etwas kleinerer Schrift, der Name und die Lebensdaten seiner Frau, Gladys Meza Romero Estermann, 1949–1998. Soll das beim Betrachter den Eindruck erwecken, dass auch die Gattin des Kommandanten unter diesem Stein begraben liegt? Dem ist aber nicht so.

Die sterblichen Überreste der Gladys Estermann-Meza Romero wurden am 7. Mai 1998 auf eine sehr lange Reise geschickt. In den frühen Morgenstunden wird der Sarg in eine Boeing 747 der Alitalia geladen, die um 13.30 Uhr nach Caracas startet. An Bord die vier Schwestern der Toten, Raisa, Tirsa, María und Claudía, sowie ein Cousin, Pater Pedro Freites Romero, der bei Radio Vatikan für die lateinamerikanischen Programme zuständig war. Nach einem zehnstündigen Flug landet die Maschine um 17.30 Uhr Ortszeit in Caracas. Eine hochrangige vatikanische Delegation, angeführt von Kardinal Rosalio José Castillo Lara, begleitet von Leonardo Sandri, dem Apostolischen Nuntius in der Hauptstadt Venezuelas, empfängt die Tote und ihre Angehörigen: Doch die lange Reise der Gladys Meza Romero Estermann ist noch nicht zu Ende. Der Sarg wird in ein Privatflugzeug umgeladen, das der Innenminister von Venezuela zur Verfügung gestellt hat. Von Caracas fliegt es nach Barcelona, circa dreihundert Kilometer östlich gelegen, und von dort aus wird der Sarg auf einen Lastwagen gehoben, der, eskortiert von Autos verschiedener hoher Persönlichkeiten, schließlich in Urica im äußersten Südosten des Landes eintrifft. Hier ist Gladys Meza Romero 49 Jahre vor ihrem Tod geboren worden, hier lebt ihre betagte Mutter. Die Totenmesse hält der »vicario generale« der Diözese, Monsignore Carlos Viña. An der Trauerfeier nehmen der Justizminister Venezuelas, Hiliaríon Cardozo, und der Präfekt von Urica, Luis Domingo Carbajal, teil – die Ehefrau des Kommandanten der Schweizergarde, der nur neun Stunden lang deren oberster Chef war, trägt offenkundig auch noch im Tode einen entschieden höheren Rang als ihr Gatte. Und das Paar, das nach italienischen Zeitungsmeldungen »zusammengeschmolzen war wie zwei Tropfen Wasser«, wartet, Kontinente und Meere voneinander getrennt, in unterschiedlichen Gräbern auf das Ende der Zeit.

Anders als Gladys wurde Cédric Tornay kein Privatflugzeug für seine letzte Reise zur Verfügung gestellt. Aber immerhin reiste er in sehr pompösen Leichenwagen. Die römische Bestattungsfirma Piacentini, die für den Vatikan arbeitet, hatte an diesem Tag nur jenen aufwändig geschmückten Wagen zur Verfügung, in dem Kardinäle zu ihrer letzten Ruhestätte geleitet werden. Anders als die Familie Estermann musste Muguette Baudat die teure Rückkehr ihres toten Sohnes in die Schweiz selbst bezahlen – nach ihrer Reise nach Rom und dem Hotelaufenthalt war dies der erste wirklich massive Posten in einem schnell wachsenden Schuldengebirge.

Schon auf Fotos von der Totenmesse in Rom fällt auf, dass Muguette statt des üblichen Schwarz einer trauernden Mutter in Weiß erschienen ist. Ein Video von der Beerdigung in der Schweiz am 18. Mai 1998 verdeutlicht die Geste. Auf Cédrics Sarg, der von befreundeten Schweizergardisten in Uniform getragen wird, liegt kein Kranz, sondern ein großes Gebinde aus weißen Lilien. Auch viele der Trauergäste tragen in irgendeiner Form Weiß – Jacken, Pullover, ein paar kleine Mädchen winken in ihren weißen Kommunionskleidern in die Fernsehkameras. Die Erklärung für so viel Weiß: Muguette hatte ihre Freunde darum gebeten, ihrem Jungen die letzte Ehre in der Farbe der Unschuld zu erweisen.

Heute ruht Cédric Tornay auf dem Friedhof von Martigny in der Nähe seiner Heimatstadt Monthey. Dem Steinmetz, der das Grabmal schuf, ist es gelungen, ohne Pomp und Friedhofspathos ein zu kurzes Leben zusammenzufassen. Die Rückwand des kleinen Denkmals besteht aus grob gehauenen, übereinander geschichteten Quadern aus »pierre de Collonge«, einem blutroten, marmorähnlichen Felsstein der Gegend. Eine massive, solide Basis für einen etwas kleineren Stein, der, aus demselben Material gehauen, wiederum ein Steinkreuz trägt, das an ein Gipfelkreuz erinnert, aber eher doch daran, dass Cédric wirklich ein gläubiger junger Mann war, der es als hohe und ehrenvolle Aufgabe ansah, den Papst, den er verehrte, als Wachmann zu schützen. Auf diese Mission, die er sich selbst ausgesucht hatte, weist an seinem Grabmal auch ein seitlich angebauter Bogen hin, den eine grob gehauene römische Säule trägt. Auf dem Bogen wiederum ein Stahlstich, in den ein Foto von Cédric in seiner blaugelb gestreiften Montur als Schweizergardist eingraviert ist. Kein großes Kunstwerk, gewiss, aber auch kein Geheimnis hier, sondern ein getreulich abstrahiertes Abbild des Toten. Mehr kann ein Gedenkstein für einen jungen Mann, der nur 23 Jahre alt wurde, kaum erreichen.

Kapitel 3

Söldner aus der Schweiz

Ein winterlicher Nachmittag in Rom. In einer blank polierten Limousine gleite ich, chauffiert von einem freundlichen Monsignore, durch das Sankt-Anna-Tor in den Vatikan. Die beiden Gardisten in ihrer dunkelblauen Pagenuniform mit den adretten, runden Kragen stehen stramm und salutieren, selbst die gefürchteten Männer von der päpstlichen Gendarmerie winken uns lächelnd durch. Ich lächle zurück und denke: Glück gehabt. Mein Begleiter hatte sich an unser gemeinsames Studienjahr am Leibniz-Kolleg in Tübingen erinnert. Mir war es also erspart geblieben, ein ergebenes Bittschreiben abzufassen und es auf einen mühsamen Weg durch die verwinkelte Bürokratie des päpstlichen Hofstaates zu schicken, bevor mir ein Besuch im Gardequartier gestattet werden würde.

Der Kasernenbereich liegt links vom Turm Nikolaus' V. Ein wenig außerhalb kauert zu Füßen des Apostolischen Palastes die kleine Kapelle der Schweizergarde. Sie ist benannt nach den beiden Heiligen Sankt Sebastian, der sich für den Glauben mit tödlichen Pfeilen spicken ließ, und Sankt Martin, dem edlen Ritter, der seinen Mantel durchschnitt, um die eine Hälfte einem frierenden alten Mann zu überlassen: Welch opferbereites Selbstverständnis für einen päpstlichen Wachtrupp. Und in der Tat, im Laufe ihrer fünfhundertjährigen Geschichte löste die Schweizergarde ein ums andere Mal ihren Treueeid ein und beschützte verlustreich das Leben des jeweiligen Kirchenoberhaupts.

In dieser Kapelle nehmen die Gardisten von jeher Abschied von ihren Kameraden, und hier wurden auch die Särge aufgebahrt, in denen die Opfer vom 4. Mai 1998 ruhten. Als sollte die schreckliche Erinnerung getilgt werden, ist der Raum seitdem komplett umstrukturiert und renoviert worden, genau wie die Kaserne der Gardisten.

Als wir die Kapelle verlassen, blicken wir auf die Fassade der Offiziersunterkünfte. Links vom Torbogen im zweiten Stock liegt die Wohnung des Kommandanten. Mein Begleiter weist auf ein erleuchtetes Fenster und erklärt: »Das war der Raum, in dem es geschah.« Mich fröstelt. Aber dann schreiten wir durch den Torbogen in den Innenhof des Quartiers, der von zwei länglichen Kasernengebäuden gerahmt ist. Mein Begleiter findet, dass ein kurzer Höflichkeitsbesuch beim Kommandanten der Schweizergarde angebracht sei. Die Tür zu seinem Büro steht ein wenig offen, mein Begleiter klopft und stellt mich als eine alte Freundin aus seiner Studienzeit vor. Der Oberbefehlshaber des päpstlichen Wachkorps schüttelt mir höflich die Hand: »Herzlich willkommen.« Gegen einen kleinen Rundgang sei überhaupt nichts einzuwenden. In den wenigen Minuten, die der Kommandant und mein Mentor freundlichen Smalltalk halten, bewundere ich das geschichtsträchtige Ambiente im Büro des Kommandanten.

Er herrscht an einem gewaltigen Schreibtisch aus Kastanienholz, dessen Vorderseite das päpstliche Wappen ziert. An der Rückwand des Raums, direkt hinter ihm, hängt die gestreifte

Fahne der Schweizergarde in jenem rot-gelb-blau-gelb-roten Farbmuster, das man von den Uniformen kennt. Ergänzt wird die Fahne durch drei Embleme, die die päpstlichen Insignien zeigen. Unter der Decke läuft ein Fries von zeitgenössischen Ölgemälden, auf dem alle Kommandanten der Schweizergarde porträtiert sind: fünfhundert Jahre Tradition. Beeindruckend illustrieren die Gemälde die wechselnde Männermode der Führungspersönlichkeiten: Kaspar von Silenen, der erste Kommandant, trug ein Renaissance-Gewand und einen turbanähnlichen Hut, den ein kostbarer Pelzrand und eine gewaltige Pfauenfeder schmückten. Sein Bruder und Nachfolger sieht aus wie von Dürer gemalt, mit seinem schräg aufgesetzten Barett und einem beachtlichen Rauschebart. Die folgenden Kommandanten nehmen bereits die Mode des spanischen Hofzeremoniells auf, die sich vor allem durch eine gestärkte, weiße Halskrause auszeichnet, auf welcher der Kopf des Edelmanns wie abgetrennt von seinem Körper thront. Das 17. Jahrhundert verpasste auch den Kommandanten der Schweizergarde die zeitgenössische wallende Perücke; im späten 18. und 19. Jahrhundert kommen die nur als Schmuck gedachten, elaboriert dekorierten Brustpanzer noch einmal in Mode. Anfang des 20. Jahrhunderts wird experimentiert: mal historisierend, mal progressiv. Bis schließlich 1920 die fantasievollen Uniformentwürfe des Kommandanten Jules Repond eingeführt werden, die noch heute von den Gardisten getragen werden. Überwiegend stammten die Herren aus solidem Schweizer Bürgeradel, unter dem sich das Luzerner Geschlecht der Pfyffer von Altishofen besonders ausgezeichnet hat: Es stellte zwischen 1652 und 1982 nicht weniger als elf Kommandanten der päpstlichen Schweizergarde.

Diese kleinste Armee der Welt ist zugleich – mit fast einem halben Jahrtausend Kontinuität – ihre älteste. Und deswegen wird sie heutzutage auch ein wenig belächelt. Im 16. Jahrhundert hingegen galten die Söldner aus der Schweiz als die besten Soldaten ihrer Zeit. Sie hatten nämlich eine besonders mutige und geschickte Kampftechnik entwickelt, die zum Niedergang der Ritterheere beitrug: Mit ihren langen Hellebarden, die zum Stechen wie Reißen dienten, holten die beweglichen Infanteristen die altmodisch gepanzerten Metallmänner mühelos von ihren Pferden, um sie gleich darauf abzustechen.

Schon ihr gemeinsamer Auftritt hinterließ bei den Zeitgenossen nachhaltigen Eindruck. Ein Text aus dem Jahr 1495 beschreibt die Ankunft einer Schweizer Kohorte in Rom: »Voran schritten die Schweizer und die Deutschen unter ihren Fahnen, im Gleichschritt nach dem Klang der Trommeln, mit kriegerischer und unglaublicher Ordnung. Sie trugen verschiedene, kurze Tracht, die jedes Glied hervortreten ließ. Die Stärksten ragten, durch Federbüsche ausgezeichnet, über die anderen empor. Ihre Waffen waren kurze Schwerter und zehn Fuß lange eschene Lanzen mit schmalen Eisenspießen. Etwa ein Viertel der Männer war mit gewaltigen Beilen ausgerüstet, an deren Ende eine vierkantige Spitze hervorragt; diese zu Hieb und Stich geeignete Waffe führten sie mit beiden Händen und nannten sie Alabarden. Zu tausend Fußknechten gehörten je einhundert Schützen, die aus kleinen Büchsen Bleikugeln auf den Feind schossen. Diese Krieger verschmähten, wenn sie in den Kampf gingen, insgesamt Harnisch, Helm und Schild, sodass man einzig an den Hauptleuten, also an denen, welche die ersten Reihen des Schlachthaufens bildeten und in der vordersten Front zu kämpfen pflegten, Helme und Brustharnische sah.«

Das war die bewegliche Infanterie der Schweizer. Flexibel. Entschlossen. Und einander verschworen. Immerhin war es der helvetischen Föderation damals schon gelungen, was europäische Länder erst ein paar hundert Jahre später schaffen sollten: den Sinn von bürgerlicher Unabhängigkeit gegenüber aller Art von Obrigkeit in den Köpfen seiner Bewohner zu entwickeln – man denke an Wilhelm Tell, der sich dem habsburgischen Landvogt nicht beugte.

Der erste Papst, der sich helvetische Söldner als ständigen Wachtrupp nach Rom kommen ließ, war Julius II. della Rovere, und dass er sich von besonders qualifizierten Leibwächtern schützen lassen wollte, ist leicht nachzuvollziehen. Er war, wie viele seiner Vorgänger und Nachfolger, ein ziemlich sittenloser Mensch. Sein Beiname »Il Terribile« – der Schreckliche – war überaus treffend. Julius II. war korrupt, geldgierig und ein Frauenheld. Schon als Kardinal hatte Giuliano della Rovere drei Töchter gezeugt, während seine Syphilis, unheilbar, wie sie damals war, fortschritt und sich unweigerlich auf seine Beischläferinnen übertrug. Die Krankheit zeigte sich in den späteren Jahren des geistlichen Herrn, der den Stuhl Petri mit sechzig endlich ergattert hatte, von ihrer unappetitlichsten Seite. Der Zeremonienmeister des Papstes berichtete, dass sich seine Heiligkeit am Karfreitag 1508 nicht den Fuß habe küssen lassen können, »quia totus erat ex morbo gallico ulcerosus« (weil er voller Geschwüre von der französischen Krankheit war).

Immerhin betätigte sich Julius II. auch als Mäzen im allergrößten Stil: Er war der Förderer Michelangelos für die Fresken in der Sixtinischen Kapelle – eine der großartigsten Schöpfungen der europäischen Kunstgeschichte –, die sein »Onkel« Sixtus in Auftrag gegeben hatte. Michelangelo hat ohne Begeisterung für jeden der Päpste gearbeitet, die ihn beschäftigten, besonders ungern aber für Giuliano della Rovere. Beide besaßen ein sehr stürmisches Temperament, aber prügeln durfte nur der Papst. Einmal musste Michelangelo mit einem Strick um den Hals vor den Papst treten – als Zeichen der Unterwerfung. Als Michelangelo eine Statue seines Auftraggebers angefertigt hatte, betrachtete Julius das Ergebnis misslaunig. »Was ist das unter meinem Arm?«, fragte er. »Ein Buch, Euer Heiligkeit«, antwortete Michelangelo. »Was weiß ich von Büchern, gib mir lieber ein Schwert«, brüllte daraufhin der Papst. In einem bissigen Vers hat Michelangelo später gegen die Päpste gelästert, unter denen er zu dienen hatte:

Aus Kelchen machen sie Helm und Schwert
Und verkaufen eimerweise das Blut des Herrn.
Sein Kreuz, seine Dornen sind vergiftete Klingen,
Und sogar Christus selbst ist mit seiner Geduld am Ende.

Mit Helm und Schwert war Julius II. besonders gern unterwegs. Er war der Kriegerpapst, der sich an allen italienischen Fronten schlug, mal gegen die Spanier, mal gegen die Franzosen, mal gegen andere, weswegen manche in ihm einen Vorkämpfer für die italienische Einheit sehen. Hauptsächlich ging es dem kriegerischen Julius freilich um die Erweiterung seines eigenen Kirchenstaates. Seine in der Schweiz bestellten Bodyguards trafen am 22. Januar 1506 in der Hauptstadt des Papstes ein. In ihren bunten, zusammengewürfelten, individuellen Uniformen marschierten sie über die Piazza del Popolo. Geführt von dem Kommandanten des Trupps, Kaspar von Silenen aus dem Kanton Uri, überschritten die Männer unter neugierigen Blicken den Tiber und erreichten bald darauf den Vatikan. Papst Julius der Schreckliche empfing die Männer freudig und spendete der neuen Wache seinen Segen.

Einundzwanzig Jahre nach ihrer Festanstellung am päpstlichen Hof – Kommandant war inzwischen Kaspar Röist – erlebten die braven Eidgenossen ihre fürchterlichste Niederlage beim »Sacco di Roma«, der Plünderung Roms durch die »Lanziknechti« Kaiser Karls V. am 6. Mai 1527. Ein gespenstisches Bild bot sich den Betrachtern von der Engelsburg aus, in der Papst Klemens VII. mit seinem Hofstaat und Hunderten von römischen Bürgern Zuflucht gesucht hatte. Etwa zwanzigtausend kaiserliche Lanziknechti, ausgezehrte, zerlumpte Gestalten mit Gier im Blick, versammelten sich rings um die Stadt wie eine lebende Mauer, die sich immer enger um Rom zusammenzog. Sie hatten monatelang keinen Sold und auch nichts Vernünftiges zu essen bekommen; jetzt sollten sie sich in Rom sattplündern dürfen. Die Verteidiger bestanden aus drei- bis viertausend Mann, die noch nie gemeinsam gekämpft und auch keinen gemeinsamen Befehlshaber hatten – Wachtruppen und Milizen der römischen Adligen. Die schweizerischen »Guardiknechti« zählten ganze 189 Mann. Den Versuch des Herzogs von Bourbon, von Klemens VII. für dreihunderttausend Scudi den Abzug der Kaiserlichen zu erpressen, wies der Papst empört zurück. Daraufhin ließ der Herzog seine Meute im Morgengrauen auf Rom los. Die »Cohors Pedestris Helvetiorum a Sacra Custodia Pontificis« kämpfte auf einer breiten Front, die sich über das gesamte Zentrum der damaligen Metropole erstreckte, gegen die verhassten ruppigen Kerle aus Deutschland, Spanien und Frankreich. 147 Schweizergardisten fielen bei der Verteidigung der Peterskirche und des Apostolischen Palastes. Sie konnten nicht verhindern, dass diese Barbaren sogar auf Raffaels berühmten Fresken ihre hämischen Graffiti hinterließen. Ausgerechnet in den damaligen Privatgemächern des Papstes, auf einem Gemälde, das der Meister »Triumph der Kirche« genannt hatte, prangen noch heute unübersehbar die Worte: »Vivat Lutero«. Die Reformation hatte Rom erreicht.

Aber die Schweizergardisten schützten ihren Papst. Einige brachten während des Angriffs Klemens VII. (wie vor ihm andere Nachfolger Petri) durch den »passetto« in Sicherheit, einen zum Teil übermauerten und zum Teil unterirdischen Gang, der noch heute den Vatikanstaat mit der Engelsburg verbindet. Manchmal sollen sich Schweizergardisten, die ihre Ausgangszeit überschritten haben, unter Umgehung der Wachen über den »passetto« in das Quartier zurückschleichen. Cédric Tornay, so erzählt ein Freund, habe das auch einmal gemacht.

Kaum hatten sich die »Söldner« aus der Schweiz eingelebt und an das subtropische Klima der Stadt gewöhnt – an die stinkende Gosse des Tiber, die gefährliche Infektionen nährte, an die laute, raue Sprache des römischen Volkes –, gab es Ärger um die eidgenössischen Soldaten. Immer wieder kam es zu Prügeleien und blutigen Konflikten mit der päpstlichen Gendarmerie und den Wächtern der Kurie. Die schleichenden, zuweilen tödlichen Feindseligkeiten der Clans am päpstlichen Hof waren der Beginn einer Rivalität, die ebenso tradiert ist wie die unzähligen Rituale des täglichen Wachdienstes. Ein Privileg der Schweizergarde war es zum Beispiel, dass der gute Wein aus den Castelli Romani zollfrei in ihr Quartier geliefert wurde, was Abend für Abend zu lauten Gelagen führte. Das Grölen der Schweizer drang bis in die Gemächer des Papstes und brachte die Gendarmerie gegen sie auf. Die Schweizer, von ihren Erzrivalen getadelt, wurden umgehend aggressiv und gingen mit ihren Hellebarden auf die »Wischili« los (wer Italienisch versteht, wird das Wort »vigili« wiedererkennen). Es gab zahlreiche Verletzte, und etliche der Schweizer landeten im Gefängnis. Dieser jahrhundertealte Konflikt, so archaisch er auch anmuten mag, gehört zu den Hintergründen der Morde, über die hier berichtet wird.

Nach der kurzen Visite beim Kommandanten treten wir hinaus auf den abendlich belebten »Ehrenhof«, der zwischen den beiden Kasernengebäuden liegt, und landen so in jener kleinen helvetischen Enklave mitten in Rom, gleich unter den Fenstern des Papstes. Ein paar Kinder, die sich auf einer Stiege niedergelassen haben, schnattern auf Schwyzerdütsch. Aus dem offenen Fenster des Musikzimmers sind nicht besonders flüssige Tonleitern aus einer Querflöte zu hören, untermalt von der unverwechselbaren Stimme Madonnas, die ihren neuesten Hit singt; das Klickern von Billardkugeln dringt aus einem Freizeitraum im Souterrain der Gardistenkaserne. Durch die Fenster sind kurz geschorene Gardisten zu erkennen, die mit konzentriertem Blick auf den Bildschirm durchs Internet navigieren. Andere trotten, mit einem Handtuch um den Hals geschlungen, aus dem gleichfalls im Souterrain gelegenen Fitness-Bereich.

Auf der nördlichen Seite, an der Mauer, die die beiden Kasernen miteinander verbindet, steht ein klassizistisches Denkmal, das an den heldenhaften Einsatz der Schweizergarde bei der Plünderung Roms erinnert. Unter dem Flachrelief ist eine halbrunde Brunnenschale angebracht, in die zwei mythische Fische früher ununterbrochen Wasser spien. Das wurde irgendwann eingestellt, nachdem sich Offiziere der Garde über das nächtliche Plätschern beschwert hatten, das ihnen den Schlaf raube. Ich wundere mich: Wie können Männer mit so schwachen Nerven das Oberhaupt der katholischen Kirche wirkungsvoll schützen?

In dem reglosen Brunnenwasser dümpeln rissige Gummibälle, verlassenes Spielzeug in einem kargen Kasernenhof. Ein Platz für Kinder ist das hier wahrhaftig nicht.

Quer über den Ehrenhof marschiert im Gleichschritt ein kleiner Zug von Gardisten, geführt von einem jungen Mann im Rang eines Feldwebels. Genau so war Cédric Tornay dreieinhalb Jahre lang zu seinem Dienst marschiert, ein überzeugter Soldat des Papstes, der freilich nicht vorhatte, in dessen Sold sein Leben zu lassen.

In das traditionsreiche Korps der päpstlichen Wachsoldaten trat Cédric Tornay am 1. Dezember 1994 ein. Er war zwanzig Jahre alt und bester Dinge. Endlich ging sein Wunsch aus frühen Jahren, einer der rund einhundert Soldaten des Papstes zu werden, in Erfüllung. Einen Monat vor seinem offiziellen Dienstbeginn traf der junge Mann mit seinem Köfferchen in Rom ein.

Wenige Tage später hatte er seinen ersten wichtigen Termin: Beim Gardeschneider Ety Cicioni wurden dem jungen Westschweizer drei Uniformen angemessen. Die dunkelblaue Arbeitsuniform, in der die Gardisten an den Eingängen des Kirchenstaates wachen, besteht aus einem eng anliegenden Oberteil, das ein adretter runder, weißer Kragen schmückt. Die Taille wird durch einen hellbraunen Gürtel betont und endet in einem im Dreieck geschnittenen, gefältelten Schoßteil. Die Ärmel sind großzügig bis über die Ellenbogen gepufft, was – ebenso wie die zur Uniform gehörenden Pumphosen – für die nötige Bewegungsfreiheit sorgt. Auf dem Kopf des Gardisten sitzt, sehr schräg, eine schicke, schwarze Baskenmütze.

Die bekanntere Gala-Uniform der Schweizergarde wiederum zeichnet sich durch überwiegend blaugelbe Streifen aus und ist an den Ärmeln mit einigen roten Streifen versetzt. Sie besteht aus nicht weniger als 154 Teilen und steht den Gardisten in einer leichten Sommer- und einer wärmeren Winterversion zur Verfügung. Der Wechsel von der einen zur anderen Variante wird nicht etwa von den Gardisten selbst entschieden, sondern per

Befehl des Kommandeurs je nach Wetterlage im Mai und im Oktober bestimmt. Der Schnitt der Gala-Uniform ist der Arbeitskleidung ähnlich: ein tailliertes Oberteil mit dreieckigem Schoßteil, dazu Pumphosen, zu denen gleichermaßen gelbblau gestreifte Gamaschen gehören. Die Weite der gepufften Ärmel und der Kniehosen wird durch den Schnitt, aber auch durch nicht zusammengenähte Filz- oder Stoffstreifen erreicht, die an Schultern und Ellenbogen beziehungsweise an der Taille und unterm Knie befestigt sind. Das flattert dann ein bisschen und sorgt für Lüftung im heißen römischen Sommer. Ein schneeweißer, gefältelter, nach oben gestellter Kragen verstärkt den festlichen Eindruck. Zur Gala-Uniform gehört selbstverständlich – für die großen Auftritte – auch der nach vorn und hinten spitz geschwungene Helm mit dem eingravierten Familienwappen des Gründervaters der Schweizergarde, Giuliano della Rovere. Ein Büschel wippender Straußenfedern krönt den Helm: rot gefärbt für die unteren Ränge, violett für die Offiziere und schneeweiß für den Kommandanten der schweizerischen Wachtruppe. Und schließlich noch die Gran-Gala-Version: Über das Wams wird zusätzlich ein Brustpanzer gestülpt, während eine vornehme Halskrause den weißen Kragen ersetzt. So ausstaffiert, könnten die Gardisten tatsächlich einem Gemälde aus dem 16. Jahrhundert entstiegen sein.

In einem der Bücher über die Schweizergarde, einem im Jahr 2000 erschienenen Bildband von Valentine und Noëlle Herrenschmidt, sagt einer der Wachsoldaten des Papstes: »Jedes Mal, wenn ich die Uniform anziehe, ist es, als wenn man in eine andere Haut schlüpfe. Man ist seiner sicherer. Für mich ist das eine ungeheure Ehre. Immerhin tut man das seit fünfhundert Jahren.«

So könnte sich Cédric Tornay am Anfang seiner Dienstzeit auch geäußert haben. Seine Begeisterung, nun endlich als Wachsoldat des Heiligen Vaters dienen zu dürfen, brannte lichterloh, wenn auch mit sich bald reduzierender Intensität.

Vom Tag seiner offiziellen Einschwörung am 6. Mai 1995

legte Cédric ein schweres, in Leder gebundenes Album an – von der prächtigen Art, wie sie junge italienische Brautpaare geschenkt bekommen. Die Zeremonie wird von den professionellen Fotografen des Osservatore Romano festgehalten, Moment für Moment. Cédric hat die Aufnahmen von seinem großen Tag in präziser chronologischer Reihenfolge eingeklebt und in gotischer Zierschrift kommentiert. Dafür hatte er sich eigens eine entsprechende breite, oben schräg geschnittene Feder besorgt, außerdem schwarze und rot leuchtende Tinte, mit der er die kunstvoll verschnörkelten Anfangsbuchstaben malte, die jedes der von ihm verwendeten Substantive zierte.

Um 7.30 Uhr hatten die Feierlichkeiten begonnen, »Seine Eminenz Kardinal Sodano feiert die Messe.« Großaufnahme von Cédric, wie er die Oblate aus dem Mund des Regierungschefs des Heiligen Stuhls, Angelo Sodano, empfängt. Um zehn der Empfang der jungen Gardisten beim Heiligen Vater. Auch Cédrics Vater ist von der fernen Insel Mauritius angereist und steht in einem etwas zu groß geratenen grauen Anzug verlegen im Hintergrund. Muguette trägt ein adrettes dunkelblaues Kostüm. Cédric in der Gran-Gala-Uniform der Schweizergarde blickt entrückt den Heiligen Vater an, als dieser seiner Mutter die Hand reicht. In sein Album schreibt er später: »Dieser Moment war sehr eindrucksvoll und wird für immer in unser Gedächtnis eingegraben bleiben.« Später, um Punkt siebzehn Uhr, Einmarsch der Garde und Aufstellung im Damasushof, dem Innenhof des päpstlichen Palastes. Mehr als tausend Menschen sind versammelt, ehemalige Gardisten aller Altersstufen, Familienangehörige, Freunde, Mitglieder der Schweizer Kolonie in Rom und hohe Vertreter der Kurie, denen ein privilegierter Platz auf einem gelben Teppich mit rotem Rand zugewiesen ist. Kommandant Buchs in seinem roten, etwas zu eng gewordenen Samtkostüm begrüßt die Gäste und versucht mit pathetischen Worten der großen Bedeutung des gegenwärtigen Moments gerecht zu werden: »Im Angesicht des Weltgeschehens, da historische Vorgänge in vielen Ländern sich überstürzen und Massenbewegungen tanzend eine umfassende Vergeschwisterlichung der Menschheit fordern, bewahrt ihr ruhig Blut, weil euch in einem Blick auf die Geschichte klar ist, dass damit die Wurzel der Unordnung, der Sünde, wie wir Christen sagen, nicht aus der Welt und nicht aus der Menschen Herz geschafft ist, weil ihr aus der Erfahrung früherer Generationen wisst, dass der endgültige, unbedrohte, alle und alles erfüllende Friede auf Erden Ideal und Utopie und Wunschtraum zugleich bleibt, das Paradiesesglück erst für den Himmel ist. Aus dieser Erkenntnis ergibt sich der Sinn eurer Arbeit, die ihr wertkonservativ und strukturprogressiv erfüllt, das heißt tapfer und treu unter Einsatz der ganzen Person, mit Leib und Herz und Seele aufgrund der modernsten Einsichten und Mittel, wie es der ureigensten Tradition der päpstlichen Schweizergarde entspricht.« Nun ja. Ach so.

Cédrics Gedanken könnten sich in diesem Wortwust eventuell verirrt haben. Es wäre verständlich. Um 17.18 Uhr ergreift der Gardekaplan das Wort und erklärt die Eidesformel, worüber weitere zwölf Minuten verstreichen. 17.30 Uhr: Es erklingen die Vatikanhymne und die Nationalhymne der Schweiz. Um 17.38 Uhr tritt der Erste der neuen Gardisten zum Schwur auf die Gardefahne an. Cédric platzt fast vor Spannung. Wochenlang war dieser Moment geübt worden. Jetzt ist er da. Das traditionsreiche Gelöbnis spricht der Gardekaplan den jungen Soldaten vor, auf Deutsch oder Französisch: »Ich schwöre, treu, redlich und ehrenhaft zu dienen dem regierenden Papst Johannes Paul II. und seinen rechtmäßigen Nachfolgern und mich mit ganzer Kraft für sie einzusetzen, bereit, wenn es erheischt ist, selbst mein Leben für sie hinzugeben. Ich übernehme dieselbe Verpflichtung gegenüber dem Heiligen Kollegium der Kardinäle während der Sedis-Vakanz des Heiligen Stuhls. Ich verspreche überdies dem Herrn Kommandanten und meinen übrigen Vorgesetzten Achtung, Treue und Gehorsam. Ich schwöre, alles zu beachten, was die Ehre meines Standes von mir verlangt.« Ein schwerwiegendes Gelöbnis, aber Cédric Tornay hat es damals, wie an seinem Album zu erkennen ist, andächtig und treuherzig aufgenommen. Einer nach dem anderen treten die 27 Rekruten nun aus der Formation, übernehmen die Fahne und schwören. Das geschieht in alphabetischer Reihenfolge, also muss der hochgestimmte Cédric Tornay fast bis zum Schluss warten. Aber endlich, nach seinem Walliser Landsmann David Tissières, darf er vortreten. Er packt die Gardefahne mit der linken Hand und hebt die rechte zum Schwur. Dabei müssen Daumen, Zeige- und Mittelfinger tüchtig gespreizt werden, weil sie die drei Schweizer Urkantone Uri, Schwyz, Unterwalden symbolisieren, und dann ruft auch Cédric Tornay in den Damasushof: »Ich schwöre, alles, was mir soeben vorgelesen wurde, gewissenhaft und treu zu halten, so wahr mir Gott und seine Heiligen helfen.« Es hatte viel geregnet an diesem 6. Mai, doch im Moment seines Schwurs fällt ein Sonnenstrahl auf den Brustpanzer Cédrics. »Ein Zeichen des Allmächtigen?«, setzt der Junge unter das Foto. So hundertprozentig ernst meinte er das sicher nicht, aber ein bisschen wohl schon.

Anschließend wird der feierlichen Versammlung noch ein wenig Gardemusik dargeboten, das reicht von einem Regimentsmarsch über ein Tambourenstück bis hin zu einem fröhlichen Stückchen Jazzmusik: »Jumpin' at the Woodside«. Und nun darf die Truppe wieder abmarschieren. Um sieben wird im Gardequartier ein Aperitif gereicht. Ein Gruppenbild der Gesamtfamilie Tornay-Baudat, aufgenommen im Ehrenhof der Schweizergarde, spät nachmittags am Ende aller Zeremonien, verrät etwas über Cédrics familiäre Herkunft: Aus einer Traumfamilie stammte er sicher nicht. Aber trotz des Wankelmuts seines Vaters, der die Familie schon früh verlassen hatte, blieb ein Gefühl der Zusammengehörigkeit; Cédric war seinen Halbbrüdern aus der zweiten Ehe des Vaters zärtlich verbunden, und dieser hatte für die Einschwörung seines Sohnes bei der Schweizergarde immerhin die lange Reise von der Insel Mauritius im Indischen Ozean nach Italien unternommen. Am Abend feierte die zur Großfamilie angewachsene Sippe Cédric Tornays, begleitet von etlichen Freundinnen und Freunden, den Tag mit einem reichhaltigen Festmahl in einem römischen Restaurant in der Nähe des Vatikans.

Und dann begann der Alltag des neuen Schweizergardisten. Wache schieben bis zum Umfallen, unmögliche Arbeitszeiten, Stress und Langeweile. Zwei Drittel der Mannschaft, zu der im Jahr 1995 noch 102 Gardisten einschließlich der Offiziere zählten, werden täglich zur Wache an den verschiedenen Eingängen zum Apostolischen Palast eingesetzt; regungslos, den Blick nach vorn gerichtet, sind Schweizergardisten an den strategisch wichtigen Punkten des Palastes und seiner verschiedenen Stockwerke postiert, besonders im dritten, in dem sich die Papstwohnung befindet, und im zweiten, in dem die Monsignori vom Staatssekretariat ihren Regierungsgeschäften nachgehen.

Es gibt wohl kaum prächtigere Arbeitsplätze. Die größten Künstler der Renaissance haben sie ausgeschmückt: Bramante, Raffael, Michelangelo. Der Besuch in den vatikanischen Museen vermittelt einen Eindruck von der Pracht, in der Schweizergardisten täglich ihren Dienst verrichten. Als Cédric zum ersten Mal im Königssaal Dienst tat, war ihm der Platz an der hohen Tür zugewiesen worden, von wo aus er in die Sixtinische Kapelle schauen konnte – direkt auf das Jüngste Gericht. »Ich kenne bald jede einzelne Figur«, schrieb er nach Hause, »und es wird mir nicht langweilig.«

Gleichwohl erlebte er auch bald die Schattenseiten seiner Berufung, allem voran die physische Belastung des stundenlangen Stillstehens. Verkrampfte Muskeln, Kreuzbeschwerden, manchmal auch Kopfschmerzen vom starren Blicken waren das Ergebnis. Sein Dienst verdammte den sportlichen, bewegungshungrigen jungen Mann dazu, sich für viele Stunden am Tag in ein Monument zu verwandeln. Als der Sommer in Rom einzog, verfolgte Cédric die Sonne mit sehnsüchtigem Blick, um abzuschätzen, wann sich endlich ein kühlender Schatten über seinen Standort legen würde. Auf dem glühenden Asphalt am Sankt-Anna-Tor schmerzten seine Füße in den harten Lederschuhen. Später im Winter fror er natürlich. Die riesigen Bögen der Loggien im Apostolischen Palast sind längst verglast worden, aber sie schützen nicht vor Kälte.

Zwei Jahre nach seiner Ankunft bei der Schweizergarde hat Cédric, dieser nach vatikanischer Darstellung angeblich verkommene junge Mensch, ein recht vernünftiges, schriftliches Reformkonzept entwickelt. Der Grundgedanke war einfach: Gardisten stehen zu lange an sinnlosen Stellen völlig überflüssig herum. Vor dem Staatssekretariat schieben sie Wache, auch wenn die Regierung der katholischen Kirche ihre Schalter schon geschlossen hat, nämlich täglich außer sonntags ab 13.30 Uhr. An der Präfektur ist ein Gardist postiert, bereit, Informationen an Touristen zu übermitteln – auch nach den Öffnungszeiten des ehrwürdigen Amtes. Im Damasushof müssen Gardisten schon dreißig bis vierzig Minuten, bevor hoher Besuch kommt, antreten, auch wenn es in Strömen regnet. Cédric kommentiert: »Die Uniformen werden beschmutzt, und der Gardist fühlt sich unwohl.« Sein Freund Steve Kellenberger setzte in Computergrafik um, was sich Cédric ausgedacht hatte. Buchs und Estermann zollten dem jungen Gardisten Beifall. Seine schnelle Beförderung zum Vizekorporal hat zweifellos mit diesem Reformprojekt zu tun – wenngleich erst ein späterer Kommandant auf einige der Vorschläge Cédric Tornays zurückkam. Aber da war der junge Mann schon tot.

Im Übrigen gibt es an einigen wichtigen Punkten, an denen Gardisten wachen, etwa am Sankt-Anna-Tor, nicht viel zu reformieren. Auch wenn es regnet oder schneit oder hagelt, bleiben sie auf ihren Posten, zwar geschützt durch eine wasserabweisende lange Pelerine, aber trotzdem stundenlang einer Witterung ausgesetzt, die auf die Gesundheit schlägt. Ein päpstlicher Wachsoldat muss Mannesmut zeigen. Regenschirme passen nicht dazu.

Auch sein Helm bereitete Cédric anfangs Schwierigkeiten: Er drückte übel und musste vom ehrwürdig alten Meister der Waffenkammer geweitet werden. Aber trotz der Dauerbelastung durch seinen Dienst erlebt Cédric Tornay das Jahr 1995 als abwechslungsreich, spannend und zufrieden stellend. Es wird viel von ihm verlangt, aber er packt es. Er bekommt, was er ersehnt hat – vor allem die Nähe zum Heiligen Vater, den er wahrhaftig und kindlich verehrt.

Er darf zum Beispiel am 6. Januar dabei sein, als der Papst die Messe in der Sixtinischen Kapelle feiert und anschließend siebzehn römische Säuglinge tauft; er sieht ihn jeden Sonntag beim Angelus, das der Papst aus dem Fenster seines Arbeitszimmers im Apostolischen Palast für die auf dem Petersplatz versammelten Gläubigen spricht.

Er freut sich daran, dass der Papst dabei den jungen Gardisten, die sich andächtig direkt unter seinem Fenster in ihrem Quartier versammeln, ein besonderes Segenszeichen spendet. Cédric sieht den Papst, wenn dieser nach einem Empfang für ausländische Staatschefs oder Botschafter den Königssaal verlässt und es dabei niemals versäumt, den Gardisten freundlich zuzunicken. Aber Cédric sieht auch, wie sich im Jahr 1995 der Gesundheitszustand des Papstes dramatisch verschlechtert. Das Zittern seiner Hände ist so offenkundig geworden, dass auch die obersten vatikanischen Geheimniskrämer, an ihrer Spitze Joaquín Navarro-Valls, der Sprecher des Heiligen Stuhls, es nicht mehr leugnen können: Johannes Paul II. litt an der Parkinsonschen Krankheit, einem bislang unheilbaren Defekt des zentralen Nervensystems. Auch die Gardisten sprechen natürlich darüber. Gerade weil sie den Papst so oft aus der Nähe sehen, erkennen sie, dass die Medikamente, die der Heilige Vater einnehmen muss, schwere Nebenwirkungen haben, und dieser Anblick betrübt sie.

Das Wetter schlägt Kapriolen in diesem Jahr 1995. Im Januar fegt ein schwerer Schneesturm über die Heilige Stadt, doch zu Cédrics Leidwesen ist die weiße Pracht am nächsten Morgen schon wieder geschmolzen. Im März nimmt der junge Westschweizer an den traditionellen Exerzitien der Schweizergarde in Ariccia am Lago di Albano teil. Cédric ist mit Herz und Seele dabei, aber er schreibt auch von dem gewaltigen Gewitter nach

Hause, das sich über den Albaner Bergen entlud: »Direkt vor dem Exerzitienhaus hieb ein Blitz eine Tanne um. Im Haus herrschte pechschwarzes Dunkel. Wir hatten kein Wasser, keinen Strom, kein Telefon – aber nach den vielen Gebeten war das eigentlich eine recht nette Abwechslung.«

Schlechtes Wetter auch zu Ostern in Rom. Die Gardisten hatten eifrig für ihren Auftritt auf dem Petersplatz geübt – doch es schüttet. Der Gottesdienst wird in den Petersdom verlegt. Doch die auf dem Petersplatz versammelten 150 000 Gläubigen lassen sich durch den Regen nicht vertreiben. Von der Loggia des Petersdoms aus spendet der Papst dann anschließend der Welt seinen Ostersegen »urbi et orbi«: in 57 Sprachen.

Aber wie in jeder anderen Kaserne der Welt ist der Alltag der Rekruten straff organisiert und kontrolliert. Regelmäßig inspiziert der Kommandant die Zimmer der Gardisten. Die sind deutlich ordentlicher geworden, seit sich ein junger Schweizer Fotograf namens Hugues de Wurstemberger für ein halbes Jahr bei der Garde eingeschmuggelt und anschließend in der Zeitschrift »Foto« eine spektakuläre Bildreportage über das Innenleben der Schweizergarde veröffentlicht hatte. Entsetzt sahen die vatikanischen Oberen und mit ihnen die interessierte Leserschaft, dass junge Gardisten vor der Sala Clementina herumalberten, während der Heilige Vater die damalige Staatschefin Indiens, Indira Gandhi, empfing. Besonders skandalös: nächtlicher Schnappschuss von einem Gardistenzimmer. Die Matratze ist nackt, der Gardist, der darauf schläft, auch, und die Damen auf den Fotos über ihm desgleichen. An diesem 21. Januar 1995 jedoch erhält der Hellebardier Tornay ein besonders Lob für die perfekte Ordnung in seinem Zimmer. Auch sein Einfall, seine Matratze auf einer langen Kommode mit zwei Schubladen auszubreiten, um derart Raum zu sparen, findet Anerkennung.

Die Freizeit der Gardisten bietet bescheidene Abwechslungen. Im Januar darf die »Freimannschaft«, also die Gardisten, die an diesem Tag dienstfrei haben, nach Neapel reisen, um den amerikanischen Flugzeugträger »Eisenhower« zu besichtigen. Anschließend ein Besuch in der 79 nach Christus verschütteten Römerstadt Pompeji. Cédric schreibt begeisterte Postkarten in die Westschweiz. Im Juni dürfen sich die Gardisten an einem Konzert des Jodlerclubs »Echo von Maggebärg« ergötzen, in Castel Gandolfo, der Sommerresidenz des Papstes, wird ihnen ein Besuch der Päpstlichen Sternwarte gegönnt. Im Dezember steht ein Theaterbesuch im Germanikum, dem theologischen Seminar für deutschsprachige Studenten, in Rom an. Gespielt wird ein Klassiker: »Arsen und Spitzenhäubchen«.

Doch am Ende desselben, für Cédric so ruhig wirkenden Jahres entwickeln sich dramatische Spannungen in der obersten Führung der Schweizergarde. Nun gibt es Intrigen, Ungerechtigkeit und erbitterte Kämpfe um die Macht zweifellos in jeder Organisation, in jeder Bürokratie – überall dort, wo Menschen nach oben drängeln. Doch in der kleinsten Armee der Welt, unter den wackeren Schweizern in ihrer Kaserne unter den Fenstern des Heiligen Vaters, haben die internen Schlachten, Willkür und düstere Kabale zuweilen kafkaeskes Ausmaß erreicht.

Eines dieser Dramen entwickelte sich um den guten Soldaten Martin Utz: den Hauptmann der Schweizergarde, den italienische Geheimdienstler und Polizisten am Morgen des 5. Mai 1998 kontaktierten, um zu hören, was geschehen war. Sein oberster Dienstherr, Kommandant Roland Buchs, plante, sich nach zwanzig Jahren Dienst bei der Schweizergarde Ende 1997 in den ihm dann zustehenden Ruhestand zu begeben. In der Hierarchie der Garde wäre der nach dem Kaplan, der nicht Kommandant werden kann, ranghöchste Offizier Alois Estermann nachgerückt. Aber um Estermann kreisen Gerüchte.

Jedermann weiß, dass der Oberstleutnant zu den Anhängern der integralistischen Katholikenbewegung Opus Dei gehört und dass sein rascher Aufstieg von außen gesteuert worden ist. Das Staatssekretariat, die oberste Stabsstelle des Heiligen Stuhls, hat ein gewichtiges Wort bei der Ernennung eines neuen Kommandanten mitzusprechen. Und in diesem hohen Gremium tobte seit Jahren ein erbitterter Kampf unter den Anhängern verschiedener Fraktionen, von denen das Opus Dei eine der wichtigsten darstellte. Also mussten die Gegner der aus Spanien stammenden erzkonservativen Bewegung im Staatssekretariat dafür sorgen, die Kandidatur Estermanns zu blockieren. Und so hatte man im Anti-Opus-Dei-Lager des Heiligen Stuhls ein durchaus angenehmes Licht auf den Hauptmann Martin Utz geworfen. Utz ist ein ruhiger, zuverlässiger und freundlicher Mann. Ich kannte ihn seit Jahren. Fassungslos erlebte ich mit, wie die Schweizergarde einen ihrer besten Leute verstieß – letztlich nur deshalb, weil er einem anderen, Alois Estermann und der hinter ihm versammelten Opus-Dei-Fraktion, im Wege stand.

Später, Estermann war schon tot, haben wir oft über die Kabale geredet, die Utz zu Fall gebracht hat. Meist saßen wir in seinem großen, hellen Wohnzimmer in der Via Sforza di Palavici, ganz in der Nähe des Vatikans. Utz kochte was Gutes, ich brachte ein Fläschchen Wein mit, das Thema war bitter. »Wie haben seine Probleme eigentlich angefangen?«, fragte ich den Exgardisten eines Tages. »Ich glaube, mit dem Wohlwollen des Heiligen Vaters«, gab Utz zurück. »Ich war 1968 in die Garde eingetreten, hätte also 1988 in den Ruhestand gehen können.«

»Mit 45 Jahren, also wie ein typisch italienischer Frühpensionär«, versuchte ich ihn aufzuheitern, aber er kann über das Thema nicht so recht lachen. »Kurz vor meinem Ausscheiden aus der Garde wurde ich auf ausdrücklichen Wunsch des Heiligen Vaters zum Hauptmann ernannt, um mich zum Bleiben zu ermuntern. Und das ist mir sehr schlecht bekommen. Sehr, sehr schlecht. Estermann fürchtete um seinen Aufstieg. Buchs war mir auch nicht besonders wohl gesonnen. Da war wohl Neid im Spiel. Auf jeden Fall begannen mit meiner Beförderung die Schikanen. Estermann, der ja lange nach mir in die Garde eingetreten war und den ich selbst ausgebildet hatte, versuchte mich zu verdrängen. Er mischte sich in meine Rekrutenausbildung ein, ließ keine Gelegenheit aus, mich lächerlich zu machen. Und vor allem wurde mir sowohl vom Kommandanten als auch von Estermann gleichsam befohlen, dass ich heiraten müsste, wenn ich als Führungsoffizier der Schweizergarde tätig sein wollte.« »Na, und«, warf ich ein, »was ist denn daran so schlimm? Warum bist du denn nicht verheiratet?« »Warum bist *du* nicht verheiratet?«, schoss Utz zurück. »Ich wäre keine gute Ehefrau«, antwortete ich lachend. »Dann muss das umgekehrt auch für mich gelten dürfen«, erwiderte mein Freund Martin. »Aber ich bin auch nicht bei der Schweizergarde«, fiel mir als Antwort ein, und dabei wurde mir plötzlich klar, was den Oberen im Vatikan so anstößig an einem unverheirateten Gardeoffizier vorkommen könnte: der mögliche Ruch der Homosexualität natürlich. Dabei stört im Vatikan der Anschein mehr als die Realität. Jedermann weiß, dass wichtige Männer in der Führungsetage des Apostolischen Stuhls schwul sind. Wen sollte das stören, wenn nicht die Moralprediger der katholischen Kirche selbst, die verkünden, Homosexualität sei eine Todsünde?

Doch das Thema Utz hat nichts mit Sünde zu tun, sondern mit dem gnadenlosen Zwang zur Scheinheiligkeit im Regierungszentrum der katholischen Kirche. Ein Offizier der Schweizergarde muss verheiratet sein, damit seine vielen kleinen Kinder später auf die Schweizer Schule in Rom geschickt werden können: Bilderbuchfamilien aus einer Bilderbucharmee. Dabei war Alois Estermann jahrelang selbst unverheiratet geblieben, ohne dass dieses seiner Karriere geschadet hätte. In einem Klerikerstaat, der seinen Dienern Ehelosigkeit sogar aufzwingt, wirkt es schon ziemlich absurd, wenn ein Mann aus der Schweizergarde zum Teufel gejagt wird, weil er nicht heiraten will. In einer Kabale, die aus dem Hirn eines Renaissance-Potentaten stammen könnte, wurde gegen Martin Utz ein Dienstverfahren eröffnet. Ihm wurden vage »Verfehlungen« vorgeworfen, die unbelegt blieben. Von einem Anwalt durfte er sich nicht vertreten lassen.

1995 wurde Martin Utz unehrenhaft aus der Schweizergarde entlassen und damit das Lebenswerk eines aufrechten Mannes auf dem Altar der Scheinheiligkeit verbrannt. Mit geheimem Groll sahen freilich diejenigen, die ihn zu Fall gebracht hatten, dass Martin Utz weiterhin im »appartamento«, der Wohnung des Papstes, willkommen war. Irgendwann hat Johannes Paul II. ihn gefragt: »Ja, sind Sie denn nicht mehr bei der Schweizergarde?« Martin, der gute Martin schwieg.

Bösartige Intrigen verfügen über Tradition bei der traditionsreichen Schweizergarde. Heftige Konflikte innerhalb der Truppe gab es zum Beispiel immer wieder um die raren Beförderungen und um die Ernennung des Kommandanten. Solange dieser Posten in der Familie Pfyffer von Altishofen bis zum Ende des 19. Jahrhunderts praktisch erblich war, konnte nicht groß um ihn gestritten werden. Auch im 20. Jahrhundert amtierten noch zwei Kommandanten aus dieser traditionsreichen Luzerner Familie. Doch als 1957 Robert Nünlist an die Spitze der Schweizergarde berufen wurde, gab es Aufruhr in der Truppe. Besonders heftig reagierte Oberstleutnant von Balthasar, der in einem langen Brief an den Kaplan der Garde seinem Unmut Ausdruck gab. Weil schon seine Sprache das soziale Klima im damaligen Kirchenstaat auf einmalige Art und Weise widerspiegelt, ist dieser Brief ein bemerkenswertes historisches Dokument. Hier der Beginn des Schriftstücks und einige Auszüge. Mit Datum vom 25. Juli 1957 schrieb Oberstleutnant von Balthasar an den Kaplan:

»Hochwürdigster Monsignore,
zu Beginn der hl. Karwoche wurde ich durch Herrn Oberstleutnant U. Ruppen benachrichtigt, der HEILIGE VATER habe gnädigst geruht, Oberst im Gst. Dr. phil. R. Nünlist zum Nachfolger des kürzlich verstorbenen Gardekommandanten zu ernennen.

Dieser Entscheid unseres erhabenen Souveräns, dem ich mich in Treue zum geleisteten Fahneneid bedingungslos unterwerfe, hat sowohl mich aufs Härteste getroffen als auch meine ganze Familie. Obwohl rein formell gesehen die Berufung von Herrn Oberst Nünlist zunächst nur die Aspirationen und Erwartungen von Oberst Ruppen vernichtet, so ist doch ohne weiteres klar, dass der Weg zum nächsthöheren Grad mir jetzt verbarrikadiert ist und dass für mich jetzt keine Hoffnung mehr besteht, meine Laufbahn in der Garde später einmal als deren Kommandant abzuschließen. Diese Hoffnung war insofern nicht unberechtigt, als Herr Oberst von Pfyffer mir mit Schreiben vom 3. September 1945 die Zusicherung gab, seine Idee gehe dahin, in mir einen künftigen Kommandanten der Garde heranzuziehen. Als ich ihm im Verlauf von Zankereien zwischen Ihnen und anderen Gardemitgliedern zweimal meinen Rücktritt in Aussicht stellte, sprach er mir immer wieder Mut zu, beifügend, er sei mir *sehr* wohl gesinnt. Auch Sie selbst, verehrtester Monsignore, versicherten mir, besonders in den letzten Jahren, Ihr Wohlwollen. Niemals haben Sie, der Herr Gardekommandant oder unsere hohen Vorgesetzten im Päpstlichen Staatssekretariat oder gar der HEILIGE VATER selbst mir den Rücktritt nahe gelegt ... Hochwürdigster Monsignore! Sie haben nicht das Recht, die Verantwortung an dem, was jetzt geschehen ist, auf unseren armen geliebten HEILIGEN VATER abzuschieben. Denn Sie haben in jahrelangen Bemühungen diese Lösung des Problems der Kommandonachfolge insgeheim vorbereitet und im Staatssekretariat wärmstens befürwortet. Während Sie Obersleutnant Ruppen und mich durch freundliche Versicherungen im Glauben erhielten, unsere respektiven Beförderungen bei den vorgesetzten Behörden zu unterstützen, haben Sie uns [in Wirklichkeit] bei vorgesetzten Persönlichkeiten und hinter unserem Rücken in Misskredit zu bringen gesucht. Ja, Sie sind sogar so weit gegangen, Oberstleutnant Ruppen ins Gesicht zu erklären, Sie wollten seine Kandidatur unterstützen – und das zu einem Zeitpunkt, da Sie genau wussten, dass die Ernennungsurkunde bereits seit Monaten fix und fertig beim Hochwürdigsten Bischof von Basel lagerte und nur darauf wartete, mit einem Datum versehen zu werden ...

Dass man mit meinen Leistungen hier voll und ganz zufrieden war, haben sowohl Exzellenz Monsignore Carlo Grano, also unser gemeinsamer direkter Chef, als auch Exzellenz Monsignore Angelo Dell'Aqua bestätigt. Sie sollen dabei, Hochwürdigster Monsignore, mitleidig gelächelt haben. Wollten Sie damit bedeuten, dass unser direkter legitimer Vorgesetzter [also der Kommandant der Schweizergarde] etwa nicht die letztlich entscheidende Kompetenz hat, seine Untergebenen zu qualifizieren? Existiert außerhalb des Dienstweges noch eine andere, geheime Instanz, der wir Rechenschaft schulden? Sind Sie vielleicht Mitglied dieser geheimen Instanz? Alle diese Fragen sind von brennendem Interesse: Ein heiliges Rechtsempfinden sagt mir, dass jedem Angeklagten die Möglichkeit einzuräumen ist, sich zu verteidigen …

Es ist in einer militärischen Gemeinschaft etwas vom Allerschlimmsten, wenn man in einer Atmosphäre des Misstrauens, des Neides, des Partisanentums miteinander leben muss. Wenn ich an meinen vierjährigen Aktivdienst in der Schweiz zurückdenke, dann kommt mir immer wieder der gewaltige Unterschied in Bezug auf die dortige und die hiesige Kameradschaft zum Bewusstsein. In der Garde hatte ich oft genug den Eindruck, in ein Schlangennest geraten zu sein … Immer wieder ist es vorgekommen, dass Unteroffiziere und Hellebardiere, die sich auf heuchlerische Weise bei Ihnen einzuführen wussten und aufgrund dieser Machtstellung ihre Mitkameraden drangsalierten, sich hinterher als unsaubere Gesellen entpuppten … Denken Sie nur an Ihre Ordonnanzen … von denen eine – die Sie sogar bei einer Nuntiatur unterbrachten – im Gefängnis gelandet ist.«

So weit die lange Klage des Oberstleutnants von Balthasar – die einigen ehemaligen Mitgliedern der Schweizergarde mehr als aktuell erscheinen dürfte. Hinter den klaren Regeln einer militärischen Gemeinschaft regiert eine »geheime Instanz« – das heißt eine gerade vorherrschende Seilschaft im Staatssekretariat. Auch der bei der Beförderung zum Kommandanten übergangene Oberstleutnant Ruppen hat seinem Pfarrer in der

Schweiz anvertraut: »Im Vatikan muss man sich tot stellen, um nicht lebendig tot gemacht zu werden.«

Der Kommandant, der ihm vor die Nase gesetzt wurde, Robert Nünlist, entging freilich 1959, zwei Jahre nach seiner Ernennung, selbst nur knapp einem Mordanschlag. Täter war der Hellebardier Adolf Rückert, der aus der Garde entlassen worden war, weil er angeblich ein Fernbleiben vom Dienst mit einer gefälschten ärztlichen Bescheinigung hatte rechtfertigen wollen. Rückert musste gehen, kehrte aber im April 1959 unvermutet nach Rom zurück. Die Wachen am Sankt-Anna-Tor ließen den ehemaligen Kameraden passieren. Rückert begab sich in die Kaserne, in welcher der Kommandant mit seiner Familie lebte, und klingelte an der Wohnungstür. Robert Nünlist, der gerade bei Tische saß, faltete seine Serviette zusammen, erhob sich und öffnete. Vor ihm stand der Exgardist Rückert, der in etwas wirrer Rede forderte, wieder in die Garde aufgenommen zu werden. Als der Kommandant das ruhig, aber entschieden ablehnte, zog Rückert einen Revolver und schoss auf den Kommandanten. Dieser wurde zwar an der Schulter verletzt, konnte seinen Angreifer aber niederringen. Rückert wurde zunächst in ein psychiatrisches Krankenhaus in Rom gebracht und von dort aus in eine ähnliche Anstalt in der Schweiz überwiesen. Doch die angebliche Geisteskrankheit des Exgardisten legte sich wieder. Rückert wurde bald als geheilt entlassen, heiratete später und hatte auch einen Sohn. Nach der Tragödie bei der Schweizergarde im Jahr 1998 fiel diesem die merkwürdige Ähnlichkeit der Mordtat und des Vorfalls auf, in dem sein Vater die Hauptrolle gespielt hatte: »Die Parallelen sind zu auffällig, um nicht den Verdacht zu nähren, dass die Ereignisse vom 4. Mai 1998 jenen vom April 1959 einfach nachinszeniert wurden«, hat Rückert in einem Interview des Schweizer Rundfunks gesagt.

Kapitel 4

Ein Junge aus dem Wallis

Valeria erinnert sich an ihre erste Begegnung mit Cédric. Das war Anfang 1997. Die junge Frau aus Rom, damals 21 Jahre alt, und einige ihrer Freundinnen hatten sich mit ein paar Jungs von der Schweizergarde zu einem lokalen Fußballspiel verabredet. Am Tor zum Stadion empfing sie ein großer, schlanker Junge, der ihr sofort gefiel, nur blickte er so grimmig. Dann klopfte er sogar ungalant auf seine Armbanduhr und sagte: »Ihr seid vier Minuten und 27 Sekunden zu spät dran.« Aber bevor sie »Blöder Pedant« nur denken oder gar sagen konnte, grinste Cédric schon von einem Ohr zum anderen und sah dabei ziemlich gewinnend aus. Nach dem Spiel, als die ganze Clique in einer Trattoria zusammensaß, schaute Valeria manchmal so unauffällig wie möglich in seine Richtung. Jetzt, da sie ihn in Ruhe betrachten konnte, fand sie auch schon, er sehe richtig gut aus. Einmal kreuzten sich ihre Blicke, beide lachten sich an. Die weiteren Schritte der sich anbahnenden Beziehung verliefen ohne Eile. Mal eine Verabredung fürs Kino oder ein Spaziergang auf dem Gianicolo, dem höchsten Hügel der Ewigen Stadt, die sich von dort aus dem Blick in ihrer ganzen Pracht darbietet. Drei Wochen nach dem ersten Treffen wurden beide, nunmehr schon als Paar angesehen, auf ein Fest eingeladen. Und als sich die Gelegenheit bot, in der Küche allein zu sein, fielen sie sich in die Arme und sagten sich endlich, dass sie sich ineinander verliebt hätten.

Wer immer von Cédric spricht – seine römischen Freunde, seine Mutter und Schwestern, seine Lehrer im Wallis, Kollegen von der Garde –, erwähnt als Erstes seine Lebensfreude, seine Energie, sein Engagement für andere, seine Großzügigkeit. Sogar eine deutsche Stadtstreicherin, eine Gestrandete, die an einer Ecke der vatikanischen Mauern ihr Quartier aufgeschlagen hat, erinnert sich: »Er war einfach lieb. Zweimal die Woche kam er vorbei. Er brachte mir ein gut belegtes Brot. Und eine Flasche Bier. Das fand ich natürlich besonders nett.« Unter ihrem strähnigen Haar, umgeben von ihren mit werweißwas gefüllten Plastikbeuteln, schaut die Alte verschmitzt, sie kichert und hat sich ihr Bier für den Vormittag verdient. Kollegen von der Schweizergarde wiederum erzählen, dass man sich von Cédric Tornay immer alles Mögliche borgen konnte, Bücher, eine aktuelle CD oder saubere Socken beispielsweise – kein unwichtiger Freundschaftsdienst unter jungen Männern von Anfang zwanzig. Wer sie ihm ungewaschen zurückbrachte, musste allerdings damit rechnen, dass ihm beim nächsten Mal ein Paar mit Löchern angedreht wurde. Auch Geld hatte Cédric immer für Freunde übrig, die gegen Ende des Monats ihre Taschen vergeblich nach ein paar Scheinen durchsuchten, um ihre Freundin auf eine Pizza einladen zu können. Allerdings wurde vereinbart, wann sie es zurückzahlen würden. War der Termin ein paar Tage verstrichen, zeigte ihnen Cédric seinen Kalender, in dem er ihre Anleihe und das versprochene Rückzahlungsdatum verzeichnet hatte. Genauso verfuhr er mit seinen eigenen Schulden. Von einem Kameraden hatte er einen gebrauchten Citroën gekauft, auf Raten. Auf den hinteren Blättern seines Timers für 1997 ist verzeichnet, wann er wie viel zurückgezahlt hat und wie viel er seinem Freund noch schuldete.

Als zweite hervorragende Eigenschaft Cédric Tornays folgt unweigerlich die Präzision. Nicht selten sagen italienische Freunde von ihm: Er war wie ein Schweizer Uhrwerk, genau, auf die Sekunde pünktlich, sehr ordentlich und bestens organisiert, ohne jemals gehetzt zu wirken. »Machen Sie bloß keinen ekligen Pedanten aus ihm«, warnt mich ein Freund nach unserem Gespräch, »er war nur immer besser vorbereitet als wir alle.«

In einer Ecke seines Zimmers in der Kaserne standen verschiedene Rucksäcke bereit. Einer war für eine Wochenendreise gepackt: Wäsche zum Wechseln, zwei Hemden, ein paar saubere Jeans, alles frisch gebügelt und so verstaut, dass die Kleidung unverknittert dem Rucksack entnommen werden konnte. Auch seine gepackte Sporttasche war immer griffbereit. »Ich habe ihn mal auf diese gute Ordnung angesprochen«, sagt derselbe Freund. »Cédric hat mich angelacht und gesagt, es gibt halt Leute, die sind zu faul zum Suchen.«

Anders als mit guter Zeiteinteilung ist es auch nicht zu erklären, wie dieser Junge aus dem Wallis von früher Jugend an jeden seiner Tage mit Aktivitäten füllte, für die andere zweimal 24 Stunden gebraucht hätten. Er liebte und praktizierte viele Sportarten, in der Mannschaft oder allein: Skifahren, Rodeln, Eishockey, Schwimmen, Kunstspringen, Tauchen, Joggen, Rollschuhlaufen, Kanufahren, Tennis, Pingpong, Sportschießen – und in allem war er so gut, dass er bei der Schweizer Sportjugend zu einem regionalen Gruppenleiter aufstieg. Pfadfinder war er auch – natürlich, möchte man fast sagen –, elf Jahre lang, wobei er auch hier schnell in die Führungspositionen aufrückte.

Cédric Tornay, geboren am 24. Juli 1974 in Monthey in der Westschweiz, im Sternzeichen des Löwen, das bilderbuchmäßig gut zu ihm passte, wuchs in dem Städtchen Saint-Maurice auf, nur wenige Kilometer von seinem Geburtsort entfernt. Er war ein unauffälliger, durchschnittlicher Schüler. Orthographie und Grammatik blieben sein Leben lang Feindesland, dafür war er gut in Mathematik und in den naturwissenschaftlichen Fächern. Seine Ausbildung ging weiter auf einer Fachschule in Vevey. Dort lernte er Präsizionsmechanik, ein Beruf, der zu seinem Naturell passte, und entsprechend gut waren seine Noten. Von seiner überdurchschnittlichen Begabung auf dem Gebiet sprechen einige Andenken, die seine Mutter aufbewahrt. So hatte ihr Sohn einen auf fünf seiner sechs Seiten kreisrund geöffneten Würfel gefräst, der innen hohl war und eine in die Mitte gesetzte Kugel enthielt. Keinerlei Schrauben waren eingesetzt worden, um das etwa sechs mal sechs Zentimeter messende Kunstwerk zusammenzuhalten. Unmittelbar nach seiner Ausbildung bekam Cédric 1993 seinen ersten Job als Feinmechaniker bei einer Maschinenfabrik am Genfer See. Aber seit 1992 wusste er auch, dass er sich vor einer beruflichen Karriere zunächst einen Kindheitstraum erfüllen wollte: eine Zeit lang in der Wachmannschaft des »Heiligen Vaters« (so nannte er den Papst) zu dienen.

Der junge Tornay war ein guter Katholik. Er glaubte an die Lehren der Kirche, wenn auch niemals fanatisch, besuchte regelmäßig die Messe und hielt ein wenig Distanz zur gegenwärtigen Jugendkultur. Diskos und Nachtclubs verdienten keinen Rappen an ihm. Die Aufnahmebedingungen der Schweizergarde erfüllte er spielend: Er war Schweizer Bürger, katholisch, Junggeselle, hatte seinen Militärdienst geleistet und war jünger als dreißig Jahre. Er konnte seine Geburtsurkunde und seinen Taufschein vorlegen. Der Gemeindepfarrer von Saint-Maurice stellte ihm gern die vom Vatikan verlangte Bescheinigung über sein moralisches und religiöses Wohlverhalten aus, auch das polizeiliche Führungszeugnis bekam er ohne jedes Problem, desgleichen die ärztliche Bescheinigung über seine ausgesprochen »robuste und gesunde« körperliche Verfassung. Die von der Garde verlangte Körpergröße von mindestens 174 Zentimetern (früher waren es 177 Zentimeter) überbot er mit seinen 182 spielend.

Aus den Jahrbüchern der Schweizergarde ist abzulesen, dass er bei den sportlichen Wettbewerben oft den ersten oder einen der vorderen Plätze erreichte. Im Fußballclub FC Guardia hatte Cédric zum Beispiel im Jahr 1997 die meisten Tore geschossen, desgleichen landete er im Pistolenschießen auf dem ersten Platz, im Feldschießen auf dem dritten. Darüber hinaus hatte Cédric das erste Billardturnier bei der Schweizergarde organisiert – und gewann prompt den ersten Preis, gegen raffinierte Monsignori aus dem Staatssekretariat. Einer seiner Freunde aus der Garde sagt über ihn: »Er war unglaublich. Alles gelang ihm leicht. Natürlich wollte er gewinnen, aber er war nicht besessen davon. Er konnte verlieren und lachte dabei.« Zudem hatte Cédric in Rom das Spielen der Querflöte erlernt und war Mitglied des Musikkorps der Garde. Auf diese Weise wurden ihm kleine Extraerlebnisse zuteil, von denen das Jahrbuch von 1997 berichtet, etwa unter dem 28. April 1997: »Die ehrwürdigen Schwestern aus Dillingen stellen uns wiederum ihr hervorragendes Gelände in La Storta für unsere Gesamtprobe zur Verfügung. Nach dem Regen scheint die Sonne. Auch mit dem Üben ›harzt‹ es anfangs. Doch die kleine Aufführung für die Klosterfrauen fand einen entzückenden Anklang. Zur Freude aller Musikanten wird uns ein reichhaltiges Abendessen serviert.«

Doch in dieses positive Charakterbild Cédric Tornays müssen auch ein paar Schatten gelegt werden. Der Junge aus dem Wallis konnte ziemlich rechthaberisch sein, und er nervte seine Vorgesetzen mit ständigen Hinweisen auf mögliche Ungerechtigkeiten, die andere erfahren haben könnten. Manchmal wurde ihm das heimgezahlt. Bei einem seiner Vorgesetzten, dem Major Fringeli, hatte er für einen Kameraden interveniert, der zum x-ten Mal für ein läppisches Vergehen bestraft werden sollte – mit einer Woche Hausarrest. Cédric wusste, dass sein Freund, der zu Depressionen neigte, sich nicht wehren konnte, und wollte ihm helfen. »Übernehmen Sie die Strafe?«, fragte ihn Fringeli. »Das tue ich«, sagte Cédric. Am nächsten Tag trat er den Arrest an, der seines Freundes war jedoch nicht aufgehoben worden.

Kaum ein Jahr lang Mitglied der Schweizergarde, legte er seinem Kommandanten das bereits erwähnte Reformpapier vor, das ebenfalls nicht bei allen seinen Vorgesetzen mit Wohlwollen aufgenommen wurde. Alois Estermann, selbst ein Rechthaber, war von diesen ständigen Initiativen des jugendlichen Gardisten wenig begeistert. Wenn er Cédric härter als andere Gardisten behandelte, war dies der Grund dafür – nicht die Disziplinlosigkeit, die man ihm später vorgeworfen hat. Dennoch und glücklicherweise begann Cédric Tornay, als er ein bisschen erwachsener wurde, auch die Regeln des Kasernenlebens ab und an zu umgehen. Die Liebe hat eben andere Gesetze als der stumpfe Gehorsam, den das »Regolamento organico e disciplinare e amministrativo della Guardia Svizzera Pontificia« (Dienst-, Disziplinar- und Verwaltungsordnung der päpstlichen Schweizergarde) vorschreibt. Verspätungen etwa kamen etwas häufiger vor, seitdem er mit Valeria zusammen war.

Auch seinen vorher völlig fraglosen Katholizismus legte er im Regierungszentrum seiner Religion ziemlich schnell ab. Er erkannte ringsum Korruption, Karrierismus, Machtgier, Betrug, Verlogenheit und sexuelle Ausschweifungen. Namen von Kardinälen, die er zu Beginn seiner Dienstzeit voller Verehrung aussprach, vermied er kaum sechs Monate später: »Weil man sich den Mund danach ausspülen muss«, sagte er einem engen Freund.

Cédric Tornay war ein kritischer Katholik geworden. Immer noch ein Gläubiger, immer noch durchdrungen von katholischen Werten, die manche seiner Freunde und Freundinnen (vor allem diese) kaum nachvollziehen konnten, aber von Grund auf schockiert.

Im Regierungszentrum der katholischen Kirche fand er sich in einer priesterlichen Ellenbogengesellschaft wieder, in der unverheiratete und familienlose Männer sich gnadenlos um jeden Schritt nach vorn bekämpften. Er erfuhr von dem Prälaten, der sich beim Fiat-Konzern in einem Jahr nicht weniger als sechzehn Sportwagen bestellt hatte (weit unter Listenpreis, versteht sich), die er umgehend mit hohem Gewinn an römische Freunde verscherbelte. Er hörte von Grundstücksspekulationen mit vatikaneigenen Prachtwohnungen und sah, wie Monsignori unzählige Zigarettenstangen aus dem vatikaneigenen Supermarkt schleppten, um die steuerfreie Ware an Tabakhändler der Stadt weiterzugeben. Es amüsierte, aber es ärgerte ihn auch, wenn Sprösslinge von Kardinälen, die es nach den Regeln der katholischen Kirche ja eigentlich nicht geben dürfte, in demselben Supermarkt frech die langen Schlangen vor den Kassen überspringen durften und bevorzugt abgefertigt wurden, genauso wie in den stets überfüllten Warteräumen des vatikanischen Gesundheitsdienstes. Statt in einer heiligen fand er sich in einer unheilbar korrupten Welt wieder. Das wirkte ernüchternd und dämpfte sein Engagement.

Die wenigen Disziplinarstrafen, die Cédric sich einhandelte, erhielt er für weitaus geringere Vergehen. Seiner Mutter hat er in einigen Briefen davon berichtet. So erzählt er in einem Schreiben vom 19. Juni 1996: »Ich habe mir einen Zimmerarrest von einem Tag und sechs Stunden Reinigungsarbeiten eingefangen, weil ich nachts zu spät in die Kaserne zurückgekommen bin.«

Von seiner damaligen Freundin Corinne ist leicht zu erfahren, was passiert war: Cédric war bei ihr eingeschlafen, der Wecker hatte nicht geklingelt, und als er um 3.45 Uhr aufwachte, war die frühe Sperrstunde für die Gardisten weit überschritten. Der junge Mann entschloss sich daher, beim Beginn des Wachdienstes der Garde am Sankt-Anna-Tor um sechs Uhr früh anzutreten und sich, sobald die Stunde schicklich war, beim Kommandanten zu melden. Und so geschah es auch. Die Strafe, die er bekam, fiel gering aus.

Der Zwischenfall wurde von den Offizieren der Garde offensichtlich nicht als dauerhaft belastend gewertet, auch kann Cédrics Personalakte nicht voller Beschwerden über unbotmäßiges Verhalten gewesen sein – immerhin wurde er im Frühjahr 1997, noch keine 23 Jahre alt, zum Vizekorporal befördert. In einer Truppe von damals 110 Schweizergardisten tragen nur acht Soldaten diesen Rang eines Unteroffiziers. Über ein Jahr verging, ohne dass Cédric massiv bestraft wurde. Im Februar 1998 war es dann wieder so weit.

Inzwischen war Valeria seine Freundin, und als er mal wieder bei der Familie seiner Freundin zu einem festlichen Abendessen geladen war, holte Cédric sich eine Sondergenehmigung, die es ihm erlaubte, der Kaserne bis zwei Uhr morgens fernzubleiben. Der Abend verlief in gewohnter herzlicher Atmosphäre, Valerias Mutter hatte ihre famose Lasagne zubereitet, während der Vater ein, zwei Flaschen aus seiner Sammlung norditalienischer Rotweine spendierte. Irgendwann zogen sich die jungen Leute in Valerias Zimmer zurück. Und wieder geschah es, dass die beiden Verliebten friedlich und fest einschliefen. Als Cédric aufwachte, war es fünf Uhr morgens. Er stürzte sich in sein Auto, fuhr zum Vatikan und parkte vor dem Sankt-Anna-Tor. Wiederum wollte er um sechs Uhr mit der Öffnung des Tores und dem Beginn der ersten Wachrunde in die Kaserne zurückkehren. Aber dann schlief er am Steuer seines weißen Citroën erneut ein.

Und er hatte Pech: Für die erste Wachrunde waren Deutschschweizer eingeteilt, deren chronische Abneigung gegen die französisch sprechenden »Romands«, die Welschschweizer, bekannt ist und von diesen ebenso herzhaft erwidert wird. Statt ihn sofort zu wecken, ließen die »Deutschen« ihren Kollegen weiterschlafen, bis der sich gegen sieben Uhr früh die Augen rieb und erkannte, dass er sich noch heftiger verspätet hatte als vor anderthalb Jahren. Cédric stellte sich umgehend dem Dienst führenden Vorgesetzten, Hauptmann Clemenz, und erklärte diesem, dass er nach einem »gut befeuchteten« Abendessen bei den Eltern seiner Verlobten am Steuer eingeschlafen sei. Das war natürlich eine fromme Lüge.

Wie in den meisten italienischen Familien wird auch im Elternhaus von Valeria nicht exzessiv zum Essen getrunken. Aber er durfte natürlich nicht eingestehen, dass er im Bett seiner Freundin eingeschlummert war: Sexuelle Beziehungen sind unverheirateten Mitgliedern der Garde verboten. Aber als er abends das Protokoll zu lesen bekam, das Hauptmann Clemenz über den Zwischenfall verfasst hatte, stand darin, er sei im »Zustand von Betrunkenheit« am Steuer eingeschlafen.

Nun hatte Cédric das ja selbst nahe gelegt – aber ihn störte die Ausdrucksweise. Er nahm das Protokoll und beschwerte sich bei Oberst Roman Fringeli, der unter den jungen Gardisten als Choleriker bekannt war. Aber Fringeli akzeptierte Cédrics Argument, dass er auf keinen Fall das Wort Betrunkenheit in seinen Personalpapieren sehen wollte – schließlich sei er auf Arbeitssuche in der Schweiz. In einem ersten Brief von Kommandant Estermann wurde eine diesmal etwas härtere Strafe über ihn verhängt: eine Woche Ausgangssperre und sechs Stunden

Hilfsdienste in der Küche. Cédric akzeptierte die Strafe, ohne zu murren.

Aber er war völlig entsetzt, als ihn zwei Tage später ein weiterer Brief Estermanns erreichte, in dem dieser ihm erklärte, er werde überdies den Benemerenti-Orden nicht erhalten. Cédric war geknickt, enttäuscht und auch ein bisschen empört. Für ihn, den korrekten und gerechtigkeitsbewussten Menschen, war es undenkbar, dass ein Offizier, in diesem Fall Alois Estermann, sein Wort nicht hält und eine Strafe, die er zweifellos verdient hatte, nachträglich noch verschärft. In seinem Kummer rief Cédric seinen ehemaligen Ausbilder bei der Garde, den Exhauptmann Martin Utz, an, um ihn zu fragen, wie er sich nun verhalten sollte.

Über diesen sicher zentralen Konflikt wollte ich mehr hören. Also saß ich mal wieder an Martins großem, rundem Tisch. Es gab zarte Kalbsfilets in einer leichten Zitronensauce, zu denen der fruchtige friulische Chablis, den ich mitgebracht hatte, gut passte.

»Wir hatten uns auf dem Petersplatz verabredet«, berichtete Utz, »und sind in eins der vielen kleinen Restaurants im Borgo Pio gegangen, um Mittag zu essen. ›Also, raus mit der Sprache, was hast du angestellt?‹, fragte ich ihn streng. Ich war ja gewiss kein Freund von Estermann, aber ich wollte die Fakten, bevor ich eine Meinung äußerte. Cédric erzählte mir alles, was sich begeben hatte, und mehr. Der Junge machte sich Sorgen, dass sich eine schlechte Beurteilung womöglich negativ auf seine berufliche Zukunft auswirken könnte. Ich beruhigte ihn. Es kommt doch ständig vor, dass Gardisten zu spät in die Kaserne zurückkehren, und zweifellos auch, dass der eine oder andere mal über Nacht wegbleibt. Außerdem habe ich ihm klar gemacht, dass keiner seiner zukünftigen Arbeitgeber darauf achten wird, ob er nun die Benemerenti-Medaille bekommt oder nicht.«

»Und trotzdem hat der Vatikan seine Mörderthese über Cédric auf die Verweigerung der Auszeichnung gestützt«, dachte ich das Thema weiter.

»Ich weiß auf jeden Fall, dass ich Cédric geraten habe, auch die Verschärfung der Strafe, also die Verweigerung des Benemerenti, zu akzeptieren, den Konflikt nicht eskalieren zu lassen und möglichst bis zum Ende seiner Dienstzeit bei der Garde keine neuen Auseinandersetzungen mit Estermann zu provozieren. So richtig schlecht war das Verhältnis zwischen Estermann und Cédric im Übrigen gar nicht. Er hat mir sogar bei diesem Essen erzählt, Estermann habe ihm irgendwann mal gesagt: ›Hören Sie, Tornay, zügeln Sie sich mal ein bisschen. Irgendwann kann ich meine schützende Hand nicht mehr über Sie halten.‹«

Ich überlegte. »Auf jeden Fall wissen wir durch diesen Zwischenfall im Februar genau, wie lange Cédric schon wusste, dass er dieses Drei-Jahres-Abzeichen nicht bekommen würde.«

»Er wusste es sogar schon länger«, sagte Utz. »Seit dem November 1997 nämlich, als er zum Vizekorporal ernannt wurde. Nach dem Reglement gilt eine Beförderung als Auszeichnung, die weit über dem Benemerenti steht. Dabei fällt mir ein …«

Utz erhob sich und suchte etwas in seinem Bücherbord. »Hier, sieh dir das an«, triumphierte er. Vor mir lag ein schmaler Bildband über die Schweizergarde, erschienen im Jahr 2000 – also zwei Jahre nach der Tragödie. Es war ein gefälliges Buch mit lebendigen, gut gemachten Aquarellen rings um die Schweizergarde von heute. Auf einer der Seiten waren zwei Orden abgebildet, die Gardisten sich durch Verweildauer erdienen können. Sie hingen an Ripsbändern in den päpstlichen Farben Weiß und Gelb, funkelten in ihrer Vergoldung und hießen beide »Pro Ecclesia e Pontifice«. Der erste Orden, so hieß es im Text, werde nach fünf, der zweite nach sieben Dienstjahren verliehen. »Fällt dir was auf?«, fragte Utz. »Klar«, gab ich zurück, »wo ist denn der Benemerenti geblieben, für den nach vatikanischer Darstellung drei Menschen ihr Leben verloren haben?«

»Und warum fehlt er hier?«, spekulierte Utz weiter.

Das schien mir leicht zu beantworten. »Weil ein kleinerer, runder Bronzeorden neben diesen beiden schmucken, funkelnden Teilen einfach ein bisschen unwichtig gewirkt hätte«, vermutete ich. Schließlich wusste ich inzwischen schon einiges über diesen Talmiorden der katholischen Kirche. Körbeweise wird die Ehrenmünze an Küster, Krankenschwestern oder katholische Kindergärtnerinnen verteilt, wenn hoher kirchlicher Besuch kommt – und das muss nicht mal der Papst sein. Auch Bischöfe und Kardinäle schütten den Benemerenti mit beiden Händen über verdiente Diener der Kirche aus, so wie Karnevalsprinzen in den närrischen Tagen ihre Kamellen in die Menge werfen. Und dafür sollte Cédric Tornay, der die Wertschätzung des Kommandos kurz zuvor durch seine Erhebung in den Offiziersrang erfahren hatte, zwei Menschen und sich selbst umgebracht haben?

»Hier wird die Welt für dumm verkauft«, hat im Mai 2003 ein ehemaliger Gardekamerad Cédrics in der Schweizer Fernsehsendung »Falò« gesagt: »Das Kommando gewährt doch einem Menschen nicht einen höheren Dienstgrad, um ihn ein paar Monate später als Drogenabhängigen und Gewalttäter hinzustellen.«

Im Übrigen: Im Frühjahr 1998 hatte sich Cédric Tornay innerlich längst von der Garde verabschiedet und war dabei, seine Zukunft in der Schweiz vorzubereiten. An die dreißig Bewerbungsschreiben an Firmen vornehmlich aus dem Sicherheitsbereich hatte er verschickt und von etlichen schon positive Reaktionen erhalten – eine davon sogar aus der Stadt seiner Kindheit, St. Maurice: Der Chef eines Ausbildungsinstituts für Sicherheitspersonal zeigte sich daran interessiert, ihn einzustellen. Desgleichen ein Funktionär der berühmten Schweizer Befestigungsanlagen, die in Felsentunneln verborgen sind. Eindeutig: Cédric Tornay stand an der Schwelle eines neuen Lebensabschnittes, auf den er sich sehr freute – zumal seine Freundin Valeria sich nach anfänglichem Zögern auch entschlossen hatte, ihre Familie und ihr Land zu verlassen, um Cédric in die Schweiz zu folgen.

Valeria ist heute eine schmale, knochige und sehr ernste 27-Jährige, deren Gesicht noch Trauer trägt. Es geht ihr schlecht seit Cédrics Tod, und sie spricht das auch aus. In den Monaten nach den Morden suchte und erhielt sie therapeutische Hilfe, aber die hat ihr, so sagt sie, am Ende nichts gebracht. Jetzt hofft sie auf die heilende Wirkung der Zeit, aber die will sich, vier Jahre nach dem Verlust ihres Verlobten, noch immer nicht einstellen.

Zu unserem Treffen bringt sie ein riesiges Fotoalbum mit, dessen lederne Deckel glänzen und kunstvoll geprägt sind – solche gewichtigen Bände werden in Italien von professionellen Hochzeitsfotografen angelegt, welche die Trauung junger Menschen in möglichst romantischen Bildern Schritt für Schritt dokumentieren, selbstverständlich gleichzeitig mit der Videokamera. Valerias Liebesgeschichte mit Cédric blieb unvollendet. Sie hat ihr Hochzeitsalbum mit den Fotos gefüllt, die sie und ihre Freunde in den anderthalb Jahren ihrer Beziehung bei gemeinsamen Reisen, Feiern und Ausflügen geschossen haben, so etwa Cédric und Valeria bei einem Besuch bei Freunden in Umbrien, die ein Bauernhaus restauriert haben. Cédric hält die zierliche Valeria in seinen Armen, als wollte er sie nicht nur vor dem kalten umbrischen Wind, sondern vor allem Unbill der Welt beschützen.

Dann die ersten gemeinsamen Ferien im August 1997 auf einem Campingplatz in Capo d'Orlando in Sizilien. Fröhliche Bilder, Volleyball, Grillen, Valeria im Meer, Cédric im Meer. Valeria erzählt: »Er hat sich auf diesem Campingplatz mit allen beschäftigt, ob jung oder alt, er war jemand, der auf jeden zuging und mit allen Freundschaft schloss. Es war keine Pflicht für ihn, er brauchte es nicht, dass man ihn gern hatte. Er hatte einfach einen sonnigen Charakter, hell und warm.«

Valeria hatte ihren neuen Freund auch bei ihren Eltern eingeführt – das hatte die 21-Jährige noch nie getan. Valeria ist keine überschwängliche Person, die sich leicht verliebt. Auch in Liebessachen handelt sie bedächtig, und Cédric verhielt sich sehr ähnlich auf diesem Gebiet. Sie waren seit ihrem Treffen Anfang 1997 bis über beide Ohren verliebt, und ihre Geschichte lief schon drei Monate lang zu beiderseitigem Vergnügen. Aber der Sex blieb ausgespart, beide wollten sich, und das wirkt fast altmodisch, erst ein bisschen besser kennen lernen. Fast könnte man meinen, der angeblich disziplinlose Cédric habe die Ermahnung des Kommandanten im Kopf gehabt, der den Jungs von der Garde gepredigt hatte: Wenn ihr euch denn unbedingt mit einem Mädchen einlassen müsst, dann nur mit einer, in der ihr die künftige Mutter eurer Kinder seht.

Zum Besuch bei Valerias Eltern an der Piazza Irnerio in der Nähe des Vatikans trat Cédric dann sehr proper mit einem Blumenstrauß für die Mama und einer Flasche sorgfältig ausgewählten Schweizer Weins für den Papa an. Der Funke sprang auch in der Familie gleich über. Wenn Cédric fortan Valeria zu Hause anrief und ihr Vater den Hörer abnahm, plauderten die beiden angeregt, bevor Valeria ihren Liebsten sprechen durfte, und das Gleiche geschah, wenn die Mutter bei einem Anruf Cédrics ans Telefon ging.

Zum Valentinstag 1998 hatte sich Cédric eine liebevolle Überraschung für seine Freundin ausgedacht: Valeria hatte ihn bislang meistens in eher informeller Kleidung erlebt und ihm irgendwann gesagt, sie würde ihn so gern mal im Anzug sehen. Nun musste das Rendezvous der beiden am Valentinstag ausfallen. Estermann hatte Cédric Hausarrest verordnet. Am 13. Februar brachte der junge Mann einen Riesenstrauß roter Rosen in Valerias Elternhaus, an dem ein Liebesbrief in Cédrics grammatisch nicht besonders begnadetem Italienisch hing. Aber am nächsten Sonntag stand Cédric dann picobello vor seiner Freundin: mit frisch geschnittenem Haar und im Anzug, so wie sie sich das gewünscht hatte. Im selben Frühjahr, das sein letztes sein sollte, reiste Cédric für drei Wochen auf die Insel Mauritius zu seinem Vater. Für jeden Tag seiner Abwesenheit hinterließ er seiner Freundin ein kleines Geschenk.

Aber natürlich gab es auch Konflikte, sogar heftige. Valeria ist, wie sie offen sagt, ungläubig. Zwar haben ihre Eltern, auch keine besonders fromme Menschen, ihr die Riten einer katholischen Erziehung – von der Erstkommunion im weißen Brautkleidchen bis zur »cresima«, der Firmung – nicht vorenthalten, aber Cédrics strenger Katholizismus führte zu einer Weltsicht, die Valeria nicht teilte.

Die junge Frau erinnert sich an die Hochzeit eines gemeinsamen Freundes. Beide überlegten, was sie dem Paar schenken sollten. Cédric war fest davon überzeugt, dass sich diese beiden jungen Römer am meisten über einen von Johannes Paul II. gezeichneten Segen für ihren Ehebund freuen würden. Valeria fand die Idee ziemlich abwegig, und sie stritten darüber. Oder Weihnachten 1997: Cédric besorgte Valeria und ihren Eltern Eintrittskarten für die Mitternachtsmesse im Petersdom. »Er konnte sich eben nichts Schöneres vorstellen, als am Heiligabend mehrere Stunden lang im Petersdom zu sitzen und daran teilzuhaben, wie der Papst die Heilige Messe erst auf Italienisch, dann auf Polnisch, dann auf Französisch, dann auf Englisch liest«, sagt Valeria amüsiert. »Ich war nach der feierlichen, aber halt stundenlangen Veranstaltung durchgefroren und nicht in bester Stimmung. Zudem lag mir noch der Riesenkrach mit Cédric auf dem Gemüt, der sich am Vormittag des Heiligen Abends abgespielt hatte, weil ich diesem Zeremoniell nicht so viel abgewinnen konnte und das auch zum Ausdruck brachte. Wir haben uns angebrüllt wie noch nie«, erzählt Valeria, »und das am Vormittag des Heiligen Abends. Meine Eltern haben uns besorgt angesehen – aber wir haben uns ganz schnell wieder versöhnt.« Silvester 1997/98 wird wieder friedlich gemeinsam gefeiert, in Lugano.

Die Fotos geben die ausgelassene Stimmung wieder, aber sie zeigen keine Exzesse. Niemand wirkt betrunken, keiner wirkt bekifft. Überhaupt erzählt Valerias Album von vielen fröhlichen Stunden einer unbeschwerten Beziehung zwischen zwei Verliebten. In ihren Erzählungen ist nichts von den seelischen Konflikten herauszuhören, die der Vatikan Cédric nachsagt. Und meine Frage, ob Cédric jemals Drogen genommen hat – auch das unterstellt ihm ja der Vatikan –, verneint sie vehement.

Zwei Wochen, bevor er starb, beendete Cédric, völlig überraschend und für Valeria noch heute unerklärlich, ihre Freundschaft, die beide schon so weit in die Zukunft gebaut hatten. Es war in der letzten Aprilwoche, der Frühling wollte nicht kommen, und eines Tages stand Cédric vor Valeria und erklärte ihr, er liebe sie nicht mehr. Aus und vorbei. »Er wusste keine guten Gründe anzugeben. Er sagte, es sei auch keine andere Frau im Spiel, die Liebe sei ihm einfach abhanden gekommen.« Valeria fiel aus all ihren rosa Wolken. Fragen beantwortete er nicht. Er benahm sich stur, wie das seine Art sein konnte, und dann ging er. Hat sich vielleicht da doch eine einsetzende »Verrücktheit« angekündigt?

»Irgendwas hat an dieser Entscheidung nicht gestimmt«, sagt Valeria heute, »aber ich konnte es nicht greifen.«

Valeria hat damals viel mit gemeinsamen Freunden telefoniert. Von ihnen erfuhr sie, dass er ständig nach ihr fragte. Er schien keine neue Freundin zu haben. Ein paarmal brachte er zu gemeinsamen Unternehmungen ein Mädchen aus der Schweiz mit. Doch wenn er sie vorstellte, legte er deutlich Wert darauf, seinen Freunden zu zeigen, dass der Besuch aus dem Wallis nicht Valerias Platz in seinem Herzen eingenommen hatte. Ihr Foto blieb an seinem Armaturenbrett. Vom Rückspiegel baumelte nach wie vor das kleine Kuscheltier, das sie ihm geschenkt hatte. Sonst schien er der Alte zu sein. Ein Sonnyboy, strotzend vor Lebenslust und stets hilfsbereit. Freiwillig übernahm er die Aufgabe, im Auftrag der Kommandantur die Einladungskarten für die Feier am 6. Mai in ganz Rom herumzutragen.

Und für den Tag darauf, den 7. Mai, plante er für seine eigenen Freunde eine kleine Party in seinem Zimmer. Muguette Baudat hat eine Liste der Freunde gefunden, die Cédric eingeladen hatte. Valerias Name war dabei. Dass der Sand in seiner Lebensuhr immer schneller rieselte, ahnte niemand, er selbst offenkundig am wenigsten.

Wir wissen es nicht. Wir wissen nur: Statt des Aufstands kam der Tod in die Schweizergarde.

Kapitel 5
Ein undurchschaubares Ehepaar

Beromünster, ein 2300-Seelen-Ort in der deutschen Schweiz, nahe Luzern. Makellos saubere Straßen. Gestärkte Gardinen an den Fenstern. Kein Gedränge um Parkplätze. Alles in vollendeter deutschschweizerischer Ordnung. Auf dem Friedhof hatte ich mir zunächst das Grabmal von Alois Estermann angeschaut, anschließend schlenderte ich durch die schmucken Gassen des Ortes. Seine Familie schien in Beromünster zur wohl situierten Mittelklasse zu gehören. Ich sah ein Reisebüro Estermann, ein Geschäft für sanitäre Einrichtungen, einen Gardinenladen und ein Restaurant gleichen Namens. Ich besuchte die Läden, einen nach dem anderen. Aber niemand wollte so recht mit mir reden: »Also, den Alois Estermann habe ich kaum gekannt, da kann ich Ihnen gar nichts sagen.« Oder: »Wir reden nicht gern mit Fremden über einen von uns.« Oder aber: »Der Alois war doch gar nicht aus Beromünster, der stammte aus Gunzwil. Das ist nicht weit von hier, aber ist doch ein anderes Dorf, in dem ich mich nicht auskenne.«

Ich entsann mich eines Artikels über die Aufbahrung Estermanns in der Kirche von Beromünster. Er soll dort ziemlich allein geblieben sein. Keine Blumen, keine Briefchen, keine kleinen Geschenke, wie sie sich um den Sarg von Cédric Tornay in Saint-Maurice angesammelt hatten; das Kondolenzbuch für den Jungen aus dem Wallis hatte sich rasch gefüllt. Und in der kleinen Totenkapelle des Krankenhauses, in welcher der Sarg vor der Beerdigung stand, drängten sich die vielen Besucher und trauerten.

Anders in Beromünster, am Sarg Alois Estermanns. Er scheint auch in seiner Heimat nicht allzu viele Freunde gehabt haben. Die offiziellen Verlautbarungen zu seinem Tod haben ihn zwar gelobt. Aber wie anders: In Nachrufen wird nicht kritisiert, das gilt umso mehr, wenn es sich, wie im Fall Estermanns, um einen

Nachruf auf den designierten Kommandanten des Korps handelt. Besonders übertrieben mit den Lorbeeren für den Toten hat wohl der Exkommandant Roland Buchs, der bei der Trauerfeier in Beromünster über seinen ehemaligen Vize tönte: »Edel im Überlegen, vornehm im Umgang, aufmerksam im Einsatz, kameradschaftlich im Gemeinschaftswerk, war Alois Estermann eine vorbildliche Person im Korps … wo immer er war, was er tat und was er dachte, was er sagte und was er sann, alles galt in seinen Augen und aus tiefer Überzeugung dem Ruhme Gottes.«

Das mag nachrufmäßig übertrieben sein. Aber kein Zweifel: Alois Estermann war ein überaus frommer Mensch. Er versäumte keine der verschiedenen täglichen Messen im Vatikan. Seine Gardisten hielt er zu religiöser Tugend an. »Ich will doch, dass ihr alle später zum lieben Gott in den Himmel kommt«, konnte er sie ermahnen. Gleichwohl haben Kameraden aus der Schweizergarde ihn auch als skrupellosen Karrieristen erlebt, als einen Mann, der jeden, der sich ihm in den Weg stellte, mit übler Nachrede und Intrigen verfolgte, wie es Martin Utz geschah. Auch schien er geheime Protektion von oben zu genießen – in der Günstlingswirtschaft des Vatikans natürlich kein Einzelfall.

Dabei glich sein Lebenslauf anscheinend dem vieler Gardisten. Er kam aus einfachen Verhältnissen. Der Bauernsohn aus Gunzwil im Kanton Luzern besuchte eine Handelsschule in der Kantonshauptstadt und entschied sich schon bald danach für eine militärische Laufbahn. Er wurde Unteroffizier und tauchte 1977 mit 23 Jahren zum ersten Mal im Vatikan auf. Er verbrachte drei Monate als Aushilfssoldat bei der Schweizergarde. Auch das war nicht unüblich. Noch heute werden Aushilfskräfte rekrutiert, um den Nachschub zu sichern. Denn all dem glänzenden Ambiente zum Trotz ist es für die Schweizergarde nicht leicht, junge Menschen für ihre Aufgabe zu begeistern. Häufig genug zeigen sich die Hellebardiere vom Alltag des Wachbataillons enttäuscht, sei es wegen des anstrengenden und zugleich langweiligen Dienstes oder wegen der Enge des Quartiers, das wenig Raum für Privates lässt. In einem der Jahrbücher der Garde wird von einem Rekruten berichtet, der der kleinsten Armee den Rücken gekehrt habe, weil es ihm dort zu wenig kriegerisch zugegangen sei.

Estermann hingegen muss es bei den Gardisten gefallen haben. Denn drei Jahre später kehrt er zurück, nun ganz offiziell und im Rang eines Hauptmanns. Ein rascher und gänzlich unüblicher Aufstieg, der nur dadurch zu erklären ist, dass ihn der eine oder andere Mächtige im Vatikan für außerordentlich förderungswürdig hielt. Selbst das Veto des damaligen Kommandanten Franz Pfyffer von Altishofen, des elften und bislang letzten seines ruhmreichen Geschlechts an der Spitze der Schweizergarde, verhinderte den Überraschungscoup nicht. Die Ernennung eines praktisch Unbekannten wurde gegen seinen Widerstand beschlossen.

Estermann muss mächtige Protektoren gefunden haben. Seine Ausbildung für die Führungsposition, die er bei der Schweizergarde einnehmen sollte, war umfangreich und kostspielig. Nicht weniger als drei Jahre, von 1977 bis 1979, verbringt der Bauernsohn auf Reisen und widmet sich intensiven Sprachstudien in Italien, England, Frankreich und Spanien. Um auch die lateinamerikanische Version des Spanischen zu erlernen, hält er sich für einige Monate in Argentinien auf. Seine Familie kann ihm diese aufwändige Studienreise nicht finanziert haben – dass auch hier schon die gütigen Hände seiner Förderer mitgeholfen haben, darf vermutet werden.

1980 jedenfalls erscheint der nunmehr sprachgewandte Kosmopolit aus Gunzwil wieder in Rom, und dem »Neuen« werden umgehend weitere Bevorzugungen zuteil. Wiederum auf Weisung von »oben« darf der frisch gebackene Hauptmann in eine Wohnung ziehen, die eigentlich verheirateten Offizieren vorbehalten ist. Verzichten musste seinetwegen das Ehepaar Hasler. Major Hasler kampierte weiterhin in einem Einzelzimmer, während für seine Frau in Rom ein billiges Hotelzimmer angemietet wurde. Ein besonderes Privileg wird Estermann

Papst Johannes Paul II. empfängt Gladys Meza Romero und Alois Estermann zu einer Privataudienz.

kaum zwei Jahre später zuteil. Als Vertreter der Schweizergarde darf er den Heiligen Vater auf einer Pastoralreise nach Spanien begleiten. Diese Ehre ist nur ganz wenigen vorbehalten, und dass ein Quereinsteiger wie Estermann dazu auserkoren wurde, sorgte für einige Aufregung.

Sein Aufstieg vollzog sich auch weiterhin zügig und stand nach wie vor im Widerspruch zu der militärischen Beförderungsordnung der Schweizergarde. Nach nur drei Dienstjahren wurde Alois Estermann zum Major ernannt, ein Dienstgrad, den andere erst nach einer Dekade erreichen und der in der Rangordnung des kleinen Regiments nur noch von zwei Personen übertroffen wird, dem Kommandanten, der den Rang eines Obersten bekleidet, und dem Kaplan der Schweizergarde, der an zweiter Stelle steht.

Wohl um diesem Avancement des Alois Estermann ein wenig Legitimation zu verschaffen, wurde dem nicht mal Dreißigjährigen das Mäntelchen eines Helden umgelegt: Das Staatssekretariat verbreitete die Legende, Estermann habe sich am 13. Mai 1981, als der Türke Ali Agca auf Johannes Paul II. schoss, heldenmütig vor den Papst geworfen. Dabei zeigen die vielen Fotos von den Schüssen auf den Papst, dass Johannes Paul II. bereits schwer verwundet in den Armen seines Sekretärs Stanislaw Dziwisz lag, gestützt von seinem persönlichen Adjutanten Angelo Gugel, während Estermann immer noch in einiger Entfernung vom päpstlichen Wagen in der Menge stand. Die für Estermann inszenierte Heldensage rief bei den vielen, die damals auf dem Petersplatz dabei gewesen waren, ein eher gequältes Lächeln hervor. »Wir alle wussten, dass die angebliche Heldentat Estermanns eine Erfindung war, wobei wir es als besonders demütigend empfanden, dass wir diese Lüge widerspruchslos schlucken mussten«, sagt einer der damaligen Offiziere der Schweizergarde.

Mit seinem eklatanten Erfolg traten Charakterzüge Estermanns stärker hervor, die er zu Beginn seiner Tätigkeit nicht zu erkennen gab. Sein Verhalten hatte wenig mit dem gemein, was Oberst Buchs in seiner eingangs zitieren Ansprache über ihn berichtete. Das Wohlergehen seiner Mitmenschen, insbesondere das seiner Kameraden, war ihm offenbar weniger wichtig gewesen als sein eigenes.

Je mehr Gespräche ich führte, umso deutlicher zeigte sich mir, dass es keineswegs nur die üblichen Auseinandersetzungen zwischen Vorgesetzten und Untergebenen waren, über die sich meine Informanten beschwerten. Kompromisslos plante er seinen Aufstieg, mögliche Kontrahenten wurden bekämpft. Er brüstete sich mit geheimem Wissen über andere und ließ durchblicken, dass er über jede Verfehlung seiner Offizierskollegen sorgfältig Buch führe und sie seiner Sammlung von Dossiers einverleibe. Das Geheimarchiv des Alois Estermann wurde zur Legende bei der Schweizergarde – und führte wohl dazu, dass sich niemand traute, den machtbewussten Offizier auszubremsen. Einer seiner ehemaligen Offizierskollegen hat einen enthüllenden Nachruf auf ihn geschrieben:

»E. habe ich persönlich geschätzt als hervorragenden Gardisten zuerst und höher noch als Offizier. Mit seinem guten Aussehen und den feinen Manieren wusste er sich höchstes Ansehen im Vatikan zu erwerben. Seine Verwaltung führte er beispielhaft.

Hinter dieser glänzenden Fassade steckte hingegen ein Wolf im Schafspelz, ein abgebrühter Mensch, der keine Gelegenheit ausließ, auf sein Ziel hinzuarbeiten. ›Im Leben braucht man einen gesunden Ehrgeiz‹, hat E. in einer Offizierssitzung selbst gesagt. Der Kaplan hat ihn dann belehrt, dass kein Egoismus gesund sein kann.«

Die Gardisten behandelte Estermann – so hört man noch heute von Ehemaligen – zuweilen mit übermäßiger Strenge. Cédric Tornay war nicht der Einzige, der für Nichtigkeiten schwer bestraft wurde.

Dass Estermann in den Jahren seines rasanten Aufstiegs unverheiratet blieb, erregte in der Garde ein gewisses Aufsehen. Sobald ein Soldat des Papstes den Offiziersrang erreichte, hatte er sich eine Frau zu nehmen und dem allgemeinen Familienideal zu entsprechen. Estermann jedoch lebte allein – ohne dass eine Affäre, ein Gerücht, ein Flirt mit einer hübschen Italienerin seine Reputation beflecken konnten. Aber irgendwann scheint der inzwischen 29-Jährige einen zarten Hinweis von oben bekommen zu haben. Plötzlich, 1983, ist Estermann verheiratet. Gladys Meza Romero heißt seine Auserwählte – oder ist sie gar auserwählt worden? Sie stammt aus Venezuela und lebt seit kurzem in Rom, wo sie in der Botschaft ihres Landes die Funktion eines Kulturattachés wahrnimmt, ohne diesen Titel zu tragen und ohne eine Karriere im diplomatischen Dienst aufweisen zu können.

Auch für den Ursprung dieser zärtlichen Bande wird umgehend eine Legende erfunden: Die beiden hätten sich auf der Sprachschule Dante Alighieri kennen und lieben gelernt. Auf dieser Schule an der Piazza Firenze im Zentrum Roms erwerben in der Regel junge Au-pair-Mädchen die Grundkenntnisse des Italienischen; das Sprechen bringen ihnen dann die römischen *ragazzi* bei, die die Mädels, Blondinen bevorzugt, mit ihren Rollern vor dem schönen alten Palais der Schule erwarten und mit ihnen davonbrausen.

So war es jedenfalls bei den deutschen Au-pairs, die, jeweils für ein Jahr, meine Tochter nachmittags versorgten und mir allesamt, Doreen, Tina und Tanja, in bester Erinnerung sind. Eine junge oder nicht mehr ganz junge Diplomatin hingegen ist in diesem Ambiente schwer vorstellbar. Vor allem aber: Als Gladys Meza Romero neu in Rom war und möglicherweise in der Tat noch Italienisch lernen musste, beherrschte Alois diese Sprache bereits fließend – abgesehen davon natürlich, dass es für Schweizergardisten privaten Italienisch-Unterricht in der Kaserne gibt. Aber das ist nur eines der minderen Geheimnisse um Gladys Meza Romero.

Geboren 1949 in Urica, einer Kleinstadt südöstlich von Caracas, wuchs Gladys als drittes von neun Kindern eines Beamten des Justizministeriums überwiegend in der Hauptstadt von Venezuela auf. Den an Fakten kargen Artikeln zufolge, die nach ihrem Tod in der römischen Presse erschienen, soll sie die erste Frau gewesen sein, die in Venezuela zur Polizistin ausgebildet wurde. Auf den ersten Blick hat diese Ausbildung wenig mit den Aufgaben gemein, die ihr von der venezolanischen Botschaft in Rom übertragen wurden, aber sicher wäre es sehr aufschlussreich, mehr über ihre polizeidienstliche Vergangenheit in Erfahrung zu bringen.

Jedenfalls war sie 32, als sie 1981 in Rom eintraf, eine durchaus auffallend gut aussehende junge Frau aus Lateinamerika. Sie wurde bei der Botschaft von Venezuela beim Heiligen Stuhl eingestellt, und dort arbeitete sie – offiziell – bis zum gewaltsamen Ende ihres Lebens im Jahr 1998. Zwei Tage nach ihrem Tod beschrieb ein Artikelchen im »Corriere della Sera« ihren Arbeitsplatz in der Vatikanbotschaft ihres Landes: »Sie hat einen Schreibtisch hinterlassen, der spiegelblank ist. Auf ihm finden sich Karteikärtchen in verschiedenen Farben, die – nun vergeblich – darauf warteten, von ihr sortiert zu werden. Auf dem Tisch weiterhin ein Computer mit ergonomischer Tastatur und ein Zettelchen mit der Telefonnummer ihrer Freundin Melina in Paris.«

Nach ihrer Ankunft in Rom habe Gladys Meza – so sagte der damalige Botschafter Venezuelas beim Heiligen Stuhl, Alberto Vollmer Herrera – an der römischen Lateran-Universität Jura studiert und sich dabei auf das kanonische Recht der katholischen Kirche spezialisiert. »Sie wurde zu unserer Expertin auf dem Gebiet«, wird der Botschafter zitiert. Freilich nicht nur deshalb war Gladys Meza eine wichtige Mitarbeiterin der Vatikanbotschaft. Sie verfügte über sehr enge, sehr persönliche Verbindungen zur Spitze der römischen Kurie, weil sie es verstanden hatte, das Vertrauen der Kirchenmänner zu gewinnen.

Ähnlich wie ihr Mann war auch Gladys Estermann nicht sehr beliebt. Was mir die Ehefrauen der Schweizergardisten über die Ehefrau Gladys Meza Romero erzählten, klang oft nicht sehr positiv. Zwei Jahre nach dem Verbrechen, als ich meine Recherchen begann, nahm so manche kein Blatt mehr vor den Mund. Gladys Meza Romero benahm sich, so wurde mir vielfach berichtet, wie eine inoffizielle, aber hoch stehende Aufsichtsinstanz. Immer wieder geschah es, dass sie Gardisten und Offiziere bei ihrem Mann anschwärzte. Die Strafe für Cédric Tornay wegen einer zu lockeren Begrüßung des Paares Estermann, die ich an den Anfang meines Berichts gestellt habe, liegt durchaus auf dieser Linie.

Gegenüber den Frauen der anderen Offiziere, die im engen Gardequartier schon aus Mangel an anderer Gesellschaft gut zusammenhalten, benahm sich Gladys Estermann arrogant. Sie vermied den Umgang mit den übrigen Ehefrauen. Ganz offensichtlich war sie nicht daran interessiert, innerhalb der Kaserne Freundschaften zu schließen. »Sie machte sehr deutlich, dass sie nichts mit uns zu tun haben wollte, dass sie höheren Kreisen angehörte.« Natürlich wurde in diesem Zusammenhang auch die auffällige Eleganz der Frau des Alois Estermann besprochen. Ihr bodenlanger Nerzmantel blieb nicht unbemerkt, zumal Gladys Estermann jeweils ein paar Jahre später weitere kostbare Pelzmäntel spazieren führte: Es schien, als verfüge sie über eine ganze Kollektion. Der schwere Goldschmuck, den sie zur Schau stellte, führte zu der spöttischen Anmerkung einer Gardistenfrau: »Die Frau Estermann hat wohl den Schatz der Inka geerbt.« Aber es waren wohl eher die Nähe zu den mächtigen inneren und äußeren Zirkeln des Vatikans und die undurchschaubaren Verbindungen zu den einflussreichen Funktionären des Opus Dei, die den Estermanns von Nutzen waren.

Eines der Fotos von Alois Estermann und seiner Frau Gladys Meza Romero, die in den Tagen nach dem Verbrechen in einer römischen Tageszeitung veröffentlicht wurden, zeigt das junge Paar gemeinsam mit dem Heiligen Vater. Die Aufnahme entstand wahrscheinlich Anfang der achtziger Jahre. Der Papst aus Polen ist seit kaum mehr als einem halben Jahrzehnt im Amt. Nichts deutet auf die Krankheit hin, die ihn später so sehr zeichnen sollte und die zahlreiche Kritiker dazu veranlasst, in ihm eine Marionette derer zu sehen, die bereits die Zeit nach ihm planten. Er sieht jung und wach aus auf diesem Foto, ein Mann mit Durchblick. Ihm gegenüber steht Alois Estermann, Ende zwanzig, Anfang dreißig, ein stattlicher Mann im besten Alter, der Zuversicht und Stolz ausstrahlt, und neben ihm ist seine Frau zu erkennen, ein paar Jahre älter als er. Freundlich blickt sie in die Kamera, eine Frau von Welt. Gladys trägt ein dunkles Kostüm, darunter, mit sehr dezentem Ausschnitt, eine weiße Bluse. Über der Bluse ist eine Perlenkette auszumachen, die beachtlich lang und vermutlich echt ist, worauf die handgeknüpften Knoten zwischen den einzelnen Perlen hinweisen. Aber weitaus spannender als das Outfit der Gladys Meza Romero, deren Gesichtszüge ihre indianische Herkunft erkennen lassen, ist der schlichte Anzug ihres Mannes. Der Offizier des Papstes trägt Zivil. Wäre er im Dienst, müsste er Uniform tragen. Das wirft die Frage auf, wo Papst Johannes Paul II. und sein Leibwächter sich privat begegnet sind.

Johannes Paul II. war ein glühender Anhänger des »Obra« (spanische Abkürzung für Opus Dei). Nur siebzehn Jahre nach dessen Tod sprach er den Gründer des Ordens, Josemaría Escrivá de Balaguer y Albás, heilig. Ein in der Geschichte beispielloser Vorgang, den der Vatikanist der römischen Tageszeitung »La Repubblica«, Marco Politi, mit den Worten kommentierte: Mit der Erhebung Josemaría Escrivás in den Stand des Heiligen habe der Papst seine »politischen Schulden beim Opus Dei« bezahlt, einer nach wie vor »von düsteren finanziellen Skandalen heimgesuchten Organisation«.

Auch Alois Estermann dürfte dem Opus Dei nahe gestanden haben. Die Geheimorganisation veröffentlicht keine Mitgliederlisten und verweigert Auskunft bei Nachfragen. Doch deutet vieles darauf hin, dass dem Bauernsohn aus Gunzwil reichlich Förderung durch die weltumspannende, mächtige Bewegung zuteil geworden war: Schon seine Studienreisen in Lateinamerika konnte der junge Mann nicht aus Ersparnissen seiner bäuerlichen Familie oder gar aus eigenen Mitteln finanziert haben.

Aufgestiegen zum Vizekommandanten, hat Estermann versucht, eine Meditationsgruppe zu gründen, deren Mitglieder sich nach Opus-Dei-Vorbild öffentlich in Selbsterforschung üben sollten. Als Kommandant Buchs davon erfuhr, verbot er das Vorhaben Estermanns – angeblich mit dem Hinweis, dass er einen möglichen Ableger des Opus Dei in der Garde nicht dulden wolle.

Gegen erstaunliche Spenden Estermanns für sein kleines Heer schritt der Kommandant dagegen nicht ein. So ließ Estermann die Küche der Gardekantine derart chromblitzend und aufwändig restaurieren, dass sie Gourmetköchen in einem Edelhotel gefallen hätte und in gewissen Widerspruch zu den eher bescheidenen kulinarischen Künsten der Baldegger Schwestern geriet.

Diesen fleißigen Nonnen ließ er in der Offizierskaserne, auf demselben Stockwerk, in dem er lebte, eine Fünfzimmerwohnung einrichten. Seine großzügigen Gesten sprechen natürlich nicht gegen den Spender. Nur ihre Finanzierung bleibt undurchsichtig.

Auch die Verbindungen von Gladys Estermann zu mächtigen Männern im Vatikan verschwimmen in Grauzonen. So soll sie eng mit Monsignor Donato De Bonis befreundet gewesen sein. Der war lange die rechte Hand von Bischof Paul Kasimir Marcinkus, dem einstigen Präsidenten der Vatikanbank IOR. Und Marcinkus wiederum soll nach Ansicht italienischer Staatsanwälte schuldhaft am betrügerischen Bankrott der Banco Ambrosiano, dem größten Bankencrash der italienischen Nachkriegsgeschichte, beteiligt gewesen sein. Ein Haftbefehl gegen Marcinkus konnte nicht vollstreckt werden, weil der Kirchenbankier sich rechtzeitig hinter die Leoninischen Mauern des Vatikans zurückgezogen hatte. Dort schützte ihn dann die völkerrechtliche Souveränität des Zwergstaats vor dem Zugriff der italienischen Haftrichter.

Aber mit diesem größten vatikanischen Finanzskandal in der Neuzeit hatte natürlich Frau Estermann nichts zu tun.

Eine anonyme vatikanische Klerikergruppe, die vor einigen Jahren mit ihren Büchern über vielerlei Übeltaten geistlicher Würdenträger im Staat der katholischen Kirche Aufsehen erregte, bringt die Gattin des Vizekommandanten gar in Zusammenhang mit allerlei nicht ganz ehrbaren Finanzgeschäften, die über Briefkastenfirmen in Liechtenstein gelaufen sein sollen. Nun gilt die Klerikergruppe, zu der drei Prälaten und ein Kardinal gehören, als in der Regel seriös. Aber viele ihrer schwerwiegenden Behauptungen, auch die über Gladys Estermann, bleiben ohne dokumentarischen Beleg.

Im Übrigen gilt: Alois Estermann und seine Frau Gladys sind Opfer eines Killers geworden. Der Vatikan weigert sich nach wie vor, die Umstände ihres gewaltsamen Todes mit modernen Methoden der Kriminalistik aufzuklären. Nichts, gar nichts deutet darauf hin, dass der Hintergrund des Verbrechens in den wie auch immer gearteten Beziehungen des Ehepaars zu Geheimorganisationen oder ihrem Finanzgebaren zu suchen ist. Beide sind Opfer – genau wie Cédric Tornay. Ihre Angehörigen verdienen Respekt und unser Bedauern.

Kapitel 6
Eine Frau gegen den Vatikan

Muguette Baudat weist in einer angedeuteten Geste gen Himmel: »Cédric ist da oben, dem geht's gut. Ich brauche ihn nicht mehr zu beweinen. Ich denke gar nicht mehr so oft an ihn. Was ich will, ist die Wahrheit, nicht mehr und nicht weniger. Wie er gestorben ist und warum. Bisher hat mich der Vatikan nur mit Lügen gefüttert.«

Vier Jahre sind seit dem Tod ihres Jungen vergangen. Sie hat viel gelernt in dieser Zeit. Zu Beginn ihres Kampfes um einen fairen Prozess sagte sie oft: »Ich habe nichts gegen den Vatikan. Die da arbeiten, sind Menschen wie wir.« Heute drückt sie sich anders aus, sehr viel negativer. Ihr Zorn ist gewachsen, ihre Entschlossenheit, nicht aufzugeben, auch.

Fernsehbilder von der römischen Trauerfeier für Cédric am 7. Mai 1998 zeigen eine schmale Frau mit streng nach hinten gebundenen, blonden Haaren, die sich mit niedergeschlagenen Augen, tränenlos und fast in Trance, auf ihren Platz in der Kirche von Sankt Anna am Eingang des Vatikans begibt. Heute trägt Muguette Baudat eine fransig geschnittene Frisur. Ihr Haar ist flammend rot gefärbt. Sie bevorzugt enge Jeans, weit ausgeschnittene Hemden und darüber eine ihrer knallfarbigen Jacken. Ziemlich wild kann das aussehen. Lange Ohrgehänge betonen ihre schmalen, geschwungenen Wangenknochen. Muguette ist sehr mager, aber nicht erst seit dem Tod ihres Sohnes: Mehr als fünfzig Kilo (bei einer Größe von 163 Zentimetern) hat ihr die Waage nie zugestanden. Nur als sie ihre Kinder erwartete, veränderte sich ihr Gewicht – sie nahm ab. Es gibt solche merkwürdigen Metabolismen. Im Sommer, wenn Muguette ärmelfreie T-Shirts trägt, zeichnen sich gut ausgebildete Muskeln an ihrem Oberarm ab. Die Frau hat Kraft, und nicht nur physische. Sie sagt öfter: »Die im Vatikan haben meinen Sohn ermorden können. Aber sie haben sich die falsche Mutter dafür ausgesucht.« Das könnte auf ihrer Fahne stehen, wenn sie denn eine wollte.

Wer sie reden hört oder liest, was sie schreibt, erlebt eine intelligente, begabte Frau. Aber was sie im Kopf hat, konnte sie nicht für eine professionelle Ausbildung nutzen. Ihr Vater war Arbeiter. Eine Tochter studieren zu lassen stand nicht in seinem Lebensplan. Außerdem begann Muguettes Liebesgeschichte mit Cédrics Vater, als beide sechzehn waren. Als sich Mélinda ankündigte, war Muguette siebzehn. Weder bei den katholischen Tornays noch bei den protestantischen Baudats war an eine Abtreibung zu denken. Auch die beiden jungen Leute wollten das nicht. Also wurde geheiratet. Das ging nur wenige Jahre lang einigermaßen gut. Drei Jahre später, 1974, wurde Cédric geboren. Zum Vatersein war Muguettes Mann deshalb nicht unbedingt besser geeignet. Er verspielte sein Geld, verschuldete sich und ließ sich immer seltener bei seiner Familie blicken. »Er kam und ging«, erzählt Muguette und bleibt vage beim Thema. Tornay entschwand jedenfalls im Jahr 1978 auf die Tropeninsel Mauritius, wo er bis heute lebt, während seine zweite Frau mit ihren zwei Söhnen, Yvan und Joël, bald in die Schweiz zurückkehrte.

Trotz der Schwächen des Vaters entwickelten sich die Verbindungen zwischen seinen beiden Schweizer Teilfamilien freundlich. Cédric engagierte sich sehr für seine beiden jüngeren Stiefbrüder. Der gesamte Clan, die Tornays aus Mauritius und der Schweiz, feierten, wie schon geschildert, gemeinsam mit der Familie Baudat aus dem Wallis am 6. Mai 1995 die Einschwörung Cédrics bei der Schweizergarde. Cédric sagte seiner Mutter anschließend: »Vater muss man halt nehmen, wie er ist.« Das klingt distanziert, aber keineswegs verbittert. Im April 1998, einen Monat vor seinem Tod, besuchten der junge Schweizergardist und seine Schwester Mélinda ihren Vater auf Mauritius. Es war keine überschwängliche Wiedervereinigung, aber von kaputten Familienverhältnissen Cédric Tornays kann keine Rede sein, allenfalls von erweiterten, wie sie Millionen von

Muguette Baudat bei der ersten Pressekonferenz ihrer Anwälte Luc Brossollet und Jacques Vergès in Martigny, April 2002; unten mit ihren Töchtern Mélinda (links) und Sarah.

Scheidungskindern rings um die Welt in diesen Tagen erleben, nicht unbedingt immer zu ihrem Schaden.

Kaum aber war Muguette mit ihrem toten Sohn in die Schweiz zurückgekehrt, begann eine nicht besonders diskrete polizeiliche Untersuchung ihres Lebenswandels. Es war deutlich: Sie sollte als instabile, möglicherweise sogar etwas verrückte Person gekennzeichnet werden. Aber Muguettes Umwelt gab sich nicht dafür her. Die Ermittlungen wurden ergebnislos eingestellt. Auffällig bis exzentrisch angezogen hat sich Muguette im Grunde immer. Ihre Vorliebe für exotische Stoffe pflegte sie seit ihrer Jugend. Selbst in einer westschweizerischen Kleinstadt wie Vollèges, wo Muguette heute lebt, haben sich die Toleranzgrenzen für das Aussehen von Menschen erweitert. Dass sie sich um ihre Kinder nicht gekümmert habe, wie mitunter zu lesen war, stimmt nicht. Mit 23 Jahren war Muguette Baudat allein für zwei sehr kleine Kinder verantwortlich. Um zu überleben, musste sie berufstätig sein und Mélinda und Cédric tagsüber in einem Kinderhort unterbringen – die Realität so vieler allein erziehender Mütter, ob in der Schweiz oder anderswo. Muguette hat als Verkäuferin in einem Supermarkt gearbeitet, war Sekretärin in einem Architektenbüro und bei einem Rechtsanwalt und führt heute ein kleines Café in Vollèges.

Im Walliser Val d'Illiez, wo Cédric und Mélinda ihre frühe Kindheit verbrachten, heften sich einzeln stehende braune Holzhäuser an die steilen, grünen Hänge des Tals wie Spielzeugwürfel. Das Haus der Baudats war ein besonders kleiner Würfel, einem Legostein nicht unähnlich, und bestand aus einem einzigen Raum. Nachts klappte sich Muguette ihr Bett aus einem Schrank. Üppig war das Leben der kleinen Familie nicht, aber Muguette hatte es im Griff. Pünktlich erschien sie mit ihren Kindern morgens vor der Tür ihres Lego-Häuschens, setzte sie ins Auto und lieferte die Kleinen im Sankt-Josefsheim in Saint-Maurice bei den katholischen Schwestern ab. Zur verabredeten Zeit war sie wieder da, um Mélinda und Cédric abzuholen, es sei denn, die Nonnen griffen ein.

»Hören Sie, Muguette«, hieß es dann und wann, »Sie sind zu jung, Sie müssen sich mal amüsieren, am kommenden Freitag lassen Sie die Kinder über Nacht hier, und dann gehen Sie tanzen.« Auch so können katholische Nonnen sein. Ähnlich die Nachbarn. Eine geschiedene und allein lebende junge Frau war in dieser Ecke der Schweiz in den siebziger Jahren kaum ein Regelfall. Aber wer zusehen konnte, mit welcher Selbstverständlichkeit diese junge Frau ihr Leben meisterte, der zollte Muguette Respekt. Manchmal fand sie morgens eine Schüssel mit einem guten Walliser Fleischgericht oder einen Beutel voller Lebensmittel vor ihrer Haustür: kleine Geschenke von Nachbarn oder Freunden, die ihr so diskret halfen.

Nur mit der Wahl ihrer Männer hatte Muguette kein Glück. Nach der Scheidung von Tornay heiratet sie im Jahr 1984 einen Monsieur Chamorel. Der wird nach ein paar Gläsern Wein gewalttätig, er schlägt zu. Ein richterliches Hausverbot für Chamorel beendet auch diese Beziehung, wenngleich die Ehe auf dem Papier bis 1994 besteht, was Cédric veranlasst, bei seiner Bewerbung für die Schweizergarde als ehelichen Namen seiner Mutter noch Muguette Chamorel einzutragen. Muguettes drittes Kind, Sarah, entstammt einer neuen Beziehung – der Mann hatte versprochen, sie zu heiraten, wenn ein Kind käme. Das tat er dann nicht. Als die Tochter groß genug war, bestand ihre Mutter darauf, dass sie ihren Vater kennen lernen sollte. Die Begegnung verlief enttäuschend für Sarah. Sie zog es vor, bei ihrer Mutter zu bleiben und weiterhin deren Mädchennamen zu führen.

Es muss nicht gefragt werden, ob Muguette den Augenblick fürchtete, in dem sie nach der Reise ihre unveränderte Wohnung in Vollèges wieder betreten würde. Es geht uns auch nichts an. Nur wenige Monate vorher hatte Cédric ihr noch beim Umzug in die kleine Parterrewohnung am Rand des Kleinstädtchens geholfen. Die vielen Pokale, die er in sportlichen Wettbewerben gewonnen hatte, paradierten auf den Regalen, da, wo Cédric sie beim Umzug selbst aufgestellt hatte. Die Wohnung wusste von nichts, als Muguette zurückkam, und das hatte seinen eigenen Schrecken.

Seit dem nächtlichen Anruf aus Rom am 4. Mai war diese Frau in eine Hölle geworfen worden, die sich keine Mutter – und kein Vater – wünschen kann, und sie hatte entsprechend gelitten. Aber sie hatte auch beschlossen, diesem Inferno den Rücken zuzuwenden und aus ihm zurückzukehren. Ihre nächsten Schritte hatte sie sich schon in Rom ausgedacht und vorbereitet, und ihre Grundposition stand fest: Sie würde kämpfen. Heute sagt sie: »Ich war am Anfang sogar bereit, zu glauben und anzunehmen, was mir da erzählt wurde. Mein Sohn war ausgeflippt, er hatte zwei Menschen ermordet und dann sich selbst umgebracht. Es passte zwar überhaupt nicht zu dem Jungen, den ich aufgezogen hatte, den ich liebte. Allerdings: Ich war entschlossen, Tatsachen zu akzeptieren. Aber dann habe ich erlebt, wie man mich im Vatikan an allen Ecken und Enden belog.« Der »Abschiedsbrief« ihres Sohnes in seinen vielen Versionen und mit wechselnden Unterschriften ist schon erwähnt worden, desgleichen das merkwürdige Verhalten Claude Gugelmanns, der angeblich den Abschiedsbrief Cédrics in Empfang genommen hatte.

Die Liebe zu ihrem Sohn und ihr unbändiger Wille, die Wahrheit zu erfahren, waren Eigenschaften, die die vatikanischen Behörden bei einer Frau aus einem Dorf in der Westschweiz nicht vermuteten, möglicherweise auch, weil Bürokraten im Vatikan – mehr als ihre Kollegen anderswo – die Kunst des Durchschauens von Familienverhältnissen nicht regelmäßig üben können. Dafür bestrafen sie gern. Jedenfalls empfand Muguette das so. Gegen den Willen des vatikanischen Tribunals hatte sie die Einäscherung ihres Sohnes und damit die mutwillige »Zerpulverung« des zentralen Beweisstücks in einer noch nicht abgeschlossenen gerichtlichen Untersuchung abgelehnt. Also wurde sie, obwohl sie sich heftig dagegen wehrte, gezwungen, dabei zuzusehen, wie der Zinkbehälter im Innern des Sargs, in dem ihr toter Sohn heimkehren sollte, zugeschweißt wurde.

Das dauerte zwanzig sehr lange Minuten, die peinvollsten, die Muguette in diesen schmerzhaften Tagen erlebt hat. Auch um die Route des Leichenwagens der Firma Piacentini musste sie sich streiten. Vorgesehen war nämlich ein gut zweihundert Kilometer langer Umweg über den italienisch-schweizerischen Grenzübergang Chiasso. So sollte der Sarg Alois Estermanns reisen, und wahrscheinlich ging es nur um banale Bequemlichkeiten für die beiden Fahrer, etwa darum, ihnen gemeinsame Kaffeepausen und Übernachtungen zu ermöglichen. Doch Muguette Baudat, die den Umweg bezahlen sollte, setzte sich durch und erhielt das »nulla osta« (kein Hindernis) des vatikanischen Sanitätsdienstes, die Leiche ihres Sohnes auf direktem Wege in die Schweiz zu überführen.

In diesem Dokument, das Muguette wie alle anderen Schriftstücke zum Tod ihres Sohnes sorgfältig ablegte, wurde bescheinigt, dass ihr Sohn am 4. Mai zwischen 20.30 Uhr und 21.00 Uhr durch »Verletzung mit einer Feuerwaffe« gestorben sei. Außerdem versicherte die Direktion des Sanitätsdienstes, dass der Körper des Toten keinerlei Anzeichen »einer ansteckenden Krankheit oder einer Infektion« aufgewiesen habe; eine amtliche, ärztliche Feststellung, die, wie sich zeigen sollte, im Tribunal des Vatikans schnell in Vergessenheit geriet. In dem einzigen amtlichen Dokument, das der Vatikan neun Monate nach dem Tod seiner drei Bürger veröffentlichte, wird nämlich behauptet, Cédric Tornay habe eine Lungenentzündung gehabt, um den mit Blut vermischten Schleim in seiner Lunge zu erklären.

Manchmal musste Muguette sogar lächeln in diesen schwierigen Tagen: darüber etwa, dass ihr bescheidener, knauseriger Sohn in diesem pompösen Kardinalsgefährt nach Hause kam. Am 8. Mai traf der eindrucksvolle Wagen in Saint-Maurice im Kanton Wallis ein, wo die Familie Baudat lange gelebt hatte. Für die Aufbahrung des toten Jungen stellte das Krankenhaus Saint Amé in dem kleinen Städtchen seine Trauerkapelle zur Verfügung und schmückte sie reichlich mit Blumen. Hunderte von

Freunden und Verwandten, aber auch Mitbürger, die von dem Drama bei der Schweizergarde nur gehört hatten, kamen innerhalb weniger Stunden vorbei, um Abschied zu nehmen.

Eine erneute Autopsie des Jungen, die Muguette vehement forderte, wurde mit dem Hinweis auf bestehende Gesetze abgelehnt: Kantonale Bestimmungen erlauben sie nur für Tote, die im Wallis gestorben sind. Aber auch der Transport von Leichen aus einem Kanton in ein anderes ist nicht gestattet. Also musste Cédric Tornay zu guter Letzt noch entführt werden, um Experten die Untersuchung seines Leichnams zu ermöglichen. Bei Nacht und Nebel, in einem Kleintransporter, wurde der Sarg über die kantonale Grenze ins benachbarte Vaux transportiert, und so geschah es, dass – unvorhergesehenermaßen – die Autopsie schließlich am Gerichtsmedizinischen Institut der Universität Lausanne vorgenommen wurde.

Dort arbeitet Professor Dr. Thomas Krompecher. Er ist eine der angesehensten Koryphäen in seinem Fach und gilt gemeinsam mit dem amerikanischen Kollegen Vincent Di Maio, der in Boston praktiziert, als führend auf dem Gebiet der Rechtsmedizin. Er war nicht anwesend, als der Wagen mit den sterblichen Überresten Cédric Tornays in Lausanne vorfuhr, und es war auch nicht vorgesehen, dass dieser prominente Mann selbst die Autopsie des toten Gardisten übernehmen sollte.

Doch dann wurde der Zinksarg wieder aufgeschweißt und die Bahre in den Untersuchungsraum gerollt. Zwei Ärzte, Professor Dr. Pierre Mangin und seine Kollegin, Dr. Constanze Brandt, waren zugegen, als das Laken vom Körper des Jungen gezogen wurde. »O Gott«, entfuhr es Mangin. »Was für eine Schlächterarbeit«, kommentierte Dr. Brandt. Beide beschlossen, dass sie angesichts der groben Verwüstungen, die ihre römischen Kollegen am Leichnam Cédrics hinterlassen hatten, aber auch angesichts der fortgeschrittenen Verwesung des Körpers die Verantwortung für einen offenkundig kriminologisch bedeutsamen Fall nicht übernehmen wollten. Das war, so fanden sie, eindeutig ein Fall für Krompecher.

Dieser erschien am nächsten Vormittag und begann mit der Arbeit. Muguette wartete im Flur des Instituts auf den Abschluss der Untersuchung, und als der berühmte Mann endlich vor ihr stand, fragte sie mit hämmerndem Herzen: »Professor, habe ich recht daran getan, diese zweite Autopsie durchführen zu lassen?«

In Krompechers Stimme vernahm Muguette so etwas wie Mitgefühl, als er antwortete: »Sie hatten Recht. Wäre mein eigener Sohn unter diesen Umständen gestorben, hätte ich genauso gehandelt.«

»Hat Cédric sich also nicht umgebracht, ist er ermordet worden?«

»Diese Frage, Madame, kann ich Ihnen nicht beantworten«, erwiderte der Professor, und nun klang er streng. »Ich habe einen medizinischen Befund erstellt, kein Gutachten. Ich werde mich gern und ausführlich zu dem Thema äußern, aber nur als bestellter Gutachter vor einem ordentlichen Gericht.«

Am 30. Juni hatte Muguette den geschriebenen Befund Krompechers in der Hand. Da stand in der Tat nichts von einem Mord. Aber der Schusskanal, den die Ärzte gemessen hatten, entsprach in keiner Weise der Wirkung einer Neunmillimeter-Waffe, mit der die Offiziere der Schweizergarde ausgestattet sind. Weiterhin war von einer »diffusen Blutung zwischen dem oberen Schädelgehäuse und der Gehirnhaut« die Rede. Auch das passt nicht zu den massiven Zerstörungen, die eine nach oben gerichtete, in den Mund eingeführte Kriegswaffe im Kopfbereich angerichtet hätte. Dieselbe Blutung aber hat den Zustand der Bewusstlosigkeit und das anschließende Koma bewirkt, das, nach der Interpretation des Krompecher-Befundes durch französische Experten, etwa zwanzig Minuten vor dem Tod Tornays einsetzte.

Das wichtigste Ergebnis aber bezog sich auf den Schusskanal selbst. Die Schweizer Gerichtsmediziner legten nieder, dass eine Kugel im hinteren Gaumenbereich eingetreten und *unterhalb* des Gaumens, nämlich am obersten Halswirbel, wieder ausgetreten sei. Das heißt: Die Schussbahn verläuft in einem schrägen Winkel *von oben nach unten*, und das ist nur dadurch zu erklären, dass der Kopf des jungen Mannes nach hinten gebeugt war, als er mit einer in den Mund eingeführten Waffe erschossen wurde. Er lag auf dem Fußboden, oder er wurde sitzend durch eine Wand abgestützt. Der wirkliche Tathergang, darauf besteht Thomas Krompecher zu Recht, lässt sich nur im Vergleich der beiden Autopsien, der vatikanischen und der von ihm durchgeführten, sowie durch Fotos vom Tatort rekonstruieren. Diese Fotos gibt es. Die Rechtsanwälte wissen auch, wer sie gemacht hat und wo sie sind. Der Vatikan selbst wird sie kaum herausrücken.

Mit dem Bericht, den Muguette Baudat am 30. Mai 1998 vom Gerichtsmedizinischen Institut erhielt, war sie jedenfalls zufrieden, und sie deponierte ihn im Sicherheitsfach einer Bank in Vollèges. Alles, was sie in den wenigen Tagen nach dem Tod ihres Sohnes unternommen hatte, hielt sie geheim. Kein Wort kam über ihre Lippen. Selbst ihre Töchter informierte sie nicht, keinen ihrer Freunde und schon gar nicht die sie umlagernden Journalisten.

Auch dass sie den »Abschiedsbrief« Cédrics von einem professionellen Graphologen untersuchen lassen wollte, erfuhr niemand. Diese Expertise erforderte ein paar Tage Vorbereitung ihrerseits. Stundenlang saß Muguette über dem dicken Stapel von Briefen, die Cédric ihr aus Rom geschrieben hatte. Jeder einzelne erhielt seine eigene Plastikfolie und wurde in einem dicken Ordner abgelegt, aufgereiht nach dem Datum, das ihr Sohn ohne Fehl rechts oben, immer in derselben Art und Weise, auf seinem eigenen Briefpapier eingetragen hatte. Das Original des »Bekennerbriefs«, den ihr der angebliche vatikanische Ermittler Marrone unverständlicherweise mitgegeben hatte, wanderte in dasselbe Sicherheitsfach wie der Krompecher-Befund. Eine sehr gute Fotokopie dieses Briefes und eine Auswahl weiterer Briefe Cédrics sandte Muguette zunächst an die römische Graphologin Annamaria Pietropaoli. Sie sollte die formellen

Elemente der Schriftzüge vergleichend untersuchen und ihr sagen, ob und in welcher Weise sich diese unterschieden oder nicht; ob es sich also für die Expertin zweifelsfrei um dieselbe Person handelte, welche diese Briefe verfasst hatte.

Auch das Gutachten der römischen Graphologin, das ein paar Wochen später bei ihr eintraf, würde ihrer Sache nutzen, fand Muguette. Die *dottoressa* aus Rom konstatierte nämlich, dass die Schrift der ihr vorgelegten Proben nur auf den allerersten Blick von einem identischen Verfasser stammen könnten, zumal die Schrift »sehr leicht zu kopieren« sei. Im Einzelnen seien jedoch große Unterschiede erkennbar, in den Grundstrichen, in der Form der Großbuchstaben, der Form der i-Punkte etc., letztlich in allem, was Muguette schon selbst vermutet hatte. Aber nun besaß sie es schriftlich, bescheinigt von einer bestellten Graphologin. Der Beweis einer Fälschung war mit dieser Expertise selbstverständlich nicht erbracht, weil Annamaria Pietropaoli nur anhand von Fotokopien arbeiten konnte und sollte. Das Original des Briefes rückte Muguette vorerst nicht heraus. Es blieb im Safe ihrer Bank in Vollèges. Weitere Expertisen gesellten sich im Laufe der nächsten zwei Jahre hinzu, und davon wird ausführlich im nächsten Kapitel die Rede sein.

Nur vier Wochen nach der Bluttat bei der Schweizergarde war Muguette Baudat jedenfalls schon davon überzeugt, dass sie im Vatikan absichtlich getäuscht worden war, und sie versicherte in einem Interview mit der italienischen Journalistin Anna Maria Turi in der Wochenzeitschrift »Panorama«: »Ich werde weitersuchen. Und sollte es dreißig Jahre dauern, ich werde die Wahrheit über den Tod meines Sohnes herausfinden. Die wirkliche Wahrheit.«

Der Sommer 1998, europaweit kühl und feucht, kommt und geht. Muguette erfährt, dass die päpstlichen Nuntiatur in Bern, also die Botschaft des Heiligen Stuhls in der Schweizer Hauptstadt, sie zu treffen wünsche. Eine Begegnung auf »neutralem Boden« mit dem Ersten Sekretär der Nuntiatur, Monsignore

Battista Mario Ricca, sowie einem Offizier der Schweizer Armee, Major Patrick Harri, wird vereinbart. Man trifft sich in Saint-Gingolph am Genfer See. Muguette hatte erwartet, bei dieser Gelegenheit aus erster Hand über den Fortgang der Ermittlungen in Rom unterrichtet zu werden. Stattdessen versuchen die beiden Abgesandten, sie auszufragen, den Stand ihres Wissens, ihre Pläne, ihre seelischen Verfassung zu erforschen. Muguette erkennt die Absicht und hütet ihre Zunge bestens. Die Herren erfahren nichts. Sie selbst erhält zwar auch keine Informationen, aber sie lernt trotzdem aus der Begegnung. Sie spricht später von einer »fast naiven Geringschätzung«, die ihr entgegengebracht wurde. So überreicht ihr Monsignore Ricca am Ende der Zusammenkunft feierlich ein weißes Etui. Darin liegt ein Rosenkranz für die Protestantin Muguette Baudat. Der Monsignore hütet sich zu sagen, dass der Heilige Vater ihr diesen frommen Gruß geschickt habe. Sehr viel später wird Muguette erfahren, dass weiße Etuis mit ebendiesen Rosenkränzen aus den Schatztruhen des päpstlichen Staatssekretariats stammen, um weniger wichtige Besucher zu beglücken: Schenken wir ihr einen Rosenkranz, vernahm Muguette aus dieser Geste, dann wird die Frau schon Ruhe geben.

Eine nächste Begegnung mit den Sendboten aus Bern wird unangenehmer. Eines Nachmittags in der zweiten Septemberhälfte, draußen dunkelt es schon, stehen der Monsignore und der Major unangemeldet vor ihrer Haustür in Vollèges. Muguette erschrickt. »Eigentlich wollte ich die Tür gleich wieder zuschlagen, aber die beiden Männer hatten immerhin eine lange Reise hinter sich, also ließ ich sie eintreten«, entsinnt sie sich. Sie nimmt eine kleine Schachtel mit Pralinés entgegen, ein Mitbringsel, das in all seiner Bescheidenheit nicht dem Ton entspricht, den die beiden Würdenträger von Kirche und Heer ihr gegenüber anschlagen.

Sie raten der Mutter Cédric Tornays nämlich ganz entschieden und in ihrem eigenen Interesse davon ab, die Sache weiterzuverfolgen. Die Konsequenzen könnten ungut für sie sein:

Schließlich habe sie noch zwei Töchter, die in Gefahr geraten könnten. Vielleicht waren die Herren aus Bern nur taktlos, vielleicht wollten sie sagen, dass sie in ihrer Trauer nicht ihre beiden anderen Kinder vergessen sollte. Aber auch die sechzehnjährige Sarah, die bei dieser Begegnung dabei war, hörte alles und war entsetzt. Sie las den Gesichtsausdruck der Männer, ihren Tonfall, und auch sie verstand intuitiv den Hinweis auf die Töchter als Drohung.

Seitdem lebte das junge Mädchen in Angst. Sie konnte nicht mehr schlafen, und sie verfiel in das Verhalten ängstlicher kleiner Kinder: Wenn sie nachts draußen Schritte hörte, verkroch sie sich unter ihr Bett. Auch Muguette schlief schlecht – nicht aus Angst allerdings, sondern aus Zorn. Und weil immer wieder, wie im Wasser wandernde Steine, die Frage in ihrem Kopf kreiste, warum ausgerechnet *ihr* Junge sterben musste. Und warum sie nicht nur belogen wurde, sondern sich jetzt auch noch bedroht fühlte.

Das reicht nun, sagte sie sich und beschloss, dem Heiligen Vater selbst von ihren Erlebnissen zu berichten und davon, wie die Verantwortlichen des vatikanischen Tribunals sie behandelten. Sie schreibt einen sehr höflichen, respektvollen Brief an das Oberhaupt einer Kirche, die nicht die ihre ist.

Hier, leicht gekürzt, der Text des Briefes:

»Heiliger Vater,
ich bin die Mutter des Vizekorporals Cédric Tornay, eine Mutter, der das Schicksal ihren Sohn genommen hat, und ich wende mich an Sie wie eine Tochter.

Ich war bereit, die dreifache Schuld von Cédric anzunehmen. Aber fast umgehend sind mir von Vertretern der Kurie Nötigungen und Manipulationen, Verdächtigungen und Lügen zugemutet worden.

Darüber hinaus sollte ich Erklärungen ohne Beweise akzeptieren, auch das einzige Schriftstück, das ich zu sehen bekommen habe, war alles andere als überzeugend. Die Akten der vatikanischen Ermittlungen sind mir nicht zur Kenntnis gebracht worden, aber schon das Gerüst der Argumentation der Kurie hält einer kritischen Betrachtung nicht stand …

Genau wie andere Personen will ich lediglich die Wahrheit wissen, wie immer diese aussieht. Ich hatte die Entscheidung getroffen, der vatikanischen Justiz zu vertrauen. Aber als die Ermittlungen in die Hände des vatikanischen Staatsanwalts Nicola Picardi gelegt wurden – von dem ich nur gehört habe, ihm sei auferlegt worden, die Ermittlungen so schnell wie möglich zu schließen –, bin ich nicht als Zeugin vernommen worden. Seit dem 7. Mai 1998 hüllt sich der Vatikan in absolutes Schweigen mir gegenüber.«

In den nächsten Absätzen berichtet Muguette Baudat von ihren merkwürdigen Begegnungen mit dem Sekretär der päpstlichen Nuntiatur und merkt an: »Hinter geschwollener Sprache, Halbsätzen und Andeutungen war die Botschaft völlig klar: Ich wurde nachdrücklich aufgefordert zu schweigen. Mir wurde gesagt, diese Warnung – um nicht zu sagen, diese kaum verschleierte Drohung – komme von höchster Stelle, nämlich von Ihrem Staatssekretär. Ich kann nicht glauben, dass ein solch schwerwiegendes Verfahren von Ihrer Autorität gedeckt sein könnte.

Deshalb, Heiliger Vater, empfinde ich es als meine Pflicht, mich Ihnen anzuvertrauen. Mehr als für mich muss ich jetzt um meine Familie fürchten. Aber ich kann nicht akzeptieren, mich geschlagen zu geben … In der Hoffnung auf Ihr Verständnis und auf Ihren Schutz versichere ich Ihnen, Heiliger Vater, dass mein Herz Ihnen nahe ist und dass ich Ihnen, katholisch oder nicht, ergeben bin.«

Dieser Brief, per Einschreiben abgeschickt am 18. September 1998, traf am 26. des Monats – laut Rückantwortschein – in den privaten Gemächern des Papstes in seinem Landsitz Castel Gandolfo ein, wo sich Johannes Paul II. gerade zu seinem üblichen herbstlichen Kurzurlaub aufhielt. Der Brief wurde nie beantwortet, nicht einmal zu einer formellen Bestätigung seiner Ankunft ließ sich die päpstliche Umgebung herab, und darin liegt ein eklatanter Bruch des traditionellen Umgangs des Heiligen Stuhls mit den Tausenden von Briefen, die den Papst monatlich erreichen.

Wie sorgfältig vorgezeichnet die Wege von Briefen an den Papst in der Kurie sind, hat der ehemalige ZDF-Korrespondent Luitpold Dorn in seinem Büchlein »Der Papst und die Kurie« beschrieben: »Der Papst steht über allen Parteiungen. Jeder Gläubige oder Nichtgläubige kann sich an ihn wenden. Direkt. Und in jeder Sprache. Inzwischen gibt es ein eigenes Übersetzerbüro. Auch für Vietnamesisch. Erklärt Lieschen Müller, gar in bayrischer Mundart, dem Papst ihre tiefe Verehrung oder ihre noch tiefere Verachtung, dann müssen sich zunächst die deutschsprachigen Mitarbeiter des Päpstlichen Staatssekretariats mit ihrem Dialekt – und natürlich ihrem Anliegen beschäftigen. Eine Antwort ist ihr gewiss. Steht in ihrem Brief mehr als Blabla, dann kann sie schon auf eine sehr sorgfältige Erwägung hoffen … Jede Beschwerde, jeder Hinweis, jedes ernst zu nehmende Schriftstück wird in der zuständigen kurialen Behörde zunächst einmal registriert. Dann geht es an den betreffenden fest angestellten Sachbearbeiter. Der gibt – über den jeweiligen Amtschef – schwierigere Anliegen an einen, meist an mehrere Konsultoren weiter. Diese formulieren dann ihre Urteile schriftlich. Darüber wird dann in der Versammlung der Abteilungsleiter beraten. Dort werden sie erneut kollegial durchgesprochen. Der Präfekt oder Präsident des jeweiligen Dikasteriums hört zu, redet nicht in die kollegiale Entscheidung hinein – doch er muss sie hinterher vor dem Papst vertreten.« So schrieb es Luitpold Dorn im Jahr 1989 und hat dabei das Wort »kollegial« in zwei aufeinander folgenden Sätzen möglicherweise überstrapaziert.

Nun war der Kommandant der Schweizergarde, Alois Estermann, den Cédric Tornay umgebracht haben soll, in seinen letzten Jahren als einer der obersten Sicherheitsbeamten des Vatikanstaats ein wichtiger Mann in der allernächsten Umgebung des Papstes. Und der Brief der Muguette Baudat, respektvoll und sachlich wie er geschrieben ist, fällt zweifellos nicht in Dorns Abteilung »Blabla«.

Aber hat Johannes Paul II. das Schreiben jemals zu sehen bekommen? Muguette Baudat wartet. Sie wartet neun Monate lang. Dann liest sie in den Zeitungen, dass der Heilige Vater wiederum seine Ferien in den Bergen verbringt, diesmal ganz in ihrer Nähe. In einem kirchlichen Erholungsheim, »Les Combes« in der Gemeinde Introd im Aosta-Tal, einer unabhängigen Region Italiens, sei sogar eine Postverbindung geschaffen worden, um sicherzustellen, dass alle für den Heiligen Vater bestimmten Nachrichten auch bei ihm ankommen. Muguette sieht eine Hoffnung. Sie schreibt erneut, und der Brief, der dabei herauskommt, ist bewegend.

»Heiliger Vater, ich wünsche Ihnen, dass Ihnen dieser Urlaub die Erholung geben wird, die Sie, wie wir alle, brauchen. Mitten in dieser grenzenlosen Bergwelt, in der auch ich lebe, keine zwanzig Kilometer von Ihnen entfernt.

Meine Bitte mag merkwürdig klingen, Heiliger Vater, aber vielleicht könnten Sie sich bereit finden, ihr nachzugeben. Das ist meine Bitte: Abends, wenn es dunkler wird, könnten Sie sich da, wo Sie wohnen, einmal, nur eine Minute lang, nach Norden wenden. Ich würde mich eben da, zwanzig Kilometer weg von Ihnen, zur selben Stunde nach Süden drehen. Sollten Sie das tun, gönnen Sie bitte meinem Sohn Cédric einen freundlichen Gedanken. Sein Körper ist am Fuß des Mont Chemin, gar nicht weit von Ihnen, begraben. Vergessen Sie bitte nicht, Heiliger Vater, Cédric hat in Ihrem Namen sein Leben verloren und das in Ihrem eigenen Haus. Sicher wird man Ihnen einzureden versuchen, dass da eine arme, durchgedrehte Mutter zu Ihnen spricht, die ihren einzigen Sohn gegen jede Logik und gegen alle Beweise verteidigt. Aber so ist das nicht. Wenn Cédric wirklich dieses dreifache Verbrechen begangen haben sollte und es Beweise dafür gäbe, würde ich mich dem beugen. Gefühle sind Gefühle, mehr nicht. Man kommt durch.«

Muguette legte ihren Brief auf ihr Faxgerät, tippte die Faxnummer des Erholungsheims »Les Combes« ein, es folgte jene Sekunde der Spannung, dann lief ihr Schreiben schnurrend durch den Apparat, während wiederum Sekunden später die Rückmeldung, dass ihr Schreiben angekommen sei, auf dem Display erschien. Und schließlich druckte ihr das Gerät auch den Beleg für die Telefax-Übermittlung ihres Schreibens aus. Muguette erlebte einen Moment des Triumphs. Mit einer simplen Methode der modernen Technik hatte sie den oben beschriebenen bürokratischen Wall um den Heiligen Vater durchbrochen und ihm einen Brief direkt in sein Ferienhaus geschickt. Durfte dem Papst auch dieser Appell einer Mutter vorenthalten werden? Wir wissen es nicht. Von seinem engsten Mitarbeiterstab hatten ihn, wie Zeitungsberichten zu entnehmen ist, nur Monsignore Dziwisz, und zwei weitere Personen begleitet. Hätten diese Männer es wagen können, den Heiligen Vater nicht in allen Einzelheiten über das nicht unerhebliche Kriminalproblem zu unterrichten, das sich seinem Pontifikat mit dem dreifachen Delikt bei der Schweizergarde stellte?

Aber auch der zweite, persönliche Brief Muguette Baudats an Johannes Paul II. blieb ohne Antwort.

Kapitel 7

Ein gefälschter Brief

Der »Abschiedsbrief« ihres Sohnes, der in den ersten Tagen nach den Verbrechen alles erklären sollte und den Muguette Baudat erstaunlicherweise im Original erhalten hat, wird inzwischen von ihren französischen Rechtsanwälten verwahrt. Und diese haben das Schriftstück – um die erste, rein formelle Analyse der römischen Graphologin Annamaria Pietropaoli zu präzisieren – von weiteren Sachverständigen untersuchen lassen.

Der angebliche Brief ihres Sohnes war auf einem billigen, grauen, karierten Papier geschrieben worden. Cédric, ein sehr sorgfältiger Briefschreiber, der sich, seitdem er zum Vizekorporal aufgerückt war, eigenes Briefpapier mit Namen und Adresse zugelegt hatte, wäre es – selbst im Zustand höchster Verwirrung – nicht in den Sinn gekommen, eine überaus wichtige Mitteilung, und insbesondere den Abschiedsbrief an seine Mutter, auf einem solchen Fetzen niederzulegen. Noch wichtiger: Eben dieses Papier stand ihm nicht einmal zur Verfügung. Die Din-A4-Notizblöcke »Cervino«, aus denen das Blatt mit den »Abschiedszeilen« ihres Jungen stammte, sind nicht im Sortiment des vatikanischen Supermarktes mit seinen extrem niedrigen Preisen zu finden, aber auch nicht im Angebot der kleinen Kramläden rings um den Vatikan, die neben Zigaretten, Souvenirs, Pfefferminzrollen oder Postkarten auch Schreibutensilien verkaufen.

Die »Cervino«-Blöcke werden en gros, also direkt, an das Staatssekretariat des Heiligen Stuhls geliefert, die schon mehrfach erwähnte zentrale Stabsstelle der Kirchenregierung. Eine Anfrage bei Bufetti, der einzigen Kette von Schreib- und Bürowaren in Rom, ergab, dass die Herstellerfirma des »Cervino«-Blocks selbst bei diesen Spezialisten nicht bekannt war. Unter vielen anderen Hinweisen spricht daher auch dies dafür, dass der »Abschiedsbrief« des Cédric Tornay im vatikanischen Staatssekretariat entstanden ist.

Über die Frage, warum der oder die Verfasser den Brief auf den schlichten Notizblock geschrieben haben, kann nur spekuliert werden. Vielleicht war man dem Irrtum erlegen, dass auch die Schweizergarde über Papier desselben Herstellers verfügte und dass es deshalb nur logisch gewesen wäre, wenn Cédric darauf zurückgegriffen hätte. Schließlich war er in Eile, aber so ganz ohne letzte Botschaft wollte er dann doch nicht aus dem

Leben scheiden. Wenn dies die Intention gewesen sein sollte, so ist das trefflich danebengegangen. Der Brief, den sie als letzte Mitteilung ihres Sohnes akzeptieren sollte, war zudem mit einem Tintenkuli geschrieben. Cédric hasste solche Billiginstrumente. Der penible junge Mann besaß und benutzte, gerade zum Briefeschreiben, einen Füllfederhalter.

Nun ja, könnte man einwenden – und ähnlich argumentiert der Vatikan –, der Junge befand sich ja in einem Zustand akuter »Verrücktheit«; natürlich können und müssen seine Briefe dann anders aussehen als diejenigen, welche die Mutter bis dahin so zahlreich erhalten hatte. Aber wie das? Sollte er sich vor der Niederschrift seiner Abschiedszeilen zum Staatssekretariat des Heiligen Stuhls geschlichen haben, um sich einen von den dortigen und nur von den dortigen Monsignori benutzten Blocks zu klauen? Hätte er sich für ein einmaliges, für seine Mutter, seine Familie, seine Freunde und seine Freundin auch einmalig schmerzhaftes Schuldbekenntnis ausgerechnet einen Tintenkuli gesucht, ein Schreibinstrument, das zu benutzen er normalerweise ablehnte, weil er es nicht angemessen fand, damit seine Gedanken niederzuschreiben? Sollte man nicht eher vermuten, dass jemand im Staatssekretariat diese vielfach dokumentierten Vorlieben des jungen Tornay einfach nicht kannte und deshalb wie selbstverständlich auf dem ihm zur Verfügung stehenden Papier die Zeilen verfasst hat – zumal die Schrift des Jungen, wie die römische Graphologin Annamaria Pietropaoli in ihrem Gutachten als wichtigste Einsicht mitgeteilt hat, »sehr leicht zu kopieren« war? »Es ist bekannt«, haben die französischen Rechtsanwälte in ihrer Eingabe an den Vatikan geschrieben, »dass im Vatikan, in der Kanzlei des Staatssekretariats, zwei Kopisten-Schönschreiber von höchster Qualifikation beschäftigt werden. Die beiden stehen ausschließlich der Ersten Sektion des Staatssekretariats zur Verfügung, sie sind dem ›Sostituto‹, dem stellvertretenden Staatssekretär, im Jahr 1998 also Monsignore Giovanni Battista Re, verantwortlich, und es heißt sogar, dass diese beiden Prälaten bis um 22 Uhr genau wie ihr Chef am Tatort anwesend waren.«

Das Zimmer des jungen Gardisten ist – wie Kollegen, die damals auf demselben Flur mit ihm wohnten, bestätigt haben – noch am Abend seines Todes durchsucht worden, genau wie das Büro Estermanns. Aber wenn sie nach einem Schriftstück, das von ihm stammen könnte, gesucht haben, werden sie nicht viel gefunden haben können – außer ein paar Heften für den Unterricht vielleicht, an dem der junge Schweizergardist teilnahm. Seine Briefe nach Hause und an Freunde hatte Cédric natürlich abgeschickt. Und alle seine wichtigen Dokumente, einschließlich Ausweis, Führerschein und Dienstpistole, bewahrte Cédric in einer Sicherheitskassette auf, die er sich kurz vor seinem Tod gekauft hatte und deren Zahlenkombination er auswendig gelernt hatte. Dieser solide Stahlbehälter, für dessen Erwerb er sich von einem Freund Geld geborgt hatte, ist im Übrigen verschwunden – als Muguette nach einem Jahr endlich die Habseligkeiten ihres Sohnes zurückerhielt, fehlte er.

Das könnte vor allem ein Merkmal des Briefes erklären: die nicht vorhandene Unterschrift – welche dann gleichwohl und noch dazu in unterschiedlichen Versionen in den Tageszeitungen erschien. Also: Die Mutter erhält ein angebliches Original. Aber das stimmt nicht überein mit der fotomechanischen Wiedergabe des Briefes, welche die Gazetten abbilden. Diese enthält nämlich eine Unterschrift und lässt Korrekturen an einigen Formulierungen erkennen. Waren also verschiedene »Originale« im Umlauf? Was den fehlenden Namenszug in dem Schreiben, das Muguette erhielt, angeht, so könnte es sein, dass die Fälscher in ihrer Eile keine Vorlage dafür gefunden und sie deshalb später einfach »nachgereicht« haben. Auch war die Fälschung nicht besonders sorgfältig ausgeführt worden – in den mageren dreizehn Zeilen (neunzehn Zeilen, wenn Datum und die Grußformel zum Abschluss mitgezählt werden) häufen sich grobe Ungereimtheiten formeller, orthographischer, logischer, psychologischer und biographischer Natur. Anderthalb Stunden vor dem Mord an zwei Menschen, gefolgt von seiner Selbsttötung, soll Cédric folgende Zeilen an seine Mutter verfasst haben:

Vatican, le 4. 05. 98
Maman,
J'espère que tu me pardonnera car ce que j'ai fait
ce sont eux qui m'ont pousser. Cette année je
devais reçevoir la bénémerenti mais le lieutnant
Colonel me la refuser. Après 3 ans 6 mois et 6
jours passer ici à suporter toute les injustice
la seule chose que je voulais il me l'ont refuser.
Je dois rendre ce service à tous les gardes
restant ainsi qu'à l'église catholique. J'ai jurer
de donner ma vie pour le pape et c'est ce que je
fais. Je m'excuse de vous laisser tout seul mais
mon devoir m'appelle. Dit à sarah, Melinda
et Papa que je vous aime tous
Gros Bisous à
la plus Grande Maman du Monde
Ton fils qui
t'aime.

Zu Deutsch:

Vatikan, 4. 05. 98
Mama,
Ich hoffe, dass Du mir verzeihst, denn es waren sie, die mich getrieben haben, das zu tun, was ich getan habe. Dieses Jahr sollte ich den Bénémerenti bekommen, aber der Oberstleutnant hat ihn mir verweigert. Nach 3 Jahren, 6 Monaten und 6 Tagen, in denen ich all die Ungerechtigkeiten hier aushalten musste, haben sie mir das Einzige verweigert, was ich wollte. Ich muss diesen Dienst sowohl den anderen Gardisten als auch

der katholischen Kirche erweisen. Ich habe geschworen, mein Leben für den Papst zu geben, und genau das tue ich. Ich entschuldige mich, dass ich Euch ganz allein lasse, aber meine Pflicht ruft mich.
Sag Sarah, Melinda und Papa, dass ich Euch alle liebe.
Dicke Küsse für
die größte Mama der Welt,
Dein Sohn, der
Dich liebt.

Beginnen wir mit formellen Unstimmigkeiten, denen angesichts des präzisen Charakters Cédric Tornays ziemliches Gewicht bei der Analyse des verdächtigen Textes zukommt.

Die Anschrift auf dem Umschlag lautet:
Chamorel Muguette
1941 Vollèges
027/785 21 54

Dass Muguette seit zehn Jahren getrennt und seit vier Jahren geschieden von ihrem zweiten Ehemann war, ist schon erwähnt worden. Zudem adressierte Cédric die Briefe an seine Mutter nicht in bürokratisch-barscher Umkehr von Vor- und Nachnamen, sondern, wie es sich gehört, an »Madame Muguette Baudat«. In all seiner Hilflosigkeit gegenüber den kritischen Fragen einiger Journalisten versuchte das vatikanische Staatssekretariat, aus der sonderbaren Anschrift des Briefes ein Argument für seine These von Cédrics »Anfall von Verrücktheit« zu drechseln. Der Umstand, dass der Junge den längst abgelegten Namen seiner Mutter auf den Umschlag des Abschiedsbriefes gesetzt habe, beweise seinen »verwirrten Geisteszustand«. So verwirrt kann dieser freilich nicht gewesen sein, wenn er, vorsorglich für die Überbringer der Hiobsbotschaft an seine Mutter, auch noch deren Telefonnummer auf den Umschlag schreibt. Das dann freilich wieder lückenhaft, nämlich ohne die Vorwahl für die Schweiz: Cédric wäre das nie passiert.

Mit dem Datum geht es weiter. Alle seine Briefe datierte Cédric, indem er den Namen des Monats und die Jahreszahl ausschrieb – »4. Mai 1998« hätte er also über die Zeilen an seine Mutter gesetzt, nicht »4. 05. 98«. Bedeutsam ist in diesem Zusammenhang, dass die Bürokraten des vatikanischen Klerus in ihrem täglichen Schriftverkehr genau diese Form der Datierung verwenden. Ein Mensch, den der Wahnsinn überfällt, wird allen möglichen Unsinn schreiben, Inkohärentes, unfertige Sätze, in drastisch verändertem Schriftbild vielleicht – aber strukturelle Grundgewohnheiten seines Gehirns wie den formellen Ablauf der Datierung wird diese Person nicht aufgeben. Ähnlich verhält es sich mit Fehlern, die nicht formeller Natur sind.

Alois Estermann bezeichnet der Schreiber der Zeilen als »Oberstleutnant«. Aber das war Estermann bereits seit sieben Monaten nicht mehr. Nach der Pensionierung und der Verabschiedung von Roland Buchs im November 1997 trug der Chef der Garde den Titel eines »amtsführenden Kommandanten«. Angeredet wurde er seitdem von seinen Soldaten als Herr Kommandant. Innerhalb der Garde war das selbstverständlich und ganz gewiss auch für den Soldaten Cédric Tornay. Außerhalb der kleinen Welt des päpstlichen Wachtrupps, schon ein paar hundert Meter weiter, im Regierungssitz der katholischen Kirche im Apostolischen Palast, mag dies unbekannt gewesen sein. Schwer vorstellbar, dass Cédric den Mann, den er nach der offiziellen Version des Vatikans umzubringen gedachte, in seinen Abschiedszeilen zusätzlich noch degradierte.

Wenn er schon eine Wahnsinnstat wie diesen Mord geplant hat, und zwar nur wegen der Verweigerung einer wertlosen Medaille, dann wird der künftige Mörder Cédric Tornay wohl kaum den Status seines Opfers mindern wollen, indem er es mit einem niedrigeren Rang tituliert als dem, den Estermann tatsächlich führte.

Darüber, dass der Bronze-Orden für Cédric längst keine Bedeutung mehr hatte, ist schon gesprochen worden.

Ein weiterer Fehler in dem Schreiben widerspricht einem

grundsätzlichen Charakterzug Cédrics, den alle seine Freunde kannten und manchmal ein bisschen belächelten. Cédric neigte zu Erbsenzählerei. Wenn der Junge in seinen letzten Zeilen an die Mutter darlegt, dass er »3 Jahre, 6 Monate und 6 Tage« all »diese Ungerechtigkeiten« bei der Schweizergarde ertragen habe, so stimmt diese Zahl nicht. Am 4. Mai 1998 war Cédric Tornay erst seit drei Jahren, fünf Monaten und vier Tagen Schweizergardist. Auch hier wird ein charakterlicher Grundzug berührt, den ein urplötzlich, ohne jede Vorgeschichte angeblich etwa anderthalb Stunden vor der Tat aufgetretener »Anfall von Wahnsinn« kaum ausgelöscht hätte. Cédric gefiel es, sehr präzise festzuhalten und wiederzugeben, was sich wann in seinem Leben ereignete. Man braucht nur seine Jahreskalender anzuschauen, die seine Mutter mit über einjähriger Verspätung aus dem Vatikan zurückerhalten hat. Jede seiner Dienststunden ist dort genauestens eingetragen, über drei Jahre lässt sich auf diese Weise genau zurückverfolgen, wo der Junge wann in seiner bunten Uniform Wache schob. Die ersten beiden dieser Kalender sind noch gebundene Faltblätter im Brieftaschenformat, 1997 schaffte sich Cédric dann einen adretten Timer an. Der vierte Kalender jedoch, der für das Jahr 1998, fällt völlig aus dem Rahmen: Es ist ein dicker, gebundener Band aus der katholischen Serie »Rogate«, in dem es *keinerlei* Eintrag gibt, für die gesamten vier Monate und vier Tage jenes Jahres nicht, in dem Cédric sterben sollte. Hätte der überpräzise Junge auf einen Schlag, mit dem 1. Januar 1998, seine in den vorhergehenden Kalendern so gut dokumentierte Gewohnheit aufgegeben, seine Dienstzeiten sorgfältig einzutragen? Liegt nicht eher der Verdacht nahe, dass der Vatikan verbergen will, wo und wann Cédric Tornay am Nachmittag des 4. Mai 1998 zu einer Sonderschicht eingeteilt worden war – in der Kaserne nämlich, in der die Estermanns wohnten und in der an diesem Nachmittag in der Wohnung des Gardekaplans Jehle ein Arbeitskreis der asiatischen Bischofssynode tagte, just in dem Gebäude also, in dem der Junge gegen neun Uhr abends tot aufgefunden wird? Aber zurück zu seinem angeblichen Abschiedsbrief.

Weitere Fragen wirft die sprachliche Struktur des Schreibens auf. Schon scheinbare Kleinigkeiten erweisen sich als verräterisch. Da etwa, wo im Französischen Akzente hingehören, fehlen sie in dem Schreiben, während sie sich auf Wörtern tummeln, die sie nicht brauchen, und dieser Wahnsinn hat Methode. So wird der Name der älteren Schwester Cédrics, Mélinda, ohne *accent aigu* präsentiert, während die Bezeichnung des Ordens, dessentwegen der Junge angeblich gemordet hat, die »Benemerenti«-Medaille, gleich zweimal mit dem kleinen Schrägstrich auf dem »e« dekoriert wird: »bénémerenti«. Im Italienischen nämlich wird das »e« in »Melinda« gedehnt gesprochen, während ein französisch sprechender Mensch das Wort »benemerenti« unakzentuiert lassen würde – weil es eben ein italienischer Ausdruck ist.

Inhaltlich ist beim Gruß an »Melinda« noch anzumerken, dass Cédric seine Schwester auch brieflich ausschließlich »Dada« nannte – sein Kosename für die große Schwester, der in Kindertagen entstanden war. Bemerkenswert auch, wen Cédric in seinem Abschied von der Welt nicht grüßte: seine beiden Halbbrüder aus der zweiten Ehe seines Vaters, Yvan und Joël Tornay, denen er zärtlich verbunden war, besonders seitdem sie mit ihrer Mutter wieder in der Schweiz lebten. Gänzlich unverständlich schließlich, dass Cédric seinen Patensohn nicht erwähnt hat, einen damals achtjährigen Jungen, um den er sich leidenschaftlich gern kümmerte. Auch Valeria hätte er in seinen Gruß eingeschlossen – auch und gerade wegen des Bruchs mit ihr, den er zwei Wochen zuvor vollzogen hatte, ohne sie in Wahrheit zu verlassen.

Bei der sprachlichen Analyse des vorgeblichen Abschiedsbriefes wird besonders am Schluss ein weiterer eklatanter Italienismus deutlich: »Gros Bisous à la plus Grande Maman du Monde / Ton fils qui t'aime« heißt es da – und auf Deutsch hieße das in etwa: »Dicke Küsse an die größte Mama der Welt / Dein Sohn, der Dich liebt«. Nun klingt schon der Ton, der da gewählt wurde, schwer daneben: Unter einen schicksalhaften Abschiedsbrief würde ein künftiger Doppelmörder, der sich nach der Tat umbringen will, kaum eine solche heitere Formel wählen, die allenfalls einer Postkarte aus den Ferien angemessen wäre.

Zudem: Der Ausdruck »größte Mama der Welt« ist grunditalienisch, gleichsam ein verbales Herzstück der italienischen Muttersöhnchengesellschaft. Französisch sprechenden und denkenden jungen Männern würde so ein Ausdruck nicht über die Lippen kommen.

Muss man also annehmen, dass mit Cédrics »Anfall von Wahnsinn« italienische Sprachstrukturen, Denkweisen und Orthographie im Kopf des Welschschweizers das Kommando übernommen haben, so wie ein Dämon, der sittsamen kleinen Mädchen urplötzlich obszöne Flüche auf die Lippen treibt? Wohl kaum. Deutlich erkennbar ist hingegen, dass da ein Mensch Cédrics angeblich letzte Zeilen geschrieben hat, der einigermaßen gut Französisch kann, dessen Muttersprache jedoch Italienisch ist.

Inhaltlich bedenklich klingt natürlich auch der Pleonasmus in den letzten Worten des Briefes, »Dein Sohn, der Dich liebt«. Wollte Cédric seiner Mutter mit dieser Eröffnung am Ende seines Lebens noch eine angenehme, freilich durch seinen Tod dann wieder besonders bittere Überraschung bereiten, indem er ihr versichert, dass er sie liebe? Musste das am Ende eines Lebens, das eine durchgehend gute, zärtliche Beziehung zwischen Mutter und Sohn kennzeichnete, noch gesagt werden? Den Fälschern, die mutmaßlich im vatikanischen Staatssekretariat zu suchen sind, muss einiges, wenn auch nachträglich, aufgefallen sein.

In ihrer Eingabe haben Vergès und Brossollet in diesem Zusammenhang noch einige wichtige Entdeckungen über den so genannten Abschiedsbrief niedergelegt. Dass er in verschiedenen Versionen existiert hat, ist bereits an der unterschiedlichen Schreibweise des Namens »Cédric« in den Varianten des Briefes dargelegt worden. Die Rechtsanwälte haben außerdem bemerkt, dass sogar die Ausdrucksweise des jungen Mannes in späteren Variationen des Briefes nachgebessert wurde. In dem Schreiben, das Muguette überlassen wurde, heißt es zum Beispiel: »J'espère que tu me pardonnera car ce que j'ai fait ce sont eux qui m'ont pousser« (Ich hoffe, dass Du mir verzeihst, denn es waren sie, die mich getrieben haben, das zu tun, was ich getan habe). In der fotomechanischen Wiedergabe des vorgeblich selben Briefes im »Corriere della Sera« vom 7. Mai 1998 ist die französische Formulierung geändert worden. Nun heißt es: »J'espère que tu me pardonnera *mais ce sont eux qui m'ont constraint à faire ce que j'ai fait«* (Ich hoffe, dass Du mir verzeihst, aber es waren sie, die mich gezwungen haben, das zu tun, was ich getan habe).

Post mortem drückt sich der Tote auf einmal eine Spur gewählter aus: Aus »sie haben mich getrieben« wird »sie haben mich gezwungen«, ein »aber« ist einfügt worden, desgleichen, dass Cédric gezwungen worden sei, »zu tun, was ich getan habe«. Aber es kommt noch dicker. In der Muguette überlassenen Version des Briefes heißt es am Schluss: »Ich entschuldige mich, dass ich Euch ganz allein lasse.« – »Ich entschuldige mich«? Wie das? Ein geplanter Doppel- und ein Selbstmord sollen »entschuldigt« werden wie ein dummes Versehen? Also haben die wahren Verfasser des Briefes in einer neueren Version für die Zeitungen etwas dramatischer formuliert, nämlich: »Je vous demande pardon pour le fait de vous laisser seules« (Ich bitte Euch um Verzeihung für den Umstand, dass ich Euch allein lasse).

Wahrhaftig, schreiben die Rechtsanwälte am Ende dieser Passage: »Die Neurose, die Paranoia und letztendlich der Wahnsinn haben breite Schultern.« Aber offenkundig hat man auch im Vatikan erkannt, dass diese Schultern – der Brief – doch nicht stark genug sind, um die These von einem durchgeknallten Cédric zu tragen. Deswegen verschwindet das Machwerk ja auch fast gänzlich aus dem abschließenden Dokument der vatikanischen Pressestelle zum Thema.

Muguette und Cédric hatten im Übrigen zweifellos ein enges Verhältnis, aber das hat den natürlichen Reife- und Ablösungsprozess des jungen Mannes nicht gestört. Schon mit seiner Ausbildung in Vevey und seinem ersten Job hatte Cédric das heimische Nest verlassen. Als er sich für Rom entschied, unternahm er einen weiteren, diesmal großen Schritt in Richtung Selbständigkeit. Cédric war verlobt. Muguette freute sich auf ihre künftige Schwiegertochter – die angebliche »größte Mama der Welt« hatte den Platz Nummer eins im Herzen ihres Jungen bereits an Valeria abgetreten, ohne Komplikationen übrigens.

Die vielleicht seltsamste Eigentümlichkeit der angeblichen Abschiedsepistel liegt in dem, was sie nicht sagt. Sollten diese Zeilen nicht einen Doppelmord erklären, gefolgt von einer Selbsttötung? Nichts von einem derart gewaltsamen Projekt ist dem Schreiben zu entnehmen. Da sagt jemand lediglich: Verzeih, was ich getan habe, aber die da haben mich dazu getrieben. Aber wozu denn, um Himmels willen? Weiter beteuert der Verfasser: Ich muss diesen Dienst für die zurückbleibenden Gardisten leisten und für die katholische Kirche. Aber warum musste dann auch Gladys Estermann sterben? Schließlich taucht ein in diesem Zusammenhang völlig fremdes Motiv auf: der Schutz des Papstes. »Ich habe geschworen, mein Leben für den Papst zu geben, und das tue ich hiermit.« Vor diesem hehren Ziel, das Cédric in der Fälschung untergeschoben wird, schrumpft die angebliche Kränkung über eine nicht erhaltene Bronzemünze zur Bedeutungslosigkeit.

Vergès und Brossollet haben in ihrer Eingabe auch herausgearbeitet, wie völlig inkohärent der Brief durch das, was er sagt und nicht sagt, wirkt, vor allem in Bezug auf die Projekte Cédric Tornays: seine Zukunftsplanungen etwa oder die zahlreichen Verabredungen, die er für den 6. Mai und die darauf folgenden Tage vereinbart hatte. Das Schreiben ist ein nicht einzupassender Fremdkörper in der persönlichen Landschaft des jungen Schweizers.

»Für den Abend des 4. Mai hatte Cédric Tornay geplant, mit seinen Freunden auszugehen, wie eine Aussage des Gardeschneiders Ety Cicioni im ›Messaggero‹ vom 7. Mai belegt … Für den Nachmittag des 7. Mai plante Cédric einen kleinen Empfang für seine Freunde in seinem Zimmer, und er hatte die dafür nötige Genehmigung am Vormittag des 4. Mai erhalten. Am selben Tag war Cédric in Rom unterwegs gewesen, um Einladungen für seine Freunde auszutragen, die er zu der Einschwörungsfeier einladen wollte. Zwei Tage vorher hatte er einen Tisch für vierzig Personen im Restaurant ›Da Marcello‹ reserviert. Mitte Mai hatte er ein paar Tage Urlaub genommen, um sich mit Unternehmern aus dem Wallis zu treffen, die positiv auf seine Bewerbungsschreiben reagiert hatten.«

Und die Rechtsanwälte fragen zu Recht: »Wie können all diese Pläne und Projekte mit dem Bild eines psychisch schwer gestörten jungen Mannes übereinstimmen, als den der Vatikan Cédric Tornay gekennzeichnet hat?«

Dass Muguette dieser Brief überlassen worden ist, war aber nicht das einzige »Geschenk« der vatikanischen Ermittler. In gleicher Großzügigkeit wurde ihr von den vatikanischen Behörden auch die Patrone ausgehändigt, mit der sich ihr Junge getötet haben soll. Dachten die Monsignori vielleicht, der Mutter Cédrics damit eine fromme Wohltat zu erweisen, auf dass sie, die Nichtkatholikin, das Geschoss nebst Brief als Reliquie in einem Glaskästchen verwahren und dieses unter einem Porträt ihres Jungen in ihrer Wohnung aufhängen würde? Stattdessen zeigte Muguette das Geschoss einem Hobbyjäger aus ihrem Bekanntenkreis. Der drehte es kurz zwischen den Fingern, hob es schräg gegen das Tageslicht und erklärte kategorisch: »Meine Liebe, dieses Ding da hat niemals den Lauf einer Pistole verlassen und sich in einen menschlichen Körper gebohrt. Das hätte nämlich eine feine, aber mit dem bloßen Auge klar zu erkennende diagonale Schraffierung auf dem Metall hinterlassen.«

Auch ich habe das gruselige Andenken aus dem Vatikan zu sehen bekommen. Weil ich nichts von Schusswaffen und Munition verstehe, konsultierte ich das grundlegende Buch des amerikanischen Wissenschaftlers Vincent Di Maio, »Gunshot Wounds«. Auf etlichen Seiten veranschaulichen Bildtafeln, was mit Geschossen geschieht, nachdem sie in einen Kopf eindringen: Wenn sie den Schädel durchqueren, tun sie das in einer Drehbewegung, welche die erwähnte schräge Schraffierung hinterlässt. Fliegt die Kugel dann noch weiter, wie es der Vatikan im Fall des angeblichen Selbstmords von Cédric Tornay behauptet, um sich anschließend in eine Mauer zu bohren, dann wird sie selbstverständlich auch noch ganz deutlich deformiert.

Demselben Werk von Di Maio ist zu entnehmen, auf Fotos, die auch nervenstarken Laien Unwohlsein im Magen verursachen, was ein Geschoss aus einer Kriegswaffe wie der Sig Sauer 75 mit einem menschlichen Kopf anrichtet: Es bläst ihn auseinander, es zertrümmert ihn und entfernt große Teile der Schädeldecke. Einem mit einer Neunmillimeterwaffe ermordeten Mann fehlte auf einem der Fotos gar etwa ein Drittel seines Kopfes. Muguette Baudat hingegen versichert, dass der Kopf ihres Jungen völlig unversehrt schien, als sie ihn zum letzten Mal sehen durfte.

Und last, but not least: Es gibt eine vom Vatikan erstellte fotografische Dokumentation von Cédrics Zimmer, aus der die Absicht geradezu schreit, ein falsches Bild des jungen Mannes zu konstruieren. Diese Fotos hat vielleicht irgendein geheimer Opponent der vatikanischen Version unter die Sachen geschmuggelt, die Muguette Baudat mit mehr als einjähriger Verspätung zurückerhalten hat. Offenkundig ist nämlich in der Nacht nach dem Verbrechen der Versuch unternommen worden, auch aus dem Zustand von Cédrics Zimmer einen Beweis für seinen plötzlichen »Anfall von Verrücktheit« zu konstruieren. Auf den Fotos sieht man ein zerwühltes Bett, auf dem Fußboden einen zertrümmerten Stuhl, die aufgerissene Schublade des Schreibtisches. Dazwischen sind Tatortkennzeichnungen, nämlich Schilder mit den Buchstaben A, B, C verteilt – so als sei hier richtig ordentlich ermittelt worden.

Aber halt: Die Hersteller der Bilddokumentation haben geschusselt. In einer Totale ist die Schreibtischschublade geschlossen! In der Reihe der Farbpositive, die Muguette zugespielt wurden, steht dieses Foto in der Nummerierung *vor* der Großaufnahme des Möbelstücks. Daraus folgt: Die Schublade ist *nachträglich*, um des Effekts willen, geöffnet worden. Der Schutzhelm Cédrics liegt mal auf dem ungemachten Bett, mal auf dem Fußboden. Und was ist denn da im Hintergrund für ein Mann zu sehen? Der hätte natürlich auch nicht auf so einer »neutralen« Tatortdokumentation erscheinen dürfen, zumal er das lange, schwarze Gewand eines Klerikers trägt. Bei den fotografischen Arbeiten von wahrhaftigen Ermittlern hätte ein Priester gewiss nicht zugegegen sein dürfen. Inkohärent mit dem uns bekannten superordentlichen Cédric auch das in den Fotos »dokumentierte« zerwühlte Bett: Undenkbar, dass er sein Zimmer am Morgen, als ihn selbst nach der vatikanischen Darstellung die »Verrücktheit« noch nicht überkommen hatte, sein Zimmer mit einem ungemachten Bett verlassen hätte.

Aber selbst das, was nicht verändert wurde, lässt die vatikanische These absurd erscheinen. Cédric – ein disziplinloser Schweizergardist, der seinen Job nicht ehrte? Dem widerspricht ein großes Aquarellporträt von ihm in Gala-Uniform, das er stolz über sein Bett gehängt hatte. Valerias Großvater hatte es geschaffen. Gleichfalls an der Wand ist ein Mosaik zu erkennen, das ein Wappen zeigt: Es ist das Wappen der Familie Tornay. Cédric hatte es in seiner Freizeit gebastelt, mit Steinchen, die jeder Tourist in der vatikanischen Mosaikwerkstatt erwerben kann. Auch das entspricht nicht jenem Charakterbild eines haltlosen jungen Menschen, das der Vatikan von Cédric Tornay zu verbreiten versucht hat.

Teil 2

Der Kampf der Muguette Baudat

> Wenn ich von jemand höre, dass er sehr fromm sei, nehme ich mich vor seiner Gottlosigkeit in Acht.
>
> Johann Gottfried Seume

Kapitel 8

Das geistliche und das weltliche Schwert

Jedes Jahr in der Weihnachtszeit ereignet sich auf dem gewaltigen Oval des Petersplatzes ein Theaterstück katholischer Selbstdarstellung, das eindringlicher und wahrhaftiger wirkt als vieles, was die über 260 Päpste der Kirchengeschichte getan und gelehrt haben. Vor der machtstrotzenden barocken Fassade des Doms, flankiert von zwei eleganten Fontänen und abgeschirmt von Berninis gewaltiger vierfacher Säulenkolonnade, wird Anfang Dezember – als Kulisse natürlich – ein Stall aufgebaut. In dessen Mitte steht eine Futterkrippe, die ist leer. Aber Maria hat das Baby, eher ein Kleinkind, im Arm. Es ist nicht in Windeln gewickelt wie beim Chronisten Lukas, sondern bereits mit einem Hemdchen bekleidet, das aus dem römischen Kinderhospital »Bambino Gesù« stammen könnte. Begeistert blickt Joseph auf seinen Sohn. Ihm wird im Neuen Testament eine edle Herkunft nachgesagt. Aber der Mann war ein einfacher Tischler, meist ohne Arbeit. Die Familie war arm. So herbeigelaufen sahen die beiden aus, dass alle Hoteliers und Herbergsbesitzer in Bethlehem einfach erklärten, ihre Häuser seien wegen der von den römischen Besatzern Israels befohlenen Volkszählung ausgebucht. Irgendwo fand die junge Familie dann doch ein Dach über ihren um das Baby vermehrten Häuptern: jenen mythischen Stall und die mythische Krippe. Es war ziemlich kalt in dieser Nacht, zu deren Gedenken die gesamte Christenheit jetzt Weihnachten feiert.

Davon, dass die christliche Geschichte mit einem jüdischen Paar und ihrem Säugling beginnt, ist in den Weihnachtspredigten im Allgemeinen nicht die Rede – obwohl die ersten massiven

Verfolgungen der Kinder Israels (vor dem deutschen Holocaust natürlich) zumeist von christlichen Herrschern und Päpsten angeordnet wurden. Und so bleibt die paradigmatische Botschaft des alljährlichen Krippenidylls vor dem Prunk- und Protzgebäude des Petersdoms in Rom mehr als ambivalent. Die Botschaft selbst könnte im Grunde klarer nicht sein: Der Mann nämlich, der später Jesus Christus genannt wird, stammt aus der jüdischen Unterschicht. Die Armen werden ihm zeit seines kurzen Lebens immer wichtiger sein als die Herrschenden und die Wohlhabenden, und er wird predigen, dass die Reichen ebenso glatt durch ein Nadelöhr rutschen können wie ein Kamel, also eben nicht. Den Vordenkern der jüdischen Religion, den Pharisäern, bringt Jesus Christus spektakulär seine Meinung bei, eine ablehnende. Die Andenkenhändler rund um den wichtigsten Sakralbau des damaligen Judentums, den Tempel von Jerusalem, verjagt er in einem Anfall heiligen Zorns.

Die Römer der Kaiserzeit, die Palästina besetzt hielten, erlebte Jesus Christus auch nicht gerade als die Vorbilder von Bürgersinn, die einige, wie der Philosoph Seneca oder Kaiser Marcus Aurelius, zu ihrer Zeit wohl gewesen waren. Ohne Anklage, ohne Gerichtsverfahren wird Jesus an die örtlichen Religionsbehörden ausgeliefert, die ihn, angefeuert von einer aufgehetzten Meute, kreuzigen lassen. Dem Gouverneur der Provinz, Pontius Pilatus, ist nicht wohl dabei, aber er wäscht sich die Hände in seiner sprichwörtlich gewordenen Unschuld: »Ihr habt es so gewollt«, sagt er, wenn auch mit schlechtem Gewissen. Die Ideale der römischen »civitas«, zu denen auch, und nicht zuletzt, ein Sinn für rechtliche Ordnung und deren Kodifizierung gehörte, hatten sich an dieser Zeitenwende so gut wie verflüchtigt. Jesu Lebensgeschichte konnte unter den damaligen Umständen wahrhaftig nicht gut gehen. Wie sie endete – nach wenig mehr als dreißig Jahren –, wissen so ziemlich alle, die im westlichen Kulturkreis aufgewachsen sind.

Weihnachten 1997 erlebte Cédric Tornay sein letztes Christfest. 23 Jahre alt war er damals. Der Streit mit Valeria drückte seine Stimmung. Die spartanische Weihnachtsfeier für die Gardisten in der Kantine des päpstlichen Wachtrupps konnte sie nicht bessern. Aber Ende 1997 hatte sich Cédric innerlich bereits vom Vatikan verabschiedet. Die Vorbereitungen für sein Leben nach der Schweizergarde waren ja längst angelaufen, und seine Aussichten hatten sich bereits als gut erwiesen. Der Vatikan, so wünschte es nunmehr Cédric, sollte in seinem und Valerias Leben keine Rolle mehr spielen. Erst in seinen letzten Minuten mag der Junge aus der Westschweiz gespürt haben, dass er sich da schrecklich getäuscht hatte. Der Vatikan würde überleben, er jedoch nicht. Aus einer Nachricht, die Cédric einem Freund auf den Anrufbeantworter gesprochen hat, vernahm dieser fragmentarisches Gestammel in Todesangst: »Kellerraum … hinter der Treppe …« Valeria hörte nur noch eine gespenstische Stille, nachdem sie die Empfangstaste ihres Mobiltelefons gedrückt hatte. Wie ihre Anrufliste verrät, war es, kurz vor halb neun Uhr, Cédric gewesen, der versucht hatte, sie zu erreichen – sein letztes Lebenszeichen.

Wie sich das zentrale Herrschaftssystem der größten christlichen Glaubensgemeinschaft, der katholische Kirche, in Rom etablieren und dort rund 1600 Jahre in absoluter Macht das Leben eines großen Teils der Menschheit bestimmen konnte, das war (und ist bis heute) ein Paradoxon, das seine Widersprüchlichkeiten bis in die Gegenwart getragen hat. Die römisch-katholische Kirche kehrte die Lehre des Wanderpredigers aus Nazareth, der nicht im Sinn hatte, eine Kirche zu gründen, oft genug in ihr Gegenteil um; sie hat in Christi Namen ganze Völker ausgerottet, sinnlose blutige Kriege gegen Andersgläubige geführt, Hunderttausende zu Tode gefoltert und verbrannt, Verbrechen von einem Ausmaß begangen, vor dem die blässlichen Pauschalentschuldigungen, die Papst Johannes Paul II. zum Jubeljahr 2000 vortrug, wie ungewollte Parodie wirkten.

Aber der Geist des Evangeliums, auch das bleibt erkennbar, lässt sich durch römische Vorschriften und Maßregeln nicht totregieren. Sein Hauch ist immer noch rings um die Welt spürbar geblieben. Der bedeutende Schweizer Theologe Hans Küng, dem mangelnde Bereitschaft zur Kritik an der katholischen Kirche nicht nachgesagt werden kann, warnt vor pauschaler Verurteilung dieser ältesten religiösen Institution der westlichen Welt. Sie habe, so Küng in seiner »Kleinen Geschichte der katholischen Kirche«, nach wie vor »an allen Fronten dieser Welt eine in dieser Breite einzigartige Basis von Gemeinden, Krankenhäusern, Schulen und Sozialeinrichtungen, in denen bei allen Schwächen unendlich viel Gutes getan wird, in denen viele Seelsorger sich aufreiben im Dienst am Menschen, in denen ungezählte Frauen und Männer sich einsetzen für Junge und Alte, für Arme, Kranke, Zukurzgekommene, Gescheiterte. Eine weltweite Gemeinschaft von Gläubigen und Engagierten.« Wer wollte dem widersprechen. Es ist so offenkundig.

Gleichermaßen unverkennbar ist jedoch, dass die römisch-katholische Kirche noch heute verficht, nur sie besitze den »heilsnotwendigen«, den alleinseligmachenden Weg zur endgültigen Wahrheit – ein Anspruch, den zuletzt das vatikanische Dokument »Dominus Jesus« bekräftigt hat, erschienen 2001 und veröffentlicht von der Kongregation für Glaubensfragen unter ihrem Präfekten Joseph Kardinal Ratzinger, dem heutigen Papst Benedikt XVI. Und nach wie vor nimmt sie sich die Freiheit, sich über alle zwischen den westlichen Völkern dieser Erde gültigen Regeln und Normen hinwegzusetzen – etwa über das Menschenrecht auf professionelle Vertretung vor Gericht, das Cédric Tornay und seiner Mutter verwehrt wird. Mit der Weigerung des Vatikans, Beweise für seinen schrecklichen Schuldspruch über einen jungen Menschen in einem ordentlichen und außerkirchlichen Gerichtsverfahren vorzulegen, stellt der Staat der katholischen Kirche das kanonische, also sein geistliches Recht über eine weltliche, moderne Rechtsprechung – als sei der große mittelalterliche Konflikt um die Vormacht zwischen Päpsten und Kaisern zu Gunsten der katholischen Kirche ausgegangen. Das ist er aber nicht.

Wie der Weg in jene Unerreichbarkeit für das Gesetz begann,

in der sich der Vatikan im Fall Tornay verbarrikadiert hat, soll hier jetzt in sehr großen Linien und Sprüngen nachgezeichnet werden. Ein kleiner Ausflug in die Geschichte der katholischen Kirche und ihres nie endenden Kampfes um immer mehr weltliche Macht ist an dieser Stelle unerlässlich. Die Arroganz, mit der sich die Papstkirche heute weigert, einen dreifachen Mord hinter ihren Mauern mit normalen rechtsstaatlichen Mitteln zu klären, ist nicht biblisch gegeben, sondern historisch gewachsen. Die Anfänge liegen weit zurück.

Ein toleranter und bis kurz vor seinem Tod auch heidnischer Kaiser, Konstantin der Große, hatte 325 nach Christus das Christentum faktisch zur Staatsreligion erhoben. Auf dem Staatskonzil von Nikaia verkündete er das (eigentlich unbiblische) Wesens-Eins, *homo-ousios*, Gottes. Das monotheistische Glaubensbekenntnis wurde resolut durchgesetzt. Alle Sekten wurden verboten, und die erst kürzlich den Katakomben entstiegenen Christen betätigten sich nun ihrerseits als Verfolger. Die umbarmherzige Hatz auf alles Heidnische begann.

Auch das Gefühl des gemeinsamen Ursprungs mit den Juden schwindet und wandelt sich in Ressentiments gegen das Volk, »das unseren Heiland umgebracht hat«. Unter Kaiser Theodosius II. werden Mitte des 4. Jahrhunderts die ersten einschneidenden antisemitischen Gesetze erlassen. Nun sind Mischehen verboten, Juden dürfen nicht mehr Beamte werden, nicht mehr für ihren Glauben werben und keine neuen Synagogen bauen. Eine Lebenslüge des Christentums, das seine jüdische Herkunft leugnet, wird kodifiziert.

Die Verweltlichung einer eigentlich religiösen Instanz beginnt. Die Bischöfe von Rom greifen nach der Macht. Seit dem 5. Jahrhundert sehen sie ganz wie weltliche Herrscher aus, sie kleiden sich in Seide und Brokat und schmücken sich mit blitzenden Klunkern. Um ihre angebliche Vorherrschaft über alle anderen Bischöfe rings um das Mittelmeer historisch zu begründen, entwickeln die römischen Kirchenfürsten und ihre Bürokraten beachtliche Fertigkeiten in der Fälschung von Dokumenten, ein Verfahren, das noch heute vielfach angewendet wird – wie vermutlich auch bei der Herstellung des angeblichen Bekennerbriefs von Cédric Tornay.

Eine in dieser Praxis wegweisende Aktion geschah im 8. Jahrhundert nach Christus. Papst Stephan II., der zu dieser Zeit über große Teile Mittelitaliens herrschte, wurde von Norden her von den Langobarden bedroht. Der Papst, dem die Legionen fehlten, um das Patrimonium Petri aus eigener Kraft zu verteidigen, musste sich Mitte des 8. Jahrhunderts auf eine demütigende Reise begeben und den fränkischen König Pippin den Kurzen um militärischen Beistand bitten.

Stephan II. tat das in großer Theatralik, schwarz gekleidet, sein Haupt mit Asche bestreut, niederkniend vor dem jungen König, flehte er Pippin um Hilfe gegen die heidnischen Barbaren von der Ostsee an. Damit aber dem weltlichen Herrscher nicht etwa Flausen in den Kopf stiegen und ihm keine falsche Schlüsse über die gottgesetzten Machtverhältnisse auf der Erde in den Sinn kämen, legte der Papst dem Frankenkönig ein verstaubtes, angeblich vor Jahrhunderten von Kaiser Konstantin dem Großen verfasstes Dokument vor. Unter dem Datum des 30. März 315 sollte Konstantin dem damaligen Papst Silvester I. versichert haben: »Da unsere kaiserliche Macht irdisch ist, haben wir bestimmt, dass sie seine heiligste Römische Kirche ehren und achten soll und dass der Heilige Stuhl des gebenedeiten Petrus glorreich über unseren irdischen Thron erhöht werden soll … Wir übertragen Silvester, dem Kaiser der Welt, sowohl unseren Palast als auch alle Provinzen und Paläste und Bezirke der Stadt Rom, Italiens und aller Regionen des Westens.«

Das schien sehr großzügig zu sein von Konstantin, zumal der ja Macht nicht gern verschenkt hat. Aber seine Geste war natürlich auch frei erfunden, und das Dokument, das sie belegen sollte, war ein hausgemachtes Produkt der römischen Kurie. Wann immer sich Päpste von einer zu stark gewordenen kaiserlichen oder königlichen Macht bedroht fühlten, mussten sich ihre Fälscher an die Arbeit machen. Gregor VII. etwa setzte im

11. Jahrhundert einen »Dictatus« auf, der die Machtfülle seines Amtes in 27 Thesen untermauern sollte. Darin hieß es zum Beispiel: »Niemand auf Erden kann über den Papst urteilen. Die römische Kirche hat nie geirrt und kann bis zum Ende der Zeiten nicht irren. Allein der Papst kann Bischöfe absetzen. Er allein hat das Recht auf die Reichsinsignien. Er kann Kaiser und Könige absetzen und ihre Untertanen von der Gefolgschaft dispensieren. Alle Fürsten müssen ihm die Füße küssen ... Ein rechtmäßig gewählter Papst ist ohne Frage ein Heiliger durch die Verdienste Petri.«

Das waren starke Behauptungen. Die Belege hatten sich Gregors Berater aus einer Sammlung von angeblichen Verlautbarungen des Papstes aus dem 9. Jahrhundert zusammengeklaubt, den so genannten Dekreten des Pseudo-Isidor – sie waren samt und sonders gefälscht, zu politischem Zweck frei erfunden. In der völlig richtigen Einschätzung der damaligen Lage – die Kaiser waren in der Regel Analphabeten und ihre Untertanen erst recht – brauchte Gregor VII. keine historisch-kritischen Schnüffler zu befürchten. Also ließ er weiter fälschen, und zwar heftig. Um jede seiner irrwitzigen Behauptungen und weitere, die er sich noch ausdenken sollte, im Notfall belegen zu können, unterhielt Gregor VII. eine ganze Fälscherabteilung in seiner Bürokratie, die von Anselm von Lucca, einem Prälaten, und wechselnden Kardinälen geleitet wurde. Nachfolgende Päpste bauten das Verfahren noch aus.

Ein Kamaldulensermönch namens Gratian systematisierte dann im 12. Jahrhundert die gesammelten Merksprüche der Päpste über ihre Machtfülle. Sein »Decretum« wurde zur Grundlage des heutigen kanonischen Rechts. Die historisch-wissenschaftliche Bibelforschung hat inzwischen erwiesen, dass von Gratians 324 Zitaten von Päpsten aus den ersten vier Jahrhunderten der Kirche nicht weniger als 313 aus gezinkten Dokumenten stammen. Aber das Decretum ist dennoch nie widerrufen worden.

Wo nicht gefälscht wurde, prägte päpstlicher Größenwahn

das politische Klima zwischen Kirche und Staat. Wie das Machtverhältnis von nun an bis in alle Ewigkeit auszusehen habe, legte Papst Bonifatius VIII. im Jahr 1302 in seiner Bulle »Unam Sanctam« fest, die bis in die Gegenwart nachwirkt. »Wer leugnet, dass das zeitliche Schwert in der Macht Petri ist, missdeutet die Worte des Herrn: ›Stecke dein Schwert in die Scheide.‹ Beide Schwerter, das geistliche und das weltliche, sind in der Macht der Kirche. Das geistliche wird *von* der Kirche geführt, das weltliche *für* die Kirche. Das eine durch die Hand des Priesters, das andere durch die Hand von Königen und Rittern nach dem Willen und Einverständnis des Priesters. Ein Schwert muss unter dem anderen sein; das weltliche unter dem geistlichen, wie die zeitliche Autorität allgemein unter der geistlichen ist.«

Das klingt wie ein Merkspruch, nach dem die vatikanische Justiz noch heute verfährt. Sie meint, die Regeln bestimmen zu dürfen, nach denen der Mordfall an zwei Schweizer Bürgern und einer Frau aus Venezuela juristisch behandelt wird. Die weltliche Justiz muss sich der geistlichen fügen. So bestimmt es die katholisch-kirchliche Tradition – obwohl deren Exklusivitätsanspruch aus den meisten bürgerlichen Gesetzbüchern der Gegenwart aus gutem Grund entfernt worden ist. Um ihr eigenes Staatswesen hingegen hat die Regierung der katholischen Kirche im Fall Tornay unüberwindbare Mauern gezogen, indem sie den französischen Rechtsanwälten der Muguette Baudat die Zulassung verweigert – eine Haltung, die auf ganz und gar rationalistisch geprägte Franzosen wie die Anwälte Vergès und Brossollet ebenso lächerlich wie unannehmbar wirkt.

Denn in ihrem Land hat weniger die Reformation, sondern mehr die Aufklärung und dann die Französische Revolution dafür gesorgt, dass der Allmachtswahn der römischen Päpste beschnitten werden konnte. Nach der Revolution durfte die katholische Kirche zwar überleben, aber als eine Art Kulturverein, der sich den bürgerlichen Gesetzen zu fügen hatte. Kirchengüter wurden verstaatlicht, Klöster und alle geistlichen Orden aufgelöst und die Verwaltung der Kirche in die Bürokratie des neuen französischen Staats eingefügt. Diözesen wurden den Départements angeglichen, Priester durch deren Bewohner gewählt, während Bischöfe von der staatlichen Verwaltung ernannt werden. Alle Kleriker mussten einen Eid auf die neue weltliche Verfassung ablegen, was etwa die Hälfte der Betroffenen verweigerte.

Heftig empört verwarf der Papst in Rom, Pius VI., die französische Zivilverfassung, wobei er ganz besonders die »verabscheuungswürdige Philosophie der Menschenrechte«, die Religions- und Gewissensfreiheit und vor allem die Gleichheit aller Menschen vor dem Gesetz als »unvereinbar« mit der »göttlichen Offenbarung« ablehnte – eine Haltung, die der Vatikan im Grunde bis heute beibehalten hat. So weigert sich der Staat der katholischen Kirche, den Europäischen Gerichtshof für Menschenrechte anzuerkennen und sich seinen Entscheidungen zu fügen wie alle anderen westeuropäischen Staaten. Im Fall Tornay half das dem Vatikan, seine Brücken hochzuziehen und seine belagerte Festung dichtzumachen: Zweifellos hätte nämlich der Straßburger Gerichtshof dafür gesorgt, dass wegen des dreifachen Mordes hinter den vatikanischen Mauern von einer weltlichen Gerichtsbarkeit ermittelt wird statt von einem Dreimanntribunal im Vatikan, dem das einfachste Handwerkszeug für eine solche Aufgabe fehlt.

Kapitel 9

Zwei Rechtsanwälte aus Paris

Wenn er lächelt, ist die Ähnlichkeit mit seiner schönen vietnamesischen Mutter noch deutlich zu erkennen. Sie starb, als er und sein Bruder Paul Kinder waren. Jacques Vergès ist 78 Jahre alt, aber das sieht man ihm nicht an. Er strahlt die Energie eines Mannes aus, der noch längst nicht entschieden hat, dass es nun allmählich an der Zeit sei, sich auf sein Altenteil zurückzuziehen. Der weltberühmte Anwalt, der im südostasiatischen Kolonialreich Frankreichs aufwuchs, unterstützt seit Sommer 2000 den Kampf der Muguette Baudat. Dabei arbeitet er mit seinem mehr als 35 Jahre jüngeren Pariser Kollegen, Luc Brossollet, zusammen, der gleichfalls über ein solides Renommee verfügt.

Juni 2002: Vor der Haustür des Papstes findet eine Pressekonferenz der beiden Anwälte statt. Gemeinsam mit Muguette Baudat stellen sie sich den Fragen der Journalisten. Das Ereignis trägt sich im Konferenzsaal der römischen Auslandspresse zu, und es wird ein Event. Selten hat dieser mit allen technischen Raffinessen ausgestattete Raum so viel Tumult erlebt wie bei dieser Veranstaltung. Über die unsichtbare Staatsgrenze der Vatikanstadt sind viele der beim Heiligen Stuhl akkreditierten Journalisten herbeigeeilt, um diesem Schauspiel in dem prachtvollen Renaissance-Palais, der seit dem Jubeljahr 2000 die »stampa estera«, die Auslandspresse, nobel beherbergt, beizuwohnen.

Zutiefst irritiert von den rationalen, zum Teil ironisch-sarkastischen Ausführungen der französischen Rechtsanwälte über die kuriale Dienstherrschaft der Vatikanisten, gerieten einige von ihnen in einen Taumel der Empörung. Gewöhnt an die weihevollen Verlautbarungen kirchlicher Würdenträger, kennen etliche Mitglieder des vatikanischen Pressekorps eine solch distanzierte, von jeder Autorität unbeeindruckte Sprache einfach nicht. Es wurde deutlich, dass diese Journalisten das im laizistischen und rationalistischen Frankreich völlig normale Gebaren der Anwälte als grundsätzlichen Angriff auf die katholische Kirche und den Papst ansahen. Auch sich selbst sahen sie diskreditiert, zu Recht, denn der Handlungsspielraum römischer Vatikanisten ist kaum größer als derjenige, über den die Korrespondenten von osteuropäischen Satellitenstaaten zu Zeiten des Sowjetregimes verfügten. Sie durften über den Großen Bruder schreiben – aber nur das, was dieser ihnen zu schreiben erlaubte.

Römische Vatikanisten müssen sich noch heute den strengen ideologischen Regeln beugen, die der Chef des Presseamtes beziehungsweise dessen Behörde, das vatikanische Staatssekretariat, vorgeben. Zuwiderhandlungen werden bestraft – das reicht vom Ausschluss von einer der Pressekonferenzen des Heiligen Stuhls oder dem Entzug der Akkreditierung für ein paar Tage oder Wochen bis hin zum Verbot, an einer Reise des Heiligen Vaters teilzunehmen – davon betroffen war zum Beispiel eines Tages Marco Politi, Vatikankorrespondent der römischen Tageszeitung »La Repubblica«, einer der Aufrechten aus der Vatikanistentruppe.

Sein Kollege Andrea Purgatori, damals ebenfalls diesem Blatt zugehörig, ein Meister des investigativen Journalismus, musste ihn vertreten. Er kam völlig verdutzt von diesem Ausflug des Papstes in ein fernes, exotisches Land zurück. »Wo sind wir eigentlich?«, fragte er sich nach dieser Erfahrung. »Werden jenseits des Tiber noch Ketzer gefoltert, oder warum dürfen Vatikanjournalisten nicht schreiben, was sie hören und sehen, ohne Sanktionen von oben befürchten zu müssen?«

Entsprechend fremd fühlen sich wiederum eingeschworene Vatikanisten auf laizistischem Terrain. Was auf der besagten Pressekonferenz überdeutlich zu Tage trat. Amüsiert und gleichzeitig peinlich berührt verfolgte ich das verbale Tohuwabohu. So vergaß der lange, dürre Vertreter der italienischen Nachrichtenagentur Ansa beim vatikanischen Presseamt alle Zurückhaltung und Neutralität, die gerade den Angehörigen seiner speziellen Journalistenzunft erste Pflicht sein sollte. Er sprang auf und schleuderte seine Fragen mit einer Vehemenz in Richtung Rednertribüne, als müsse er sich, wie der Estermann der Legende, persönlich vor den Heiligen Vater werfen, um ihn vor den unerhörten Angriffen dieser frechen Franzosen zu schützen. »Erstens«, schrie er, »was berechtigt Sie, eine abgeschlossene sorgfältige Untersuchung des Tribunals des Staates der Vatikanstadt anzuzweifeln?

Zweitens, wo sind Ihre Beweise?

Drittens, wenn Sie welche hätten, warum wenden Sie sich dann nicht an das Tribunal des Heiligen Stuhls?

Viertens: Wenn Cédric Tornay nicht der Mörder war, wer war es dann?

Fünftens: Vergès hat Massenmörder wie den SS-Schergen Klaus Barbie verteidigt, und Slobodan Milošević, der Tausende von Menschen aus dem Kosovo auf dem Gewissen hat, gehört ebenfalls zu seinen Mandanten. Was hat ein solcher Mann, der nicht zu Unrecht Advokat des Teufels genannt wird, vor dem Tribunal des Vatikanstaats zu suchen?«

Jacques Vergès beugte sich ein wenig vor. Hinter seinen dicken Brillengläsern fasste er den Aufgeregten ruhig ins Auge und bemerkte trocken: »Ich denke, auch auf römischen Pressekonferenzen gilt die kollegiale Regel, dass Journalisten *eine* Frage, allenfalls, strikt in Ergänzung der ersten, eine zweite Frage stellen. Ich erlaube mir daher, nur auf eine Ihrer Fragen einzugehen. Diejenige, die mich betrifft, den ›Advokaten des Teufels‹. Wissen Sie nicht, dass dieser Begriff aus der vatikanischen Gerichtsbarkeit stammt, und zwar aus der römischen Inquisition? Den ›advocatus diaboli‹ zu spielen galt damals als durchaus ehrbare, intellektuell fordernde Rolle. Aber darum geht es hier nicht. Wenn Sie nämlich im Fall der drei Toten bei der Schweizergarde von meinem Kollegen Brossollet und mir als ›Verteidiger‹ reden, dann irren Sie gröblich.« Vergès legte eine kleine, effektvolle Pause ein. Und dann fuhr er fort: »Im Fall des Cédric Tornay verteidigen wir nicht, wir klagen an. Wir klagen die vatikanische Gerichtsbarkeit an, die einem jungen Menschen, den sie zum Doppelmörder erklärt, eine korrekte Aufklärung des Verbrechens verweigert. Wir klagen ein System an, das fundamentale Menschenrechte negiert, nämlich das Recht auf einen fairen Prozess.«

Neben mir saß ein mir vom Sehen weidlich bekannter Vatikanist, ein dicker, schwarzhaariger Mann mit einem Hut auf dem Kopf, den er auch in geschlossenen Räumen nie abnimmt. Ich dachte freilich: Jetzt passiert es, er wird sich den Hut vor Zorn vom Haupt reißen und ihn dann aufessen. Der korpulente Mann holte tief Luft, füllte seinen mächtigen Resonanzkörper, und sein Zorn entlud sich in einem unartikulierten Grölen. Auch der Ansa-Mann wollte wütend zurückschnappen, aber da war das Wort schon an einen anderen Journalisten erteilt worden, und die Fanatiker mussten fürs Erste zuhören. Über die Pressekonferenz geschrieben hat im Übrigen kein einziger der römischen »vaticanisti«.

Vergès und Brossollet arbeiteten zu diesem Zeitpunkt seit fast zwei Jahren an dem Fall, wobei eine klare Rollenverteilung abgesprochen war. Vergès sollte die grundsätzlichen, die menschenrechtlichen und gewissermaßen rechtsphilosophischen Fragen im Mordfall bei der Schweizergarde behandeln und sie nach außen vertreten. Sein junger Kollege Luc Brossollet wiederum war für die Beweisaufnahme zuständig, für die Sammlung von verwertbaren Unterlagen, die Erstellung und Prüfung von Gutachten, die eine von ihm ins Leben gerufene Expertengruppe zulieferte – für die praktische Konsolidierung von Fakten also.

Die Chefs des Kirchenstaats, die sich gegenseitig immer noch mit antiquierten Schmeicheltiteln wie aus dem »Parasiten« von Lessing anreden, mit Euer Ehren, Euer Gnaden, Euer Exzellenz, Euer Eminenz, sind Meister des Doppeltons, der verschleierten Sprache, des Sagens und Nichtsagens, der Lektüre zwischen gesprochenen Zeilen. Das qualifiziert sie vor allem für den Umgang mit ihresgleichen. Auf die Respektlosigkeit, mit der insbesondere Luc Brossollet auftrat, reagierten die geistlichen Würdenträger mitsamt der ihnen dienstbaren Presse in hilfloser Wut. »So spricht man nicht mit dem Heiligen Stuhl«, war als Unterton aus der beleidigten Antwort von jenseits des Tiber zu vernehmen: »Wir verbitten uns die auf der Pressekonferenz vorgetragenen Unterstellungen der Rechtsanwälte.«

Das imponierte freilich dem Anwalt mit dem aschblonden Bürstenhaarschnitt nicht im Geringsten: »Was wir zu vermelden haben, ist vor allem Fassungslosigkeit über ein Justizsystem, das eine Farce seiner selbst ist. Wie kann ein Tribunal, das aus nicht mehr als vier Männern besteht, von denen aber drei Kleriker, also Angehörige der Kurie, also Partei sind, sich anmaßen, einen Mordfall mit drei Toten zu klären? Ein Tribunal zudem, in welchem der Ermittler zugleich Staatsanwalt ist und auch noch die Richterrolle spielt.«

Aus der »Verwunderung« sei im Laufe ihrer Arbeit »Empörung« geworden. Die Justizbehörden des Vatikanstaats hätten in voller Übereinstimmung mit dem Heiligen Stuhl die »Umstände des Todes von Cédric Tornay beschlagnahmt«. Die Botschaft, welche diese Haltung vermittle, sei klar und erinnere an polizeistaatliche Allüren aus längst vergangenen Zeiten: »Weitergehen, Leute, weitergehen, hier gibt es nichts zu sehen.«

Und: Der Vatikan braucht nicht einmal Sanktionen zu befürchten. Der Staat des Papstes ist zwar akkreditiert am Europäischen Gerichtshof für Menschenrechte – aber die Konvention, in der die Mitglieder sich selbst auf die Einhaltung dieser Grundwerte verpflichten, hat er nicht unterschrieben. Der Vatikan fordert immer wieder und lautstark von anderen Staaten die Ausübung der Religionsfreiheit für Katholiken, ohne diese selbst für andere anzuerkennen. Der Vatikan will, dass »ihr« Gott in der noch zu entwerfenden europäischen Verfassung vorkommt. Aber das muss dann der katholische Gott sein. Brossollet forderte vom Vatikan einen laizistischen und den Regeln der Rechtsstaatlichkeit verpflichteten Prozess – obwohl oder gerade weil er und sein älterer Kollege von Anfang an ziemlich genau wussten, dass sie diesen niemals bekommen würden. In ihren fast zweijährigen Bemühungen, einen vernünftigen Diskurs mit den Justizbehörden des Vatikanstaats aufzubauen, hatten die Rechtsanwälte allerlei Langmut aufgebracht und viel Porto verbraucht.

Höflich hatten sie am 25. Juli 2000 angefragt, welche Modalitäten notwendig seien, um am vatikanischen Tribunal rechtsanwaltlich tätig werden zu können. Richtig zügig – bedenkt man, dass die heilige italienische Ferienzeit schon begonnen hatte – war bereits am 7. August 2000 die Antwort von Richter Marrone in Paris eingetroffen, von einem Mann also, der beruflich mit

Die Rechtsanwälte Jacques Vergès (links) und Luc Brossollet bei ihrer ersten Pressekonferenz zum Fall Cédric Tornay in Martigny, April 2002.

einem Bein im vatikanischen Justizsystem und mit dem anderen in der Verwaltung des italienischen Parlaments steht, was kein leichter Balanceakt ist. Marrone antwortete also in einem Ton, der durchaus zuvorkommend genannt werden kann. Damit Anwälte von außen bei der vatikanischen Gerichtsbarkeit tätig werden könnten, schrieb er, müssten sie im Prinzip bei der Anwaltskammer des Heiligen Stuhls zugelassen werden. Jedoch könne der Präsident des Appellationsgerichtes in einzelnen Fällen auch Rechtsanwälte zulassen, die nicht Mitglieder dieses hohen Organs seien. Zudem könne sich Madame Baudat auch direkt an ihn selbst, Richter Gianluigi Marrone, oder den Obersten Richter des vatikanischen Tribunals, Professor Nicola Picardi, mit einem Gesuch auf Wiedereröffnung des Verfahrens wenden – unter der Voraussetzung, »dass dabei neue Beweiselemente vorgelegt werden, die eine solche Maßnahme rechtfertigen könnten«.

Das war, kaum zu überhören, ein erster Versuch, eine gleichsam private Verhandlungsebene mit Muguette Baudat zu etablieren. Zahlreiche andere sollten folgen, bis hin zu gleichsam geflüsterten Angeboten an die Mutter Cédric Tornays. Da ließ man ihr die Nachricht zukommen, dass ihr selbstverständlich der volle Sold Cédrics sowie eine Pension ausgezahlt werden sollten; der Benemerenti werde ihm nachgeliefert. (Muguette Baudat: »Soll ich das Kupferding an seinen Grabstein kleben?«) Sogar nachträglich nochmals befördert wurde der tote junge Mann – im pikierten Kommuniqué des Apostolischen Stuhls, das am Tag nach der römischen Pressekonferenz der Anwälte erlassen wurde, war Cédric Tornay plötzlich zum Korporal ernannt worden; er wurde »beweint«, und das sogar, in derselben Zeile, gemeinsam mit den beiden Estermanns.

In eben diesen Tagen, Muguette war noch in Rom, meldete sich in ihrem Hotel – woher wusste man ihre Adresse? – eine eindringliche Stimme aus dem »Privatsekretariat« des Heiligen Vaters: Ein Angebot liege für sie bereit, das sie in ihrem eigenen Interesse nicht ausschlagen solle – einzige Voraussetzung freilich: Sie müsse sich ohne ihre Rechtsanwälte, ohne jede Begleitung in den Vatikan begeben. Muguette Baudat lachte den Unbekannten aus: »Das wünscht ihr euch wohl!«

In den beiden ersten Jahren ihrer Tätigkeit für die Westschweizerin waren alle Initiativen der Rechtsanwälte aus Paris an einer vatikanische Mauer des Schweigens abgeprallt, die aus doppeltem Beton gegossen zu sein schien. Am 6. Februar 2001 hatte Luc Brossollet per Einschreiben mit Rückantwort dem Präsidenten des Berufungsgerichtes des Vatikans, Monsignore Francesco Bruno, mitgeteilt, dass Muguette Baudat nunmehr von seinem Kollegen Jacques Vergès und ihm selbst vertreten werde, und um Aufklärung über die Bestimmungen gebeten, die für ihre Zulassung erfüllt werden müssten. Den Rückschein über den Eingang des Schreibens beim vatikanischen Tribunal erhielt die Kanzlei Brossollets in einem postalisch angemessenen Zeitraum. Eine Antwort des angeschriebenen Präsidenten jedoch blieb aus. Die Tage gingen ins Land. Der Sommer verstrich. Am 30. August 2001 sandte Brossollet das gleiche Schreiben erneut gen Rom. Beigefügt war diesmal eine Eingabe der Rechtsanwälte von etwa dreihundert Seiten, in der sie ausführlich begründeten, warum das Verfahren des Vatikans wieder aufgenommen werden sollte – einige der zentralen Punkte ihrer Argumentation, etwa der Nachweis, dass der angebliche Brief Cédrics gefälscht und vom Vatikan sogar in verschiedenen Versionen in Umlauf gebracht worden sei, sind schon geschildert worden. Rom blieb bei seinem Schweigen.

Daraufhin entschlossen sich die beiden Rechtsanwälte, nunmehr den obersten Dienstherrn der vatikanischen Justizbeamten einzuschalten: den Papst. Also erhielt auch Johannes Paul II. umfängliche Post aus Paris, abgeschickt am 11. April 2002. Aber Gottes Mühlen mahlen langsam, zumal die seiner katholischen Vertreter auf Erden. Am 3. Juli endlich – fast ein Vierteljahr nach Absendung – erreichte ein Schreiben aus dem Staatssekretariat die Büros der Rechtsanwälte.

Ohne Anrede, ohne abschließenden Gruß, ohne Unterschrift übermittelte »das Staatssekretariat« den Rechtsanwälten die Nachricht, ihre Eingabe an den Papst sei gemäß der verfassungsmäßigen Ordnung des Staates der Vatikanstadt an die »zuständigen gerichtlichen Instanzen« weitergeleitet worden und werde von diesen derzeit überprüft. Immerhin begann die barsche Nachricht mit dem Satz: »Das Staatssekretariat übermittelt den Rechtsanwälten Jacques Vergès und Luc Brossollet seine Empfehlungen …«

Diese Personalisierung einer bürokratischen Abteilung ließ sich Brossollet nicht entgehen. Schon am nächsten Tag antwortete er: »Liebes Staatssekretariat, Sie sind also mein Gesprächspartner. Auch ich entbiete Ihnen meine höflichsten Grüße …«

Geradezu blitzartig traf per Fax aus Rom eine Belehrung für den Anwalt ein. Was er erhalten habe, sei kein Brief, sondern eine Verbalnote, und eine solche werde lediglich mit dem Siegel, einer Aktennummer und einem Stempel versehen.

Unbeirrt schrieb Brossollet zurück: »Liebes Staatssekretariat, ich entschuldige mich sehr, dass ich einen Brief mit einer Note verwechselt habe. Was mich selbst betrifft, und wenn es Sie nicht stört, so schreibe ich keine Noten, sondern signierte Briefe, und ich danke Ihnen im Voraus, wenn Sie dieses mein Schreiben als einen solchen betrachten würden. Erlauben Sie mir, bescheidenst anzumerken, dass Briefe an und für sich seit sehr langer Zeit als außerordentlich gutes Mittel der Kommunikation betrachtet werden.«

Genau dies ist ein Ton, den die päpstlichen Würdenträger äußerst ungern vernehmen – nichts irritiert sie mehr als der Eindruck, dass ein Gesprächspartner sie nicht so hochernst nimmt wie sie selbst und ihre eigene höfische Umwelt. In der Substanz fragte Brossollet freilich nach, ob denn aus der kryptischen Antwort des Vatikans, die nun, nach fast einem Jahr des Schweigens, bei ihm eingetroffen war, zu schließen sei, dass der Heilige Vater es abgelehnt habe, sich in seiner Funktion als Oberhaupt der vatikanischen Justiz persönlich mit der Angelegenheit zu befassen. Weiterhin wollte Brossollet von dem »lieben Staatssekretariat« wissen, welche Instanz der vatikanischen Justiz nunmehr dem Fall nachgehe.

Das »liebe Staatssekretariat« schrieb nicht mehr zurück. Stattdessen traf ein Schreiben des vatikanischen Tribunals bei den Anwälten aus Paris ein, datiert vom 13. Juli 2002.

Aber welche Blamage: Das Schriftstück wimmelte von Fehlern, vor allem in der Orthographie der Namen. So fehlt auf dem Deckblatt des Schreibens im Nachnamen Vergès der *accent grave*; auch die Straße, in der er wohnt und praktiziert, war falsch geschrieben worden, während Luc Brossollet erneut auf das zweite »l« in der letzten Silbe seines Namens verzichten musste. Und schließlich: Selbst den Namen »Cédric« zu schreiben hatten die Verfasser der Postille in den vier Jahren nach dem Tod des Jungen noch immer nicht gelernt. Statt eines *accent aigu* wurde dem Vornamen, der übrigens aus dem Keltischen kommt und mit dem Wort »sieghaft« zu tun hat, wiederum ein *accent grave* verpasst. War das Schusselei, Ignoranz oder gewollte Herablassung mit der Implikation: Leute, ihr seid uns so unwichtig, dass wir uns nicht mal mit der korrekten Schreibweise eurer Namen abgeben wollen?

Wahrscheinlich das Letztere. Denn im Text des vatikanischen Schriftstücks geht die falsche Schreibweise der Namen immer hanebüchener weiter: Nun wird Jacques Vergès auch noch des »c« in seinem Vornamen beraubt und sein Nachname noch schlimmer verstümmelt: Verger. Durchgehend wird weiterhin Cédric zu Cèdric umgemünzt. Was sich da zeigt, ist durchaus bedenklich. Wenn ein Tribunal nicht in der Lage ist, wenigstens die Namen des Hauptbeteiligten und seiner Rechtsvertreter richtig zu buchstabieren – wie viel Stimmigkeit kann dann von seinen Ermittlungsergebnissen erwartet werden?

Luc Brossollet kennt keine Scheu, wenn er sich verständlich machen will. Ich besuchte ihn in seiner Pariser Kanzlei und erklärte, ich hätte immer noch nicht ganz kapiert, wieso der Schusskanal in Cédrics Kopf von oben nach unten verlaufen sein müsse. Brossollet sprang hinter seinem Schreibtisch auf, kniete sich vor diesem auf den Boden, steckte seinen Zeigefinger als imaginäre Pistole mit umgedrehtem Lauf in seinen Mund und drückte ab. »So soll es nach vatikanischer Darstellung gelaufen sein. Also ein Schuss durch den oberen Gaumen in Richtung Schädeldecke. Puuff, würde es in diesem Fall machen. Unweigerlich würde sie auseinander fliegen. Aber das ist ja nicht geschehen, wie wir sowohl von Madame Baudat als auch durch die Krompecher-Autopsie wissen.« Jetzt legte sich der hoch gewachsene, magere Anwalt auf den Boden. Und nun sah und verstand ich es: Wenn jemand bewusstlos ist oder gar im Koma liegt, fällt der Kopf eines ausgestreckten Körpers eindeutig nach hinten oder allenfalls zur Seite, aber nicht nach vorn auf die Brust. Brossollet nahm erneut die imaginäre Feuerwaffe auf und schoss sich in den Mund. Klar: Jetzt musste ein Schusskanal entstehen, der leicht von oben nach unten führt. »Der Abstand zwischen den

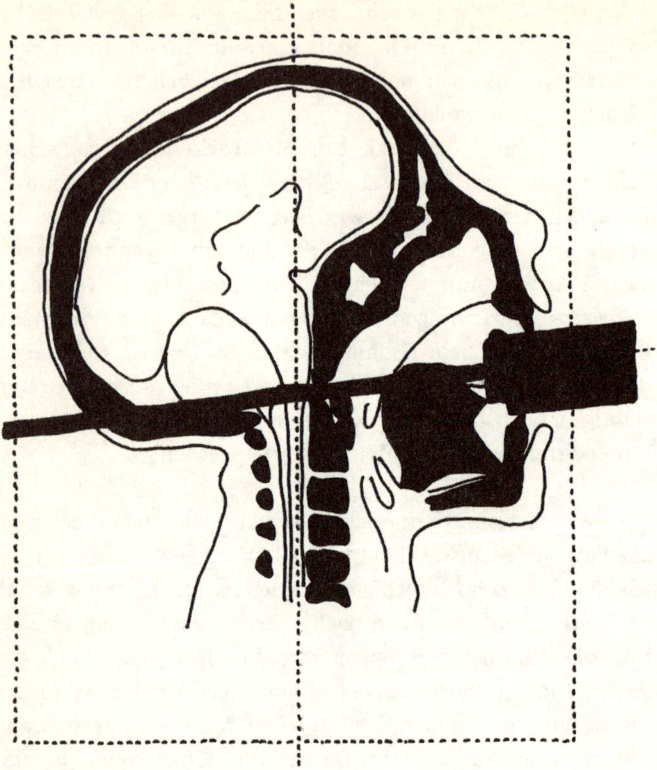

Die Schussbahn nach den Ergebnissen der Autopsie am Gerichtsmedizinischen Institut Lausanne. Nach einer Grafik der Kanzlei Brossollet.

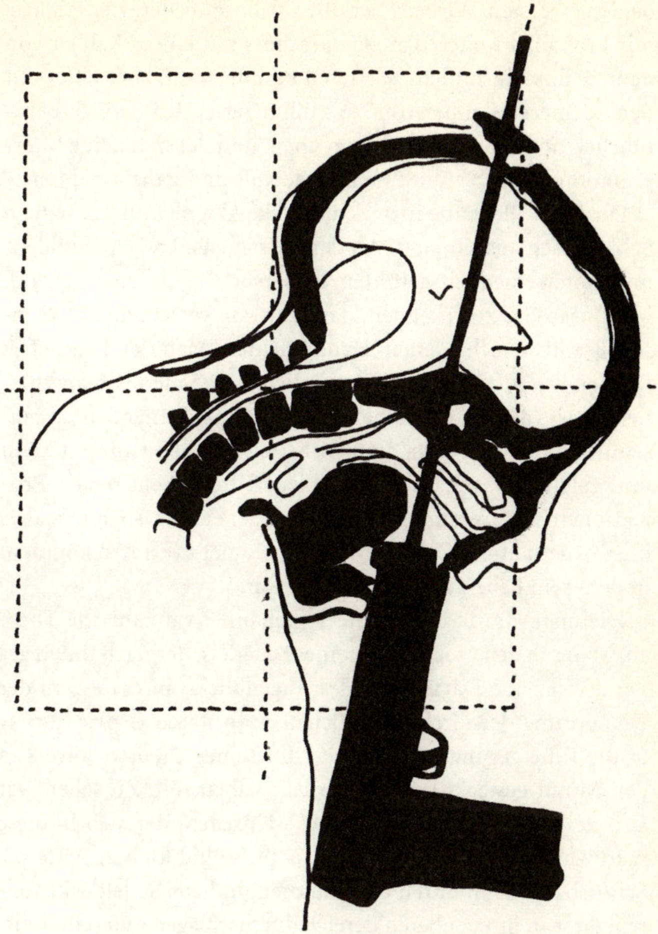

Die Schussbahn nach der Darstellung des Vatikans. Nach einer Grafik der Kanzlei Brossollet.

beiden obersten Wirbeln verkürzt sich dann derart«, erklärte mir Brossollet weiter, dass ein Geschoss mit einem Kaliber von neun Millimetern nicht passieren könnte, wohl aber eines mit dem kleineren Kaliber von 7,6 Millimetern. »Ich habe das ausführlich mit Krompecher besprochen, und der hat meine Interpretation seines Befundes am Ende voll und ganz akzeptiert.«

Luc Brossollet hatte inzwischen dicke Aktenbände auf seinem Schreibtisch ausgebreitet. An den verschiedenen Schriftbildern und unterschiedlich getönten Papiersorten, die er abgeheftet hatte, war klar zu erkennen, dass ihm von verschiedenen Menschen mit verschiedenen Handschriften Material zugeliefert worden war – darunter auch ziemlich viele Seiten von anscheinend etwas älteren Herrschaften, die noch auf einer Schreibmaschine tippten. Er legte eine Diskette in seinen Computer ein und zeigte mir anhand verschiedener dreidimensionaler Projektionen noch einmal, was verschiedene Schussbahnen über die Körperhaltung Cédrics in jenem Moment verraten könnten, in dem sein Leben beendet worden war.

Die erste Grafik bildete die so genannte vatikanische These ab. Man sah den Querschnitt eines Schädels, der nach unten gesenkt war: eine Darstellung des Augenblicks, in dem nach der Behauptung der kirchenstaatlichen Autoritäten Cédric Tornay in die Knie gegangen, sich den Lauf seines Dienstrevolvers in den Mund gesteckt und abgedrückt haben soll. Zu sehen war also der Schädelquerschnitt eines Menschen, der sich in diese merkwürdige Position begeben hatte. Völlig logisch hätte die Schussbahn dann durch den Gaumen in die Schädeldecke führen, diese in ihrem oberen Bereich durchschlagen und schlimmste Zerstörungen anrichten müssen.

Dies aber war nicht geschehen, sowohl nach den Aussagen Muguette Baudats als auch nach den Ergebnissen der von ihr veranlassten zweiten Autopsie in Lausanne – so jedenfalls Luc Brossollet, der den von Dr. Thomas Krompecher, dem Chef des Gerichtsmedizinischen Instituts in Lausanne, erstellten Obduktionsbefund in seinen Akten aufbewahrt.

Die Beschreibung der dort eingezeichneten Schussbahn ist völlig unzweideutig. Von der Mundhöhle aus verläuft sie leicht nach unten, oberhalb des Atlaswirbels, und tritt an der unteren Schädelgrube wieder aus. Die obere Hälfte des Schädels blieb unversehrt. Hingegen war den Gerichtsmedizinern aufgefallen, dass sich zwischen der Hirnhaut und dem Schädelknochen auffällig viel Blut angesammelt hatte. Die Rechtsanwälte und die Experten, die sie zur Interpretation des Befundes herangezogen haben, sind der Meinung, dass dieses Blut nicht von dem Schuss habe stammen können, sondern auf ein von außen beigebrachtes Trauma zurückzuführen sei, etwa einen Handkantenschlag, der den Kopf des Jungen im Bereich der unteren Schädelgrube getroffen haben muss. Dem entsprach der Obduktionsbefund, in dem die Gerichtsmediziner aus Lausanne notierten, dass sie im Kopf des Toten das rechte Felsenbein zertrümmert vorgefunden hatten. Die Ausbreitung einer Blutung im Gehirn führt zu Bewusstlosigkeit und endlich zum Koma; wie lange ein Mensch dann noch leben kann, hängt von verschiedenen Umständen ab. Im Fall Cédric Tornay war, wie die Obduktion in Lausanne ergab, reichlich Blut aus dem Kopf in die Lunge gesickert, was seine Atmung erschwerte und schließlich unmöglich machte. Vor dem Schuss in seinen Mund, der ihn sofort tötete, dürften zehn bis fünfzehn Minuten vergangen sein, in denen er im Koma lag, und zwar nicht in der Wohnung der Estermanns. Wir kommen darauf zurück. »Unsere These ist«, so Brossollet, »dass Cédric in bewusstlosem beziehungsweise komatösem Zustand in die Wohnung der Estermanns geschleppt worden ist, was im Übrigen mit den akustischen Wahrnehmungen der Küchenschwestern übereinstimmt.« Nach einer kleinen Pause fügte Brossollet hinzu: »Und Komatöse morden nicht.«

Jacques Vergès ist einer der berühmtesten Rechtsanwälte Frankreichs. Aber kaum einer der populärsten. Er arbeitet entschieden gegen den Strich der politischen Korrektheit, was ihn eher zu amüsieren scheint. In der Tat, er hat Klaus Barbie verteidigt, ein Scheusal in Menschengestalt, einen Folterknecht schlimmster Art, einen Mann, der auf seine Weise das deutsche Naziregime perfekt abbildete: das verbeamtete Verbrechen an der Menschlichkeit. Ich entsann mich eines Artikels, den Peter Schille, mein genialer Kollege im Auslandsressort des »Spiegel«, über den Prozessbeginn in Lyon geschrieben hatte, und das war ziemlich kurz vor Schilles Tod im Jahr 1990. Es ging um den Prozess, in dem Vergès den »Schlächter von Lyon« verteidigte. Schille hat seine Abneigung gegen den Rechtsanwalt nicht verhehlt: »Maître Jacques Vergès, der sich so gern in der Badewanne fotografieren lässt, damit alle sehen, was für ein sauberer Anwalt er ist, Vergès verteidigt Barbie, indem er den Spieß umdreht. Er klagt an: Frankreich, den französischen Rassismus, Kolonialismus jeder Form, die französische Armee im Algerienkrieg, die Résistance. Die Juden.«

So konnte man es darstellen, aber so richtig stimmig ist dieses Negativporträt von Vergès, das Schille da geliefert hat, nicht. Immer wieder ist der »Advokat des Teufels« nämlich nach genau diesem Punkt befragt worden: Wie kann man Barbie verteidigen?

In der Westschweizer Zeitung »Le Nouvelliste« hat Vergès im November 2002 so geantwortet: »Was ist die Bedeutung dessen, was Barbie gemacht hat? Ich habe ihm gesagt: Behaupten Sie nicht, dass Sie unschuldig sind. Ich würde Ihnen das nicht abnehmen. Aber Sie brauchen auch nicht zu glauben, dass Sie das Ungeheuer sind, als das das Gericht Sie darzustellen versucht. Das ist auch eine Lüge. Sie sind eine Person, die in gewisser Weise typisch für unsere Zeit ist. Sie sind der amerikanische Offizier in Vietnam, der vielleicht sogar Schlimmeres als Sie gemacht hat. Sie sind der russische Offizier aus der Schlacht um Kabul in Afghanistan und der französische Offizier aus der Schlacht um Algier. Von dem Moment an, da ich seinem Verhalten einen Sinn gab, nämlich dass er getan hat, was andere Offiziere in anderen Ländern taten … – da war er nicht mehr das ganz und gar einmalige Ungeheuer in Menschengestalt, als das er dargestellt wurde.«

»Le Nouvelliste«: »Solche Ungeheuer existieren also für Sie nicht?«

Vergès: »Nein. In jedem Menschen muss man die gesamte Menschheit sehen. Das entschuldigt seine Handlungen nicht, aber das zwingt uns, ihm den Respekt und die Würde nicht zu verweigern ...«

An anderer Stelle, in einem Interviewband, den ein jüngerer Kollege der Rechtsanwälte, Jean-Pierre Thierry, veröffentlicht hat, sagt Vergès weiterhin zu diesem Thema: »Ich bekenne mich zu meiner politischen Militanz, aber ich bin auch Rechtsanwalt. Und in dieser Eigenschaft bin ich zutiefst davon überzeugt, dass jeder Mensch das Recht hat, verteidigt zu werden, selbst wenn es sich um einen Nazi handelt, den ich ohne zu zögern getötet hätte, wenn er mir in der Zeit des Widerstands vor das Gewehr geraten wäre. Ich bedaure überhaupt nicht, dass ich das Mandat für Barbie angenommen habe. Es verdeutlicht meine Grundhaltung: dass es weder einen absolut unschuldigen noch einen absolut schuldigen Menschen gibt.«

Jacques Vergès und sein Bruder Paul haben als Zwanzigjährige in der französischen Résistance gekämpft; im Algerienkrieg schlugen sie sich auf der Seite der Aufständischen gegen ihre eigenen Landsleute.

In Kongo und anderen afrikanischen Ländern unterstützten sie die Befreiungsbewegungen. Bequeme Konformisten waren die beiden wahrlich nicht. Und: Wie in Italien waren auch im von den Nazis besetzten Frankreich die Mitglieder des Widerstands eine Minderheit. Es gab schlimme Verräter. Siebzig Kilometer östlich von Lyon, im damaligen Herrschaftsbereich des SS-Untersturmführers Klaus Barbie, lag das Kinderheim von Izieu, in dem jüdische Kinder aus Belgien, Frankreich, Deutschland, Österreich und Polen mit ihren gleichfalls zehn jüdischen Betreuern im Verborgenen lebten. Aber sie wurden verraten. Ein Judas lebte im Dorf, Geld soll eine Rolle gespielt haben. Am 6. April 1944 meldete Klaus Barbie per Fernschreiben nach Berlin die »Festnahme von 41 Kindern im Alter von drei bis dreizehn Jahren«. In der Nähe des Dorfes erinnert heute ein Marmorsäule an die Ermordeten. Sie wird regelmäßig mit Hakenkreuzen beschmiert. Dabei hätte es wahrscheinlich Möglichkeiten gegeben, die Kinder von Izieu zu retten. 1943 hatte ein französischer Widerständler den Erzbischof von Chambery gebeten, jüdische Kinder in den katholische Heimen seiner Diözese verstecken zu dürfen. Aber Monsignore Costa de Beauregard bedauerte: Seine Antwort war nein. Leider reicht es in diesem Zusammenhang nicht, die Entscheidung des Erzbischofs mit seinem fehlenden Mut zu erklären. Die katholische Kirche hat auch anderenorts zu selten ihre Macht genutzt, um den Verfolgten des Naziterrors zu helfen.

Kapitel 10

Die missbrauchte Souveränität

Die gnadenlose Haltung des französischen Kirchenfürsten kam nicht von ungefähr. Im besetzten Frankreich, vor allem aber in Deutschland und in Italien, lebte die katholische Kirche in einem unheiligen Bund mit den Herrschern des Faschismus.

Italien hatte dabei den Weg gewiesen, und der begann im Grunde bereits, als die Truppen des legendären Helden der italienischen Einigung, Giuseppe Garibaldi, im Jahr 1870 das päpstliche Rom eroberten. Der römische Kirchenstaat fiel in sich zusammen wie ein locker gebauter Klötzchenturm. Es war nicht schade um ihn.

In anderen Ländern Europas hatte die Neuzeit ihren Einzug gehalten: mit nationalen Revolutionen, mit rasch um sich greifender Industrialisierung, mit Triumphleistungen der Naturwissenschaften, mit der Entwicklung eines selbstbewussten Bürgertums und einer kämpferischen Arbeiterklasse. Der römische Kirchenstaat hingegen war ein Hort der Reaktion geblieben: »Gegen 1870 übertraf nur das zaristische Russland das päpstliche Herrschaftsgebiet an Unterdrückung und Gewalt gegen die Untertanen«, schreibt der Kirchenhistoriker Peter de Rosa. »Es gab keine Freiheit des Gedankens oder des Ausdrucks und keine Wahlen. Bücher und Zeitungen wurden zensiert. Juden wurden erneut in Gettos gesperrt. Die Justiz war ein blinder hungriger Löwe. Rom war ein Polizeistaat unter päpstlicher Flagge, mit Spionen, Inquisitoren, Repressalien, Geheimpolizei und Hinrichtungen für Bagatellevergehen. Eine kleine, korrupte, sittenlose eng verbundene klerikale Oligarchie herrschte im Namen seiner Heiligkeit mit eiserner Knute.«

Der herrschende Pontifex Pius IX. war ein fanatischer Reaktionär, der Kirche und Gesellschaft ins Mittelalter zurückführen wollte. In seinem »Syllabus der Irrtümer« hatte er sämtliche Werte der Neuzeit seiner päpstlichen Verdammung anheim gegeben, so etwa die Auffassung, »dass jedermann frei sei, seine Religion zu wählen« oder sich von der Vernunft leiten zu lassen. Die Kirche hätte weiterhin »Macht, Gewalt anzuwenden«; sie verfüge über »Immunität vor bürgerlichem Recht«. Die katholische Religion müsse rings um die Welt »die einzige Staatsreligion« bleiben, während alle anderen religiösen Bekenntnisse »auszuschließen« seien. Auf dem 1. Vatikanischen Konzil (1869 bis 1870) ließ Pius IX. zudem ein theologisches Kauderwelsch kodifizieren, das schon damals haarsträubend wirkte. So wurde die »jungfräuliche Geburt« der Mutter Jesu, Maria, zu einer Glaubensdoktrin erhoben, wurden Lehrmeinungen des Papstes für »unfehlbar« erklärt. Einigen seiner weitsichtigeren Kardinäle waren diese wahnwitzigen päpstlichen Ansprüche überaus peinlich, und sie blieben entschuldigt der Abschlusssitzung des Konzils fern, auf der sie kodifiziert wurden.

Für den Verlust seines atavistischen Staatswesens im Jahr 1870 wurde zudem eben dieser Papst nicht schlecht entschädigt. Das so genannte Garantiegesetz verbürgte dem Katholikenoberhaupt die freie Ausübung der Kirchenregierung, den exterritorialen Besitz des Vatikans und der päpstlichen Sommerresidenz in Castel Gandolfo. Es garantierte dem Heiligen Vater Schutz vor den italienischen Gesetzen; auch seinem diplomatischen Korps und dem Klerus sicherten die Garantiegesetze Immunität vor Strafverfolgung durch italienische Behörden zu – ein sehr verhängnisvoller Schritt. Als Entschädigung für seine verloren gegangenen Besitzungen versprach der junge italienische Staat dem Papst eine riesige jährliche Apanage, die damals mehr als fünf Prozent des italienischen Staatshaushalts ausmachte. Papst Pius IX. hätte es nicht besser treffen können.

Aber der Hauptgewinn sollte noch kommen: die erneute staatliche Souveränität für das winzige päpstliche Gemeinwesen. Ein faschistischer Diktator, Benito Mussolini, hielt es für opportun, dem Regierungszentrum der katholischen Kirche in Rom jene völkerrechtliche Unabhängigkeit zurückzugeben, die es im Jahr 1870 verloren hatte. Mussolini brauchte die Katholiken zur Festigung seiner Macht, und jene dürstete es nach ihrer jahrzehntelangen Abstinenz von der Politik nach weltlichem Einfluss. Für die Unterstützung seines antidemokratischen Staatswesens durch die katholische Kirche räumte Mussolini ihr in den so genannten Lateranverträgen, unterzeichnet am 11. Februar 1929, unerhörte Privilegien ein:

Mit seinen 44 Hektar Grund und Boden, zuzüglich der Laterankirche und des Sommersitzes des Papstes in den Albaner Bergen wurde dem Rest des ehemals ausgedehnten Kirchenstaates unter der Bezeichnung »Stadt des Vatikanstaates« die volle völkerrechtliche Souveränität gewährt – wobei diesem »Gebilde« eine Grundvoraussetzung für eben diesen Status fehlte und fehlt: ein Staatsvolk. Die knapp dreihundert (theoretisch) zölibatären Kleriker, die in der »Stadt des Vatikanstaats« leben und nach kanonischem Recht keine Kinder haben dürfen, sind kaum als solches anzusehen. Die maximal hundert Küchenschwestern, Putzfrauen und Sekretärinnen, die ihnen zu Diensten sind, bessern das mangelhafte Konzept nicht auf. Aber solche Petitessen wurden beim Abschluss der Lateranverträge nicht behandelt.

Ihr Kernstück bildet ein Konkordat. Es legt in seinem wichtigsten, bis 1954 gültigen Punkt fest, dass die »katholische und apostolische Religion die einzige Religion des Staates« ist. Klerikern in Italien wird zudem die fast gänzliche Freiheit von der Verpflichtung eingeräumt, sich an die Gesetze des Landes zu halten. Sie genießen faktische Immunität vor strafrechtlicher Verfolgung, sie brauchen keinen Militärdienst zu leisten, keine Steuern zu zahlen und können Waren nach Belieben in ihrem Zwergstaat ein- und ausführen. Die Lateranverträge brachten dem neuen katholischen Kirchenstaat auch unermesslichen Reichtum: Jene jährliche Entschädigungszahlung, die Papst Pius IX. nicht hatte annehmen wollen, wurde nun mit Zinsen und Zinseszinsen vom italienischen Staat in vollem Umfang ausgezahlt. Diese »Schulden« des italienischen Staates beim Papsttum waren in fünf Jahrzehnten zu einer damals astronomischen Summe angewachsen, von der 3,5 Milliarden Lire ausgezahlt wurden. Mit einem Federstrich stieg auf diese Weise der neu begründete Kirchenstaat zu einer führenden Finanz- und Wirtschaftsmacht auf, was seine Tugend nicht mehren sollte.

Der plötzliche, unermessliche Reichtum des »Staates der Vatikanstadt« trieb üppige Früchte, allesamt geschützt vor dem Zugriff jedweder Gesetze des Landes, welches das anomale »Gebilde« beherbergt. Hinter den ehrwürdigen, alten Mauern, die es umziehen, war – und ist – nachgewiesenermaßen alles möglich. Geldwäsche aus dem Drogenhandel der organisierten Kriminalität. Zinswucher. Betrügerischer Bankrott, mit zigtausenden von Menschen, die ihre Lebensersparnisse verlieren.

Mit dem simpelsten aller Finanzvergehen, der Steuerhinterziehung, hatte in den sechziger Jahren der asketische, durchgeistigte Papst Paul VI. begonnen. Er heuerte nämlich einen Banker namens Michele Sindona an, den ausgewiesenen Finanzexperten sowohl der sizilianischen als auch der amerikanischen Mafia. »Wir sollen Steuern zahlen, sagen uns die Italiener«, murrte der Papst. Paul VI. kannte Sindona schon aus seiner Amtszeit als Kardinal in Mailand: Er selbst hatte ihn dort als Finanzberater angestellt, um Steuern zu umgehen, auf die der italienische Staat durchaus Anrecht hatte. Mit dreißig Prozent wollte Italien an den Gewinnen der vatikanischen Investitionen in der italienischen Wirtschaft – von der Waffen- bis zur Pharmaindustrie – beteiligt werden. Das gefiel Seiner Heiligkeit nicht. Darum wies der Papst den sizilianischen Banker an, für das schier unermessliche Finanzkapital des Vatikans ertragreiche Weidegründe im Ausland zu finden. Über das vatikaneigene Istituto per le Opere di Religione, kurz IOR genannt, war das ein Kinderspiel. Finanzkriminalität wurde zu einem Hobby der obersten Kirchenfürsten.

Viele ihrer anrüchigen Projekte sind bestens erforscht und gründlich belegt. Sie wurden in ernst zu nehmenden Büchern beschrieben oder in Akten der italienischen Staatsanwaltschaft niedergelegt, die immer wieder versuchte, Männer der Kurie zur Verantwortung zu ziehen. Doch ihre Versuche, diese zu verhören, sie gar zu verhaften, scheiterte immer wieder an der unüberwindbaren Mauer der staatlichen Souveräntität des Vatikans.

Ein gründlich dokumentiertes Projekt, ausgeheckt unter Papst Paul VI. von dem damaligen Kardinalstaatssekretär Tisserant und dem Chef des IOR, der Vatikanbank, Paul Marcinkus, war der Plan, bei der amerikanischen Mafia gefälschte Aktien und Schuldverschreibungen zu ordern. Nach den Recherchen des »New York Times«-Reporters Richard Hammer, belegt durch Abhörprotokolle der FBI und des Bundesnachrichtendienstes, sollen durch das trübe Geschäft am Ende mindestens vierzehn Millionen Dollar in den Kassen des Vatikans gelandet sein. Rechtliche Schritte hat der Vatikan gegen das sensationelle Buch nicht unternommen. Auf europäischer Seite war der Österreicher Leopold Ledl, ein Finanzpfiffikus mit weltweiten Geschäftsbeziehungen, an dem Unternehmen beteiligt. Der mischte – nach seinem autobiografischen Buch »Im Auftrag des Vatikans« – auch bei anderen heiklen Geschäften der Kirchenmagnaten mit. In den sechziger Jahren zum Beispiel beherrschte der Vatikan noch Teile der pharmazeutischen Industrie in Italien, vor allem jenen Zweig, in dem die empfängnisverhütende Pille hergestellt wurde. Mit der Enzyklika »Humanae Vitae«, die Katholikinnen den Gebrauch der Pille verbot, schnitt sich der Kurienstaat daher böse ins eigene Fleisch. Das konnte nicht geduldet werden – also wurde der Schlaumeier Leopold Ledl damit beauftragt, den Export der Pille vor allem in jene katholischen Länder wie Francos Spanien zu organisieren, in denen die pharmazeutische Empfängnisverhütung unter strengen Strafen verboten war. Die besten Gewinne ließen sich freilich bei Belieferung des indischen Subkontinents mit den vatikanisch hergestellten Pillen erzielen – von viereinhalb Millionen Dollar spricht Ledl in seinem Buch. Auch gegen diese Veröffentlichung unternahm der Vatikan keine rechtlichen Schritte.

Ein vatikanischer Prälat, der eben diese Situationen seit mehr als zwei Jahrzehnten von innen beobachtet und sie unerträglich findet, hat all seinen Zorn in ausführliche Aufzeichnungen fließen lassen. Darin bezeichnet der Kleriker den Pseudostaat, in dem er lebt und arbeitet, als »Königreich der Unberührbaren«. In den Jahrzehnten, die seit dem Konkordat Mussolinis mit der katholischen Kirche vergangen sind, sei der Vatikan »ein undurchsichtiger Schirm geworden für jede Art von geheimen und illegalen Unternehmungen, die von der totalen Immunität gedeckt werden, welche die völkerrechtliche Doppelsouveränität dem Apostolischen Stuhl ebenso gewährt wie seiner territorialen Hülle, dem Staat der Vatikanstadt. Das Doppelstaatswesen des Papsttums erlaubt seinen herrschenden Vertretern in der gesamten Welt, Geschäfte zu betreiben, die weder vom allgemeinen Völkerrecht noch von den Gesetzen der Länder gedeckt sind. Zwar hat sich der Heilige Stuhl vielen internationalen Verträgen angeschlossen, aber sie allesamt nicht ratifiziert, um unberührbar zu bleiben. Die Finanzorgane des Vatikanstaats, das IOR und das APSA [Allgemeine Verwaltung des Besitzes des Heiligen Stuhls], erfreuen sich auf den internationalen Märkten aller denkbarer Privilegien, vor allem aber einer totalen und absoluten Immunität. Niemand kann ihre Aktivitäten überprüfen, weder von innen noch von außen ... Die Kirche und der Papst wollen die Moral der ganzen Welt bestimmen, weit über den Bereich der katholischen Welt hinaus. Sie haben für alles und jedes sofort eine Meinung, aber in ihrem eigenen Liliputstaat werden diese hoch stehenden Prinzipien nicht angewendet.« Derselbe Prälat, der das auf Italienisch 1997 veröffentlichte Buch von Leopold Ledl erst kürzlich gelesen hatte, kommentierte: »Alles, was der Mann geschrieben hat, stimmt, und alles läuft heute noch genauso.«

Dieser Kleriker hatte anfangs nicht glauben wollen, was der britische Autor David Yallop in seinem umfänglichen Werk »Im Namen Gottes?« postuliert hatte: dass nämlich der Vorgänger von Papst Karol Wojtyla, Johannes Paul I., der nach einem Pontifikat von nur 33 Tagen völlig unvermutet tot in seinem Bett aufgefunden worden war, aus vatikaninternen Gründen ermordet worden sei.

Ich besprach das Thema eines Tages mit meinem behäbigen Freund. Der suchte eine Weile, dann entsann er sich, wo er deponiert hatte, was er mir zeigen wollte. Er schritt zu einem kleinen Wandtresor. Dem entnahm er eine mit Papieren voll gestopfte Mappe, in der er eine Weile herumblätterte. Schließlich reichte er mir einen größeren Zettel, dessen obere linke Ecke das päpstliche Siegelwappen zierte, aber nicht verriet, welcher vatikanischen Institution das Blatt Papier zuzuordnen sei. Mit Schreibmaschine erstellt, trug das Dokument den simplen Titel: »Totenschein«.

Darunter stand folgender Text: »Ich bescheinige, dass Seine Heiligkeit, Johannes Paul I., Albino Luciani, geboren in Forno di Canale (Belluno) am 17. Oktober 1912, im Apostolischen Palast am 28. September 1978 um 23 Uhr an einem ›plötzlichen Tod durch einen akuten Herzinfarkt‹ verstorben ist. Der Tod ist am 29. September um 6 Uhr morgens festgestellt worden.

Vatikanstadt, den 29. September 1978.«

Es folgt die Unterschrift eines Renato Buzzonetti, der darunter in Maschinenschrift als ebendieser vorgestellt wird. Aber seine Funktion in päpstlichen Diensten bleibt unerwähnt: Buzzonetti war schlicht der Leibarzt von Johannes Paul I. und hat in dieser Funktion auch dem Nachfolger des 33-Tage-Papstes, Johannes Paul II., gedient. Zur Ausstellung des Totenscheines des so plötzlich Verblichenen war er aber nicht berechtigt.

Ich starrte sprachlos auf das Schreiben. »Und wer war in Wirklichkeit zuständig?« »Das war Professor Fontana, damals Chef des vatikanischen Sanitätsdienstes. *Er* hätte einen amtlichen Totenschein auf einem amtlichen Formular ausstellen müssen. Aber er hat sich geweigert, und zwar so lauthals, dass es von der dritten Loggia in die zweite hallte. Auf Druck des Staatssekretariats hat Buzzonetti dann diesen unwürdigen Wisch auf seiner eigenen Schreibmaschine getippt. Ein gültiges Dokument ist es nicht.«

Immerhin: Der britische Autor David Yallop hätte sich gefreut, wenn es ihm als ein zentrales Beweisstück für seine These von der Ermordung des »lächelnden« Papstes durch seine eigenen Leute vorgelegen hätte. Einige Parallelen zum dreifachen Mord bei der Schweizergarde sind augenfällig. Keine offizielle Autopsie, die Fachleuten zugänglich gemacht wird. Keine ernst zu nehmende Untersuchung und bleiernes Schweigen über das unerklärliche Ende der Toten.

Kapitel 11
Der Vatikan schlägt zurück

8. Februar 1999. Auf der Kuppel des Pantheons, auf die ich von meinem Schreibtisch aus blickte, schimmerte Raureif. Taubenschwärme belagerten die gewaltige Halbkugel, mal sich niederlassend, mal nervös auseinander flatternd. Sobald ich meinen Drehstuhl mit einer Hüftbewegung nach links schob, war die

Mattscheibe des Fernsehers in meinem Blickfeld, über die in gleichmäßiger, unaufhaltsamer Bewegung die Nachrichten der italienischen Agentur Ansa wanderten: ein ständiger Strom von Neuigkeiten, der das Pantheon relativierte, eine der wohl genialsten geometrischen Lösungen der europäischen Architekturgeschichte, in der es anonymen römischen Baukünstlern im 2. Jahrhundert nach Christus gelungen war, eine Halbkugel auf einen Zylinder zu setzen. Wiewohl der majestätische Blick auf das Pantheon wiederum die kurzlebigen Ansa-Nachrichten auf ihren überaus minimalen Platz in der Menschheitsgeschichte verwies. Ein Gedankenspiel, das mir in den Sinn kam, einen Moment lang, wie schon oft zuvor in dieser Stadt, in der die Vergangenheit derart präsent ist, dass man sich leicht wie ein Zeitreisender vorkommt, der nicht weiß, in welchem Jahrhundert er gerade gelandet ist.

An diesem 8. Februar 1999 siegte jedoch um 10.23 Uhr die Aktualität über die Historie. Um zwölf Uhr, so las ich vom Bildschirm, würde Joaquín Navarro-Valls die Ergebnisse der »Ermittlungen des Tribunals des Staates der Vatikanstadt zum Tod des Kommandanten der Schweizergarde, Alois Estermann, seiner Frau, Gladys Meza Romero, und des Vizekorporals Cédric Tornay am 4. Mai 1998« vorstellen.

Das scheuchte mich hoch. Ich zog meine Jogging-Schuhe an, die ich normalerweise vermied, wenn ich mich auf Pressekonferenzen, besonders auf vatikanische, begab; ich nahm meinen Ausweis für das Pressezentrum des Apostolischen Stuhls an der Via della Conciliazione und rannte los.

Aber die Pressekonferenz des Obersten Verlautbarers war abgesagt worden. Der klösterlich kleine Holzkasten, in dem damals noch die Mitteilungen des Heiligen Stuhls dargeboten wurden, sah trostlos leer aus: Das Bulletin war vergriffen. Auf der anderen Seite des Vorraums, dort, wo Suor Giovanna über das Vorzimmer des Sprechers regiert, hatte sich bereits ein Trupp verärgerter weltlicher Journalisten angesammelt, die Nachschub forderten. »Heute nicht«, sagte die Nonne in jenem unerbittlichen Ton, in dem die katholische Kirche seit jeher Forderungen abweist, die ihr nicht genehm sind.

Auch die »vaticanisti«, die ständigen Korrespondenten beim Papst, verhalten sich in der Regel nicht besonders kollegial. An diesem sonnigen, wenn auch kühlen Februarmorgen im Jahr 1999 brachen jedoch einige Mitglieder des vatikanischen Pressekorps ihre Normen und gaben ein Schriftstück an ihre Kollegen aus aller Welt weiter. Kopiergeräte besorgten den Rest. Schon eine halbe Stunde nach meinem Sprint vom Pantheon in Richtung Peterskirche saß ich mit einigen Freunden von der Auslandspresse in der Kantine des Gebäudes, damals noch in der Via delle Mercede, um das Dokument zu studieren, das uns die endgültige vatikanische Wahrheit über das Verbrechen bei der Schweizergarde vermitteln sollte. »Neun Seiten?«, lachte Antonio Mendoza, Korrespondent aus Venezuela. »Erscheint euch das nicht dürftig?« Philip Willan wiederum, der Engländer, der namenlos im Hintergrund die Kärrnerarbeit für den Bestseller »Im Namen Gottes?« von David Yallop geleistet hat, fragte: »Wer hat diesen Wisch denn eigentlich unterschrieben? Wer ist der Verfasser?«

In der Tat: Das aus acht Blättern bestehende Konvolut war nicht unterzeichnet. Die vorangestellte »Information« des Presseamtes teilte lediglich mit, der Ermittlungsrichter des vatikanischen Tribunals, Gianluigi Marrone, habe die Einstellung der Nachforschungen angeordnet.

Auf seiner Titelseite präsentiert sich das Bulletin Nr. 55/99 mit der schlichten Angabe: »Informationen über die Ermittlungen zu dem am Abend des 4. Mai 1998 erfolgten Tod des neuen Kommandanten der Schweizergarde, Alois Estermann, seiner Gattin, Frau Gladys Meza Romero, und des Vizekorporals der Garde, Cédric Tornay«.

Auf Blatt 2 wiederum wird das Schriftstück mit einer pompösen Einleitung präsentiert, einem verbalen Trommelwirbel, der wie die grotesk-komische Ankündigung einer Disney-Parade wirkt. Für die vatikanischen Ermittlungen seien zehn Gutachten

»nekroskopischer, anatomisch-histologischer, toxologischer, ballistischer, technisch-telefonischer Natur« von »illustren Experten« erstellt worden. Fünf Polizeiberichte seien den Ermittlern vorgelegt, 38 »über die Fakten informierte Personen« verhört worden; auch habe es zahlreiche Anfragen an Behörden des Vatikanstaats gegeben. Des Weiteren habe man fotografische Dokumentationen ausgewertet, und schließlich sei auch die Schweizer Bischofskonferenz zu Rate gezogen worden. Was das letztgenannte Gremium zur Aufklärung des Verbrechens beigetragen haben könnte, bleibt unklar. Das gesamte Schriftstück, aus dem die Pressestelle diesen Text komprimiert hat, soll – nach einer mündlichen Angabe von Joaquín Navarro-Valls – etwas über fünfhundert Seiten umfassen, ein schmaler Band also gemessen an den Tausenden von Seiten, die gerichtliche Ermittlungsakten in der wirklichen Welt in der Regel füllen. Auch in der bizarren Realität des Apostolischen Stuhls wird normalerweise nicht mit Worten geknausert, wenn es gilt, ein Thema grundlegend zu erforschen. Das im Juni 1999 veröffentlichte Dossier über die Seligsprechung von 108 polnischen Märtyrern beispielsweise, erarbeitet von der Kongregation für die Selig- und Heiligsprechungsverfahren, umfasst nicht weniger als 915 000 Seiten.

Nach der bombastischen Ankündigung der zahlreichen Gutachten »illustrer«, wenn auch namenloser Experten bleibt der Leser des vatikanischen Bulletins bitter enttäuscht. Keine dieser hochtönenden Expertisen wird zitiert; was auf den acht verbleibenden Seiten des Dokuments folgt, ist ein Flickenteppich von Aussagen anonymer Zeugen, die meisten von ihnen völlig belanglos.

Aber in unserem Zusammenhang muss dieser Papierbrei leider großenteils geschluckt werden. Immerhin geht es um den Tod dreier Menschen und die Weigerung des Vatikans, die Mordfälle korrekt aufzuklären. Gleichsam als Trost für das nun Folgende sei angemerkt, dass diesem Schriftstück in all seiner dumpfen Schwerfälligkeit, Widersprüchlichkeit und intellektuellen Unterbelichtung durchaus komische Seiten abzugewinnen sind. (Die durch Pünktchen gekennzeichneten Auslassungen stammen übrigens aus dem Dokument, nicht von mir.)

Völlig überraschend kommt als Erster und in großer Ausführlichkeit ein spanisch sprechender »Freund der Familie Estermann« aus dem mittelalterlichen umbrischen Städtchen Orvieto zu Wort, der am 7. Mai vernommen worden sein und gesagt haben soll:

»Am Abend des 4. Mai 1998 um 20.46 Uhr habe ich bei der Familie Estermann angerufen, um ihr meine Glückwünsche zur Ernennung von Alois auszusprechen und ihr meine Grüße auszurichten … Über diese Zeitangabe bin ich mir sicher, weil ich das Pendel [?] meiner Standuhr gesehen habe, das 20.46 Uhr anzeigte. Auf meinen Anruf antwortete die Signora Gladys, mit der ich einige Minuten lang in einer heiteren und gelassenen Unterhaltung redete. Wir haben unter anderem von meiner Gesundheit gesprochen, weil ich erkältet war und Signora Gladys mir sagte, dass ihr Ehemann unter derselben Unannehmlichkeit zu leiden habe. Daher habe ich ihr ein Medikament gegen Erkältungen empfohlen, Ventolin. Die Signora zeigte sich interessiert und wiederholte den Namen des Arzneimittels, um sicher zu sein, den Namen richtig verstanden zu haben, weil sie es, so sagte sie mir, ihrem Mann auch geben wollte.

Weiterhin in gelassener Stimmung, hat sie mich dann an ihren Gatten weitergereicht, damit ich ihm persönlich gratulieren könne. Dann habe ich mit Alois gesprochen, der wie gewöhnlich etwas zurückhaltender war als seine Frau, auch diese Unterhaltung war jedoch angenehm; mit beiden habe ich Spanisch gesprochen. Wir haben dann von der kommenden Einschwörungsfeier gesprochen und davon, was ich unternehmen müsste, um mit meiner Frau und meiner vierjährigen Tochter, einem Patenkind der Estermanns, daran teilzunehmen … Alois hat mir auch gesagt, wo ich das Auto parken könnte. Weiterhin haben wir über das Wetter geredet, ich war besorgt, weil ich Voraussagen gehört hatte, dass es regnen würde. Alois war jedoch zuversichtlich und versprach mir, dass am 6. Mai schönes Wetter sein würde. An dieser Stelle habe ich eine Unterbrechung des Gesprächs gehört, als ob der Hörer auf eine weiche Unterlage gelegt worden sei. Kurz danach habe ich Stimmen gehört, von denen ich eine als die der Signora identifizierte, dann ein weiteres Stimmengeräusch und einen deutlichen Schlag aus nächster Nähe, dann einen weiteren Schlag aus einer gewissen Entfernung und schließlich andere, weiter entfernte Schläge ... Ich muss offen sagen, dass ich nicht an Schüsse gedacht habe, obwohl das erste Geräusch im Nachhinein vielleicht schon an den Einschlag eines Revolvers erinnert haben könnte. Damals dachte ich freilich vielmehr, dass es irgendeine Unterbrechung gegeben habe, vielleicht einen wichtigen Besuch, und dass der Hörer mit einer gewissen Heftigkeit hingefallen sei. Daher habe ich aufgelegt und gedacht, dass wir in einem geeigneteren Moment noch mal miteinander reden würden.«

So weit der Unbekannte, der »Schläge« vernommen hat, von denen einer möglicherweise, so sagt er, ein Revolverschuss gewesen sein könnte. Die Sig Sauer 75, eine schwere Kriegswaffe, mit der die Estermanns angeblich erschossen wurden, hätte zweifellos sehr viel eindrucksvollere akustische Wahrnehmungen hervorgerufen. Was hingegen in diesem Protokoll anklingt – wenn es denn überhaupt eine echte Zeugenaussage teilweise wiedergibt –, könnte eine mit einem Schalldämpfer versehene Waffe gewesen sein.

Auch den Verfassern des Berichts schien so etwas zu dämmern, denn im nächsten Absatz ergreifen sie wieder selbst das Wort und verwandeln die »Schläge«, die der Mann aus Orvieto gehört haben will, in »Explosionen« – aber die hätten natürlich ihren dröhnenden Schall über den gesamten, nicht besonders großen Kasernenbereich verbreiten müssen. Und wäre es wahr, dass Alois und Gladys Estermann sowie Cédric Tornay durch Schüsse aus einer Sig Sauer ihr Leben verloren haben, dann hätte der Mann aus Orvieto ganz gewiss kurz hintereinander mehrfaches, gewaltiges Donnern vernommen. Aber das scheint den Verfassern des Berichts nicht klar zu sein. Stattdessen bieten sie waghalsige Schlüsse an: »Aus dieser Erklärung und dem vorher Gesagten ist abzuleiten, dass im Moment der Explosionen die Eheleute Estermann und Tornay zugegen waren, während die Familie der Estermanns im Begriff war, im Ulmenhof [im Innern des Vatikans, vor der Kaserne der Schweizergarde] einzutreffen (Aussage des Sergeanten … vom 23. Juni 1998).«

Das »vorher Gesagte« – von ziemlich großer Wichtigkeit natürlich im Zusammenhang mit der Behauptung, dass sich Cédric Tornay in diesem Moment in der Wohnung der Estermanns befand – wird dem Leser des Bulletins verschwiegen. Desgleichen bleibt unklar, ob der am 23. Juni, also sechs Wochen nach dem Verbrechen, vernommene Sergeant sich mit seiner Aussage auf die Anwesenheit von Tornay oder auf die Ankunft der Familie Estermann bezogen hat.

Doch der größte Teil des Schriftsatzes vom 8. Februar 1999, des einzigen offiziellen Dokuments, das der Heilige Stuhl zum Thema veröffentlicht hat, wird einer fantasmagorischen Jagd nach einem angeblichen »vierten Mann« in der Wohnung der Estermanns gewidmet, von dem das Tribunal nur eines will: nachweisen, dass es ihn *nicht* gab. »Die Ermittler haben sich an diesem Punkt die Frage gestellt, ob im Moment des Verbrechens eine vierte Person (oder sogar mehrere) in der Wohnung der Estermanns anwesend war, wie von einigen behauptet wird. Dem wäre vorauszuschicken, dass der Kasernenbereich der Schweizergarde von außen nicht leicht zu erreichen ist, weil am Sankt-Anna-Tor als Erstes der Kontrollpunkt der Schweizergarde überwunden werden muss, gefolgt von der Absperrung der päpstlichen Gendarmerie, die unmittelbar dahinter liegt. Es ist daher äußerst unwahrscheinlich, dass Außenstehende in das Quartier der Schweizergarde gelangen können, besonders zu so später Stunde. Es sei daran erinnert, dass – wie bereits erwähnt – die Ankunft der Familie Estermann sofort bemerkt wurde.«

Die Anwesenheit einer vierten Person wird also, so heißt es, »von einigen behauptet«. Wer diese Leute sind, wird nicht gesagt. Aber den Verfassern des Berichts scheint es überaus wichtig zu sein, diese hypothetische vierte Person aus der Szenerie zu entfernen. Das ist kein Wunder. Die Haltbarkeit der vatikanischen Konstruktion hängt davon ab, dass niemand anders als Cédric Tornay zugegen war. Schließlich soll er der Mörder sein – und niemand darf ihn bei seiner verbrecherischen Tat gesehen haben. Ein Zeuge könnte am Ende vor ein Gericht gezwungen werden, und die Verfasser des merkwürdigen Schriftstücks wissen natürlich, dass er die vatikanische These dann nicht bestätigen würde. Deshalb heißt es im Text weiter:

»Die hypothetische Anwesenheit einer vierten Person – ob Außenstehender oder Bewohner des Quartiers – wäre jedoch leicht zu bemerken gewesen, weil es außerordentlich klein ist und eher einem Wohnblock gleicht, in dem jeder jeden kennt. Ein Beweis dafür liegt in der Leichtigkeit, mit der es dieser Ermittlungsbehörde gelang, alle Schritte des Vizekorporals Tornay im Innern des Kasernenbereichs zu rekonstruieren, nachdem dieser von seinem Dienst bei der Synode zurückgekehrt war.« Alles klein und überschaubar also. Wie hätte da ein wild gewordener Mörder auf dem Weg zum Ort seines dreifachen Verbrechens übersehen worden sein können. Ist er auch nicht, sagt das vatikanische Schriftstück. Nach dem Bulletin wurde Cédric Tornay auf dem Weg zum Tatort gesichtet, und zwar gleich mehrfach.

»Obiges vorausgesetzt, sei daran erinnert, dass Tornay – zum dritten Mal, wenige Minuten vor 20.59 Uhr – im zweiten Torbogen den Weg des Sergeanten … und des Korporals … kreuzte. Er trug die schwarze Lederjacke, die an dem Leichnam gefunden wurde, und er war allein. Die erwähnten Offiziere haben gesehen, wie Tornay den Ehrenhof überquerte und den ersten Torbogen betrat, in dem sich der Eingang zur Kommandantur und zu den Wohnungen der Offiziere befindet und der in den Ulmenhof mündet. Die beiden Torbögen liegen nicht auf einer Achse, und die beiden Offiziere haben ihn daher nur bis zu seinem Eintritt in den ersten Torbogen sehen können.«

All dies klingt wie amtliche Juristensprache und ist doch, genauer betrachtet, überhaupt nicht schlüssig: weder räumlich noch zeitlich. Im Blick auf die räumlichen Verhältnisse sei zunächst an die einfache Grundkonstruktion des Kasernenkomplexes erinnert: drei parallele, längliche Gebäude, getrennt durch den etwa fünfzehn Meter breiten Ehrenhof. Die Aufgänge zu den Wohnräumen münden in beiden Fällen in die erwähnten Torbögen, die sich in der Tat nicht genau gegenüberliegen. Aber die Aussagen der beiden Offiziere wecken dennoch einige Zweifel. Es heißt, Tornay sei ihnen entgegengekommen – also aus dem Gebäude der Gardisten. Sergeant X und Korporal Y müssten also stehen geblieben sein und sich umgedreht haben, wenn sie bemerkt haben wollen, dass der ihnen entgegengekommene Gardist im ersten Torbogen verschwand. Erstaunlich ist auch, dass den beiden Zeugen nichts am Verhalten und am Aussehen Tornays aufgefallen ist: Nach den vatikanischen Angaben aus der Tatnacht hatte Tornay ja in einem »Anfall von Verrücktheit« gehandelt. Wäre dem so, hätte Cédric Tornay kaum mit fröhlichem Gesicht und in aller Ruhe über den Hof schlendern können, die voluminöse Dienstpistole bereits in der Hand oder in seiner knappen, modischen Lederjacke verborgen. Ein vom Wahnsinn Getriebener, der Minuten später zwei Menschen und dann sich selbst niederschießt, hätte dem geschulten Wachpersonal wohl ins Auge fallen dürfen.

Auch die im »Bulletin« angegebenen Uhrzeiten widersprechen sich. Der Ohrenzeuge aus Orvieto will haargenau um 20.46 Uhr angerufen haben. Er wechselt ein paar Worte mit Gladys Estermann, dann spricht er kurz mit Alois über Modalitäten seiner Teilnahme an der Feier und hört daraufhin die »Schläge«. Nach der angeblichen Aussage der beiden anonymen Offiziere wird Tornay »wenige Minuten vor 20.59 Uhr« gesichtet, als er seine Kaserne verlässt und den Ehrenhof überquert. Schon die Zeitangabe ist widersinnig: 20.59 Uhr ist eine präzise Uhrzeit – was ist dann unter »wenige Minuten« davor zu verstehen? Nach dem belanglosen Wortwechsel zwischen dem namenlosen, Spanisch sprechenden Mann aus Orvieto und den

Estermanns müssten also bereits mindestens dreizehn Minuten vergangen sein, bevor sich der angebliche Täter auf den Weg in die Wohnung des Kommandanten begab: eine kleine Ewigkeit für den wiedergegebenen Smalltalk.

Von den Aussagen anderer Zeugen, die nach der Mordtat in römischen Zeitungen veröffentlicht wurden, wissen wir zudem, dass das Verbrechen kurz nach 20.45 Uhr geschah.

Doch die beiden Zeugen kommen im Bulletin an dieser Stelle wahrscheinlich auch nur deshalb zu Wort, weil sie bestätigen sollen, dass Tornay allein war; es geht ausschließlich um den Beleg der Nichtanwesenheit einer vierten Person am Tatort. Und diese wird zu einer wahren Obsession der Berichterstatter: »Hypothetisch hätte Tornay eine vierte Person am Eingang zum Wohnhaus der Offiziere treffen können, um mit ihr die Treppen zur Wohnung der Estermanns hochzugehen, aber die Schwester ..., die, wie erwähnt, wenige Sekunden vor Tornay eingetroffen und mit dem Lift in den zweiten Stock gefahren war, hat präzisiert, dass sie im Treppenhaus Schritte gehört hat, die von einer einzigen Person herrührten.«

Mit dieser Erwähnung der Küchenschwester – es handelt sich um Schwester Marie Frowine Helfenberger – wird die zeitliche Unstimmigkeit in dem angeblich richterlichen Dokument nur noch gröber: Jedem, der es hören wollte, hatte Schwester Marie Frowine in den Tagen nach dem dreifachen Mord erzählt, dass sie kurz vor 20.45 Uhr den Aufzug bestiegen und sich dabei beeilt habe, weil sie den von Radio Vatikan um diese Uhrzeit gesendeten Rosenkranz mitbeten wollte. »Der Cédric«, so hat sie immer wieder gesagt, »kann das nie im Leben getan haben.« Wobei sie in einem makabren Sinne Recht gehabt haben kann. Am Leben war Cédric Tornay wahrscheinlich wirklich nicht mehr, als Alois und Gladys Estermann erschossen wurden.

Wenige Monate nach der Mordtat wird die brave Küchenschwester, wie schon erwähnt, in das Kloster von der Göttlichen Vorsehung im deutschschweizerischen Baldegg zurückgeschickt und stirbt kurz darauf – göttliche Vorsehung?

Doch diese ominöse vierte Person, die spukt weiterhin in den Köpfen der vatikanischen Berichterstatter und verformt ihre Argumentation in geradezu abenteuerlicher Weise.

»Es bleibt also keine andere Möglichkeit, als dass der mutmaßliche vierte Mann sich schon im zweiten Stockwerk oder sogar schon in der Wohnung der Estermanns befand.

Die erste Möglichkeit muss ausgeschlossen werden, weil die Schwester, die wenige Sekunden vorher eingetroffen war und die Tür der Wohnung offen gelassen hatte, sehr schwere Schritte hörte, die sich die Treppe hinaufbewegten; erst danach ist sie zum Eingang zurückgekehrt und hat die Tür ihrer Wohnung geschlossen. Hätte sich zu dieser Zeit jemand im Flur des zweiten Stocks befunden, hätte die Schwester nicht umhin gekonnt, ihn zu bemerken.

Plausibel ist auch die zweite Möglichkeit nicht, nämlich dass sich die vierte Person bereits in der Wohnung der Estermanns befand.«

In dem Bericht heißt es weiter: »Abgesehen davon, dass diese ein sehr zurückgezogenes Leben führten und nicht die Gewohnheit hatten, Fremde einzuladen (umso weniger, als sie an diesem Abend die Verwandten des Obersten Estermann erwarteten), hätte die Enge der Räumlichkeiten die Anwesenheit einer vierten Person nicht zugelassen, und, das vor allen Dingen, es wurde keine Spur einer angebotenen Erfrischung gefunden; alles war in perfekter Ordnung, nur der Hörer des Telefons war abgehoben.«

Keine Erfrischung, keine vierte Person. Die Logik ist perfekt.

Mit diesem Abschnitt nähert sich die vatikanische Argumentation ihrem Tiefpunkt: Es kann keine vierte Person anwesend gewesen sein, weil die Estermanns ein zurückgezogenes Leben führten, was nach Zeugenaussagen für die extrovertierte Gladys schon mal nicht zutrifft. Außerdem: Die Enge des Wohn- und Arbeitszimmers von Alois Estermann, in dem sich das Verbrechen abgespielt hat, hätte die Anwesenheit einer vierten Person verhindert. Wie denn das?

Natürlich leben die Offiziere der Schweizergarde nicht in

großartigen Renaissance-Gewölben wie die päpstlichen Würdenträger im Apostolischen Palast. Aber Estermanns Wohnzimmer war schon ein wenig größer als ein Dreipersonenlift. Kurz nach der Entdeckung der Toten versammeln sich, wie wir von einem ehemaligen Gardisten wissen, nicht weniger als 21 Personen in der Estermann-Wohnung. Und da soll nicht mal eine vierte Person in ihr Platz gefunden haben?

Gleichwohl geht die Jagd nach Nummer vier im vatikanischen Abschlussbericht gnadenlos weiter. Wo steckt sie denn nur, wer hat sie gesehen? Und vor allem: Was könnte das Phantom wohl bezeugen? Jedes mögliche Argument für ihre Anwesenheit wird dieser armen Person unter den Füßen weggezogen, und je weiter man liest, desto mehr verdichtet sich natürlich der Verdacht, dass es diese vierte Person eben doch gegeben hat, dass da ein wichtiger Zeuge verbal eliminiert werden soll.

»Selbst wenn man alles einräumen würde« – was denn wohl? –, könnte die vierte Person nicht an »den verbrecherischen Handlungen beteiligt gewesen sein, auch deshalb – wie im Folgenden gezeigt wird –, weil alle Schüsse aus der Dienstpistole des Vizekorporals abgegeben wurden, was die physikalisch-chemische Untersuchung seiner Hand ergeben hat, und nur Tornay die Waffe in der Hand gehabt und abgedrückt haben kann. Es könnte sich also höchstens um einen Zeugen handeln, der an der Tat nicht beteiligt war und nach dem verbrecherischen Geschehen aus der Wohnung geflohen ist oder sich in einem anderen Zimmer der Wohnung verborgen haben könnte.«

Nach diesen verbalen Verrenkungen ist es nunmehr überdeutlich: Selbst das vatikanische Dokument gibt zu erkennen, dass dieser vierte Mann existiert. Die Rekonstruktion des Hergangs ist derart widersprüchlich, dass Joaquín Navarro-Valls es wohl vorzog, sich nicht den bohrenden Fragen des Journalisten zu stellen.

Alles, was folgt in dem denkwürdigen Schriftsatz der vatikanischen Gerichtsbarkeit, wird immer eindeutiger zu einer flehenden Bitte an jene »vierte Person«, den Mund zu halten. Alle

Wege werden ihm offen gehalten, seine Existenz am Tatort zu leugnen.

Also, noch ein wenig weiter in unserer zugegebenermaßen mühsamen Lektüre: »Nach Meinung dieses Tribunals ist es jedoch auszuschließen, dass der vorgebliche vierte Mann unmittelbar danach geflohen ist. Tatsache ist, dass die Tür der Estermanns von der Küchenschwester weit offen vorgefunden wurde. Das muss jedoch nicht unbedingt auf eine eilige Flucht hindeuten.

Die Gutachter haben zwei mögliche Hypothesen vorgetragen. Nach der ersten wäre es möglich, dass Tornay die Tür schon offen vorgefunden hat, was angesichts der – scheinbaren – Sicherheit der Örtlichkeiten durchaus denkbar ist. Man möge sich daran erinnern, dass die Küchenschwester … ihre Wohnungstür offen gelassen hatte. Höhere Wahrscheinlichkeit hat also die Vermutung, dass Frau Estermann die Tür öffnete und sich der sicherlich nicht Vertrauen erweckenden Gestalt Tornays gegenübersah. Da der Korridor, an dem das Wohnzimmer liegt, sehr schmal ist, konnte der Vizekorporal in nicht mehr als drei Schritten den Oberst Estermann erreichen, der in diesem Augenblick am Telefon war. Frau Estermann hat, wahrscheinlich aus Überraschung, aber auch weil sie vielleicht Hilfe holen wollte, die Tür offen gelassen und ist Tornay gefolgt. Im Übrigen ist der Umstand, dass die Tür während der Tat offen geblieben ist, dadurch bewiesen, dass eine der Kugeln im Rahmen der Aufzugtür im Korridor steckte.«

Durften die Leser nach den letzten Sätzen hoffen, nun endlich bei der präzisen Schilderung des Tathergangs angekommen zu sein, werden sie wiederum enttäuscht. Das Schattenboxen gegen den vierten Mann geht weiter:

»Einer eventuellen Flucht des vierten Mannes widerspricht übrigens auch eine ganze Reihe anderer Umstände. Die Küchenschwester … hat ausgesagt, dass ›nach den Geräuschen‹ absolute Stille herrschte, und auch der Zeuge … hat bestätigt, dass ›nach den Explosionen Stille herrschte‹.

Zum Zweiten ist die Küchenschwester, die durch die offene Tür die zusammengesunkene Frau Estermann im Flur gesehen hat, wie sie aussagt, unmittelbar danach hinuntergegangen, um Hilfe zu holen. Auch Frau … aus dem ersten Stock des Gebäudes hat hervorgehoben, sie sei in den Durchgang zwischen den beiden Höfen der Kaserne gelaufen und habe weder dort noch im Ehrenhof jemanden gesehen, der aus dem zweiten Stock des Wohnhauses gekommen sein könnte.« Niemand hat niemanden gesehen. Also war niemand dabei. Und niemand war beteiligt.

Bei »Frau …« handelt es sich um Caroline Meier, die damalige Frau des Sergeanten Stefan Meier, wohnhaft im ersten Stock des Gebäudes, die in Morgenrock und Pantoffeln ins Erdgeschoss eilte und von dort in den Ulmenhof blickte. Dort sah sie nichts mehr, aber sie hörte, wie eine Autotür zuschlug und ein Wagen mit hohem Tempo davonbrauste. Das makabre Verbrechen, in dem sie als Zeugin eine wichtige Rolle spielt, hat ihr im Übrigen das Leben im Vatikan endgültig vergällt.

Zwei Jahre nach den Morden verließ Caroline ihren Mann, nahm ihre beiden Kinder und ging in die Schweiz zurück. Das war im Jahr 2000 – just in dem katholischen Jubeljahr, in dem ein von ihrem Mann fotografierter, sehr schöner Bildband über die Schweizergarde erschien, ein äußerst bitteres Zusammentreffen für Stefan Meier.

Am Ende des verschlungenen Weges, den das vatikanische Dokument seinen Lesern zumutet, muss freilich noch ein sehr stachliges Thema abgehandelt werden: die vier Gläser auf dem Wohnzimmertisch der Estermanns. Diese Gläser spukten in den ersten Tagen nach den Morden immer wieder durch die Berichterstattung römischer Zeitungen und schienen offenkundig den Ermittlungsrichtern bedeutsam genug, um auch sie pingelig zu eliminieren.

»Last but not least hatte man auch von vier Gläsern gesprochen, die gerade benutzt worden sein und auf dem Tisch des

Raumes, in dem sich das Delikt abgespielt hat, gestanden haben sollen. Aber weder bei der Ortsbesichtigung noch auf den Fotos vom Tatort sind solche Gläser dokumentiert worden. Nachdem die Versiegelung der Räume aufgebrochen worden war, wurde die Wohnung am 16. Mai noch einmal sorgfältig durchsucht. Dem entsprechenden Protokoll ist zu entnehmen, dass keine Gläser gefunden wurden, weder in dem Zimmer, in dem das Verbrechen geschah, noch in dem angrenzenden Esszimmer. Auch im Wohnzimmer oder in der Küche sind in den Schränken keine Gläser gefunden worden, dagegen in einem Esszimmerschrank, wo sie sauber und in einem geschlossenen Behälter aufbewahrt wurden.«

Angesichts des – bezeugten – Menschengedränges, das in den Stunden nach der Tat in der Wohnung der Estermanns herrschte, klingt diese Scheinjagd nach den mehrfach gesichteten Gläsern ziemlich unglaubwürdig.

Den vierten Mann gibt es nach der vatikanischen Dogmatik des Falles nicht, die vier benutzten Gläser auch nicht. Aber warum wollten die Gerüchte um das Thema einfach nicht verstummen?

Die Schilderung des Tathergangs in dem vatikanischen Dokument unterscheidet sich wenig von der Blitzanalyse des Vatikansprechers Joaquín Navarro-Valls drei Stunden nach dem Verbrechen: Cédric sei zunächst durch die Glastür zum Wohnzimmer gestürmt, um das große Sofa herumgelaufen, das in einiger Entfernung parallel zu der Tür stand, habe dann seine Waffe auf Alois Estermann gerichtet und zwei Schüsse aus kürzester Entfernung auf den Kommandanten abgegeben. Der erste habe ihn in die Brust, der zweite in den Kopf getroffen. Erstaunlich ist, dass die vatikanischen Analytiker an dieser Stelle sehr vage bleiben – wäre es nicht angebracht gewesen, die Wunden näher zu beschreiben, welche die Kriegswaffe Tornays im Körper seines Vorgesetzten angerichtet haben soll?

Aber schon eilt das Geschehen weiter: Jetzt kommt nämlich Frau Estermann angelaufen, alarmiert von den Schüssen. Der

Mörder dreht sich blitzschnell auf dem Absatz um. Gladys Estermann steht in der Tür zum Wohnzimmer. Und obwohl der Mörder ein hervorragender Schütze ist, verfehlt er sein Ziel. Wie denn das?

Die dritte Kugel aus der Sig Sauer rast durch die offene Zimmertür, dann durch die Wohnungstür und bohrt sich, wie erwähnt, in den Metallrahmen des Aufzugs, wo sie dann zu Boden fällt. Unverformt, wenn man der vatikanischen Beschreibung glauben will. Sekundenbruchteile später trifft die vierte Kugel Gladys Estermann in die Brust. Auch sie sinkt zu Boden, an der Rückwand des Wohnzimmers. Warum Cédric Tornay auch die Frau des Kommandanten tötet, darüber weiß der vatikanische Abschlussbericht nichts zu sagen: Folgt man der Argumentation, die der Vatikan von der Stunde null an dargeboten hat und bis heute aufrechterhält, dann handelte Cédric Tornay aus Rache und Zorn, ausgeflippt vor Enttäuschung, dass ihm ein winziger Orden versagt werden sollte. Warum musste aber dann auch Gladys Estermann sterben? Um eine Augenzeugin zu liquidieren? Das wäre nur dann sinnvoll, wenn ein anderer als Cédric Tornay der Mörder war und außerdem aus dem vatikanischen Ambiente stammte. In einem solchen Fall wäre der Mord an der Frau aus Venezuela aus der Sicht des Mörders logisch gewesen. Aber Cédric Tornay bringt sich, so behauptet der Vatikan, unmittelbar nach dem Doppelmord selbst um. Das widerspricht ganz entschieden der inneren Dynamik eines Mordes, der erlittenes Unrecht vergelten soll: Rache will genossen werden. Am besten sogar noch vor Gericht, vor aller Weltöffentlichkeit, die erfahren muss, warum der junge Held zum Mörder wurde. Dem rechtsradikalen Türken Ali Agca jedenfalls, der am 13. Mai 1981 auf Johannes Paul II. schoss, haben seine zahlreichen Auftritte vor römischen Gerichten über vier Jahre hinweg sichtbar Freude gebracht, wie selbst kümmerlicher Beifall einem alternden Opernstar.

In ihrer Darstellung des angeblichen Selbstmords Cédric Tornays weicht die zweite, die bislang endgültige kirchenstaatliche

Version der Wahrheit nur wenig von dem Schnellschuss des Vatikansprechers drei Stunden nach dem Verbrechen ab. Und so soll es »aller Wahrscheinlichkeit nach« geschehen sein – eine erstaunliche Einschränkung in einem Dokument, das den Anspruch erhebt, letzte, endgültige Erkenntnisse darzubieten, vor allem deshalb, weil alles Weitere im Indikativ steht, als sei eine Videokamera dabei gewesen. Der Vizekorporal habe sich »in die Knie begeben«, mit dem Rücken zum Fenster; er habe »den Kopf nach unten geneigt«, dann die »Waffe in seine Mundhöhle gesteckt« und geschossen. Die dadurch ausgelöste Kugel habe Tornays Schädel durchquert, sei an dessen oberster Rundung wieder ausgetreten und habe anschließend den Verputz der Zimmerdecke getroffen; von dort aus sei sie schlicht »auf den Schreibtisch des Kommandanten zurückgefallen«.

In den neun Monaten nach dem Verbrechen hatten die Urheber der vatikanischen Interpretation zweifellos ein wenig nachgedacht; auch galt es nunmehr, auf Gegenargumente einzugehen, die in der Zwischenzeit von der Mutter, aber auch in der Presse vorgebracht worden waren. Nach den ersten Verlautbarungen des Vatikans zum Mordfall sollte Cédric Tornay nach dem von ihm ausgelösten Schuss in den Mund nach vorn gestürzt sein und die Waffe, die ihm aus der Hand gefallen war, unter seinem Körper begraben haben. Ein wichtiges Argument gegen diese Dynamik des Ablaufs war bereits innerhalb weniger Tage nach dem Verbrechen in italienischen Zeitungen aufgetaucht: die Problematik des Rückstoßes. Eine Sig Sauer 75 ist kein Damenrevolver. Sie ist eine schwere Kriegswaffe, die, wenn sie gefeuert wird, einen gewaltigen Rückstoß auslöst. Jeder hat entsprechende Kriegsbilder, auch aus der Gegenwart, vor Augen. Cédric hätte nach einem solchen Schuss nicht nach vorn, er hätte nach hinten fallen müssen. Und seine Waffe wäre weit in den Raum geschleudert worden – und sie wäre ganz gewiss nicht unmittelbar unter ihm, unter seinem Körper, gefunden worden, wie es der Vatikan noch heute der Öffentlichkeit weismachen will.

Das Schlussdokument des Kirchenstaats nimmt diese Problematik auf, aber ohne sie wirklich anzupacken, mit spitzen Fingern gleichsam und ohne sie im Detail zu klären. Geklärt wird – wenn wir denn dieser Darstellung glauben dürfen –, warum sich der Einschlag einer Kugel an der Zimmerdecke abgezeichnet hat, also *über* dem Kopf des Vizekorporals. Das wiederum wäre aber nur zu erklären, wenn sich der junge Tornay, wie von Anfang an behauptet, nach dem Hinknien den Pistolenlauf *umgekehrt*, das heißt mit dem Abzug nach oben, in den Mund gesteckt hat.

Wie mühsam. Ein derart verquerer Selbstmord findet sich in der gesamten Fachliteratur nicht. Ob diese Version stimmt, könnte der Obduktionsbefund des Vatikans belegen – aber den von kompetenten Fachleuten einsehen zu lassen verweigert der Kirchenstaat bis heute. Auch das fehlende Dreieck in den beiden Schneidezähnen Cédrics soll durch diese merkwürdige Art, sich umzubringen, entstanden sein. Die Gegner dieser These argumentieren viel einfacher: Nur wenn ein Pistolenlauf mit Gewalt in den Mund eines Menschen gestoßen wird, könnte ein sauberes Dreieck aus den oberen Schneidezähnen herausbrechen. Voraussetzung wäre allerdings: Dieser Mensch leistet keinen Widerstand. Aber wer würde sich in einer solchen Situation nicht wehren? Angesichts einer riesigen Kriegswaffe, die ihm in den Mund geschoben werden soll? Das kann natürlich nur jemand sein, der nicht weiß, was da mit ihm passiert. Cédric muss bewusstlos gewesen sein. Seine französischen Rechtsanwälte behaupten: Der junge Mann lag im Koma. Und dafür gibt es viele gute Gründe.

Schon den Ablauf der Mordtat erklärt das vatikanische Dokument mehr schlecht als recht. Aber mit dem Warum tut sich die oberste richterliche Instanz des Kirchenstaats noch viel schwerer. In ihrem ersten Anlauf hatten sich die vatikanischen Wahrheitsverwalter auf den Groll des jungen Mannes über einen ihm verweigerten Orden kapriziert, die Standardauszeichnung Benemerenti. In dem wichtigsten Dokument hingegen, das der Vatikan zum Thema veröffentlicht hat, tritt diese Zurücksetzung völlig in den Hintergrund. Der dubiose Abschiedsbrief wird nur einmal flüchtig erwähnt, wobei die von der Mutter Tornays in der Zwischenzeit vorgetragene Argumentation in einem einzigen Punkt aufgegriffen und gegen sie gerichtet wird: Der Umstand, dass Cédric seinen Bekennerbrief an eine Chamorel Muguette richtete statt wie üblich an Madame Muguette Baudat, wird von den vatikanischen Tüftlern nunmehr als Beleg für den Zustand »geistiger Verwirrung« angeführt, in dem der junge Vizekorporal dreifach gemordet haben soll.

Aber dass ihre auf den angeblichen Abschiedsbrief gebaute Argumentation auf zu dünnem Papier errichtet ist, konnte den Verfassern des Dokuments kaum entgehen. Ein Charakterporträt des angeblichen Mörders musste entworfen werden, in das gewalttätige Züge, verborgene Laster und gar Krankhaftes gemalt werden konnte. Mutig greifen die Herren zum Pinsel.

Cédric Tornay, so sollen wir glauben, war, trug ein Janusgesicht. »Auf der einen Seite« nämlich sei er »als höfliche und freundliche Person angesehen« worden, »der es nicht an Faszination mangelte. Auf der anderen Seite jedoch sind zahlreiche enthemmte Verhaltensweisen Tornays dokumentiert, die man sogar respektlos und verantwortungslos nennen könnte, was besonders schwerwiegend ist, weil wir es nicht mit einem Zivilisten zu tun haben, sondern mit einem Soldaten, der sich freiwillig bei der Schweizergarde, einem Korps mit ehrwürdiger und strenger Tradition, eingeschrieben hatte und dort sogar den Rang eines Unteroffiziers bekleidete.« Nun wäre Cédric ja kaum befördert worden, wenn sein Verhalten als so besonders »disziplinlos« und »enthemmt« aufgefallen wäre – zumal die in dem vatikanischen Dokument aufgezählten Verstöße gegen das Reglement alle vor seiner Erhebung zum Vizekorporal liegen, sie also nicht behindert haben. Da wird hervorgehoben, dass Tornay ohne Erlaubnis zwei Nächte außerhalb des Vatikans verbracht habe; als Begründung für sein Fernbleiben in einem der beiden Fälle wird angeführt, er selbst habe zugegeben, »zu viel getrunken« zu haben – wie wenig das stimmt und wie sehr der Junge darauf bedacht war, diese falsche Behauptung aus seinen Arbeitspapieren zu entfernen, was ihm gelang, ist bereits dargelegt worden. Als weiteres Beispiel von entfesseltem Betragen des jungen Gardisten führt der Vatikan jenen Zwischenfall im Kasernenhof an, mit dem dieser Bericht begonnen hat: Außerhalb des Dienstes, in Zivil, auf einem altertümlichen Kanonenrohr im Kasernenhof sitzend, versäumt es Cédric, aufzuspringen und seinen Vorgesetzten und dessen Gattin militärisch korrekt zu grüßen. Wer sich derart gehen lässt, dem darf auch ein Doppelmord mit anschließender Selbsttötung zugemutet werden, scheinen die Verfasser des Dokuments zu unterstellen. Bei ihren Nachforschungen zur Genesis des unkontrollierten Verhaltens Cédric Tornays haben die vatikanischen Experten, so wird in dem Papier dargelegt, wichtige Hinweise entdeckt. Zum einen behaupten sie, der Junge sei ein »chronischer Benutzer von Cannabis (Haschisch)« gewesen.

Die Argumentation zum Thema wirkt kurial verschlungen wie ein mittelalterlicher Klerikerdisput. »Nur im Urin, nicht im Blut« sei bei der Autopsie Cédrics ein »Derivat« von Cannabis aufgespürt worden. Was die Herren vom vatikanischen Tribunal damit wohl sagen wollen: In den »drei Stunden vor der Tat« habe Cédric dieses unheimliche »Derivat« zwar nicht zu sich genommen; der Umstand jedoch, dass sich die verräterischen Spuren von »acido-delta-9-tedraidocannabinocoico« (nur der Rest des Wortwurms ist wichtig: haschisch-ähnlich, nämlich »cannabinocoico«) im Urin des Jungen gezeigt hätten, sei ein Hinweis darauf, dass er ein »chronischer Benutzer von Haschisch« gewesen sei. Das ergibt natürlich gar keinen Sinn. Dieser Erklärungsnotstand gibt allenfalls zu erkennen, dass sich die Herren Verfasser der Expertise niemals ein solches Vergnügen gegönnt haben. Sie wüssten, wie freundlich die harmlose Droge Haschisch stimmt, sehr viel liebenswürdiger jedenfalls als die Droge Alkohol, unter deren Einfluss Gewalttaten massenweise begangen werden.

Sie hätten, möglicherweise, auch keinen ganz so gigantischen Unsinn verfasst wie den, den sie vortragen: In der Schublade von Cédrics Schreibtisch seien in einem Filmbehälter »24 Kippen« mit eben jenem mörderischen Derivat von Haschisch entdeckt worden, toxologisch nachgewiesen durch »Gas-Chromatographie«, was man sich als eine Analyse des Farbenspiels jener wohl nun neu entzündeten Überreste der »handwerklich hergestellten« Haschischzigaretten des Cédric Tornay vorzustellen hat. Aber wieso chronischer Gebrauch? Hat Cédric – wenn überhaupt – seine Joints ganz allein geraucht? Oder hat er für eine Haschischsitzung eine Gruppe von nicht weniger als 23 Kameraden in seinem engen Zimmer um sich versammelt? Und wieso hebt er die Kippen auf? Müsste ihm, dem »gewohnheitsmäßigen Nutzer von Cannabis«, nicht daran gelegen gewesen sein, die Spuren seines schändlichen Tuns zu beseitigen, statt sie in der Schublade seines Schreibtisches aufzuheben? Den Verfassern der »Informationen« vom 8. Februar 1999, aus dem die Autorität des vatikanischen Tribunals eigentlich deutlich sprechen sollte, statt sie lächerlich zu machen, kommen solche Fragen nicht in den Sinn. Die Herren glauben offenkundig, dass ein dünner Anstrich von latinoider Sprache ihren Aussagen schon ein Gewicht verleiht, das sich dem ihrer Glaubenswahrheiten annähert oder Laien beeindrucken kann. Darin täuschen sie sich, obwohl ihnen klar zu sein scheint, dass die Haschisch-These ein bisschen kümmerlich wirkt vor der Dimension des Verbrechens, das geklärt werden soll.

Also wird Krankhaftes entdeckt: eine Zyste. Wie von Zauberhand geschaffen, liegt sie plötzlich in der Sezierschale der beiden alten Herren, die – angeblich – für die Obduktion des Cédric Tornay verantwortlich zeichnen: Herr Professor Piero Fucci, damals 78, und sein nicht viel jüngerer Kollege Giovanni Arcudi, damals 72. Die greisen Mediziner wollen sie bei der Obduktion der Leiche des jungen Westschweizers in seinem Vorderhirn gefunden haben.

Dabei habe es sich um eine Zyste »subarachnoidea« gehandelt, im Ausmaß einem Taubenei vergleichbar, vier mal zweieinhalb Zentimeter groß. Darüber, dass kritische Leser eventuell den Befund der Verfasser überprüfen könnten, denken die Berichterstatter offenkundig nicht nach.

Dabei reicht ein Fremdwörter-Duden: Die Arachnoidea ist »eine der drei Hirnhäute, die das Zentralnervensystem … umgeben«. Eine Zyste »subarachnoidea« kann also nur ein Gewebeknoten sein, der sich unter einer dieser Hirnhäute befindet. Nach dem Befund der beiden Professoren soll sich die Zyste auf dem »linken, vorderen Gehirnlappen« angesiedelt und dort sogar »teilweise« die Hirnschale angegriffen haben. Und nun wird gleich wieder eingeschränkt. Die Experten hätten nicht feststellen können, wie denn dieses schlimme Gewächs entstanden sei: ob durch »natürliche Umstände«, durch eine »Entzündung« oder gar durch einen »vorgeburtlichen Schaden«. Um die Wirkung der Zyste zu beschreiben, greifen die Herren jedenfalls nach Fachliteratur. Sie nehmen den nicht besonders neuen, nämlich 1985 erschienenen Band der amerikanischen Wissenschaftler R. D. Adams und M. Victor zur Hand, der die »Principles of Neurology« zum Thema hat. Diese Neurologen hätten analytisch beschrieben, was für Folgen eine Verletzung im Bereich des vorderen Gehirnlappens, »traditionell Organ der Zivilisation« genannt, haben »könnte«. Nämlich: »Schaden an der Funktion von Erkenntnis« und »entfesseltes Verhalten«.

Das schien mir nachprüfenswert. Eine New Yorker Freundin, Neurologin und Chefärztin am New Yorker Lennox-Hill-Krankenhaus, schlug in dem Standardwerk nach. Und siehe da, die zitierten Sätze kamen einfach nicht vor. Auch fand sie die vorgetragene These der vatikanischen Experten »etwas abenteuerlich«. Sie hatte so manchen Kranken mit einer Zyste oder einem Tumor im Gehirn erlebt, und die entsprechende wissenschaftliche Literatur hatte sie desgleichen im Kopf. Aber dass einer von diesen Leidenden einen »Anfall von Verrücktheit« erlitten haben und gar in einen Blutrausch verfallen sein könnte, das wollte mit den Krankheitsbildern, die sie in ihrer mehr als

25-jährigen Praxis gesehen hatte, nicht so recht übereinstimmen. »Die Leute werden eher passiv«, sagte sie mir, »apathisch« wäre das richtige Wort, sie würden die Fähigkeit verlieren, »ihre Zukunft zu organisieren«, sie sind »weniger als früher in der Lage, sich für eine Handlung zu entscheiden«. Dass jemand, in dessen Gehirn sich ein solches Gewächs eingenistet hätte, die Selbstkontrolle verliert und einen Doppelmord begeht, verbunden mit einem anschließenden Suizid – das schien ihr »so gut wie ausgeschlossen« zu sein.

Was sie sagte, leuchtete mir ein. Vor allem aber fragte ich mich: Wenn bei der Obduktion der drei Leichen, die ja bereits in der Nacht vom 4. auf den 5. Mai durchgeführt worden war, ein derart wichtiger Befund zu vermelden gewesen wäre – hätte der Vatikan das nicht umgehend verkündet?

Nachdenklich heftete ich die Blätter aus dem Presseamt ab. Da muss noch was nachkommen, dachte ich. Aber ich war ein wenig überrascht, dass dies sogar am selben Abend geschah, in dem etwas heruntergekommenen Kino »Colosseum« an der Via Nazionale in Rom, die zum Hauptbahnhof führt.

Kapitel 12

Eine Diffamierung

Ich hatte das merkwürdig unbefriedigende Ergebnis vatikanischer Nachforschungen gerade abgelegt, als Olivier anrief, ein französischer Fotograf, seit Jahrzehnten in Rom, und ein bekennender Schwuler. Wir mochten uns. Ich schätzte seinen Rat, was den eher flachen Wellengang römischer Restaurants, Clubs und Trends anging. Olivier fluchte gern über die Provinzialität der italienischen Hauptstadt, aber er konnte sich nicht von ihr trennen. Auch darin verstanden wir uns. »Hör mal«, rief Olivier an diesem Februarnachmittag ins Telefon, »heute

Abend wird im Teatro Colosseo ein Buch vorgestellt, das heiße Nachrichten über den Mordfall im Vatikan enthalten soll.« »Was ich heute wiederum aus der Fabelwelt des Joaquín Navarro-Valls erfahren habe, war nicht so heiß, eher flau.« »Das ist es doch gerade, Mädel«, sagte mir Olivier, der noch ein Stückchen älter ist als ich und Rom aus der Zeit kennt, in der sich Filmstars und -sternchen, italienische und andere, an der Via Veneto tummelten. »Hör zu«, und inzwischen flüsterte er in sein Handy, »es soll ein Schwulendrama gewesen sein, zwischen dem Kommandanten der Schweizergarde und diesem *ragazzo*, dem Cédric.« »Das ist ein Scherz«, gab ich zurück. Dann überlegte ich: »Vielleicht aber doch nicht. Du gehst doch sicher hin, ich habe keine Zeit, aber bring mir das Buch mit, und dann lass uns reden.«

Ziemlich viel später, aber noch am selben Tag, saß ich mit Olivier bei Riccioli's, einem neu eröffneten Restaurant in der Via delle Coppelle, frequentiert von dem eher begrenzten Zirkel römischer Werbemenschen, Designer oder PR-Agenten beiderlei Geschlechts, die ihre Tafelrunden fast unfehlbar auch mit einem oder zwei Fotomodellen dekorierten. Auf der Speisekarte boten sich Exotika wie Sushi, kombiniert mit italienischer Edelkost, feil und irrwitzige Preise, an denen aber niemand Anstoß zu nehmen schien – die Kundschaft durfte offenbar auf Spesen speisen. Das Geschäft brummte.

Olivier wählte einen leichten Cocktail, ich ein Glas Chardonnay aus dem Piemont, und dann sah ich mir das schmale, graue Bändchen an, das er mir mitgebracht hatte. »Verbum Dei, Verbum Gay« hieß es, eine Sammlung von Kurzgeschichten des homosexuellen Kunsthistorikers Massimo Lacchei.

»Das Thema ist angemessen«, befand ich. »Jeder weiß, dass die Konzentration von Homosexuellen im Vatikan doppelt und dreifach so hoch ist wie in jeder anderen römischen Institution.« »Stimmt«, erwiderte Olivier, »die armen Schweine müssen es nur verbergen.« Ich lächelte ihn an und überflog die Geschichte. Sie spielte im Stadtpalais eines »hohen Politikers«, homosexuell natürlich, ein paar Namen zum Thema fielen mir umgehend ein. Die prächtige Örtlichkeit bot eine große Terrasse mit dem unvermeidlichen Blick auf den Petersdom, während das Schlafzimmer der jüngst verstorbenen Mama des frommen Gastgebers in eine Privatkapelle umgewandelt worden war. Ein sonntägliches Mittagessen, das »Ende April« stattgefunden haben soll: anwesend neben dem Erzähler sechs andere Männer, darunter ein Theologiestudent und ein amerikanischer Priester, der in der privaten Kapelle des Politikers eine Messe feiert. Die fromme Aufmerksamkeit der Anwesenden lässt zu wünschen übrig. Alle erwarten die Ankunft eines neuen homosexuellen Paares, über das, so lässt der Erzähler durchblicken, in den einschlägigen Kreisen derzeit mit Begeisterung palavert wird. Die beiden Männer sind nämlich Offiziere der Schweizergarde, und das scheint auf die Anwesenden richtig prickelnd zu wirken. Endlich treffen Jörg und Kaspar ein, der Ältere um die vierzig Jahre alt, der jüngere Anfang zwanzig. Erst halten sie sich befangen zurück. Aber schon bald geben sie, inspiriert durch die Fragen des Erzählers, den Beginn ihrer ungewöhnlichen Liebe preis: Sie hätten sich in Lausanne kennen gelernt, es zündelte, und schnell brannte es lichterloh zwischen ihnen. Ein paar Tage später dann: die Erfüllung einer verbotenen Beziehung. Ein Ausflug nach Amsterdam, wo sich die beiden mit einer Handfessel aneinander ketteten, unterschwellige Andeutung: Sado-Maso, aber wer peinigt wen?

»Hat Lacchei denn gesagt, dass seine Geschichte auf einer wahren Begebenheit beruht?« »Das hat er bestätigt. Und mehr: Er hat, angestachelt von einer Frage seines Verlegers, deutlich gesagt, dass Tornay ihn nach dieser ersten Begegnung besucht und dass sie sich geliebt hätten.« Das klang nun gänzlich nach Fantasterei, nicht etwa, weil mir das im vatikanischen Ambiente undenkbar erschien: Einige, auch sehr prominente Namen kannte ich selbst; Männer in höchsten Positionen, sowohl im Apostolischen Palast als auch anderswo, etwa in der Kongregation für Glaubensfragen, sind schwul, bekennen sich allerdings nicht dazu.

Aber die Schweizergarde, gar der vor einem Jahr noch zweithöchste Offizier des Wachkorps, erotisch mit einem Untergebenen verbunden? Und dieser Oberst soll sich zudem mit seinem Liebsten bei einem Schwulentreffen gezeigt haben? Und völlig Unbekannten den Anfang ihrer Liebesgeschichte anvertraut haben?

»Ehrlich, kann das so gelaufen sein?«, fragte ich meinen schwulen Freund Olivier. Und der antwortete: »Niemals. Nicht in Rom.«

»Wer war denn bei der Buchvorstellung von den Kollegen der Auslandspresse dabei?«

»Euer Mann von der ›Bild‹-Zeitung und der Knabe von der ›Sunday Times‹, der mit den Hasenzähnchen und der runden Brille, der saß im ersten Rang.«

»Ach je«, fiel ich ihm ins Wort, »ausgerechnet die beiden, die Jungs von der Skandalpresse …«

In der Tat waren diese beiden dann auch die Einzigen, deren Blätter das Thema groß aufgriffen. Stephan Pénouel hingegen, Mitarbeiter sowohl der französischen Tageszeitung »Le Matin« und als auch der italienischen Wochenzeitung »Panorama«, recherchierte ein wenig und fand einen Exgardisten, der in der Nähe des Parlaments einen Blumenladen aufgemacht hatte. Ich kannte das Geschäft, »Tulipani Bianchi« (Weiße Tulpen) genannt, und hatte mich schon mehrfach für die einmalig schönen Gebinde von Franz Steiner verausgabt, kleine Kunstwerke, die ihren stolzen Preis wert waren. Klar dementierte Steiner in einem Interview mit Pénouel für »Le Matin«: »Das kann nur eine Erfindung sein. In dem beengten Gardequartier wäre das nicht verborgen geblieben. Vor allem ich selbst, als Homosexueller, hätte das sofort gemerkt.« Italienische Zeitungen veröffentlichten so gut wie nichts zu diesem Thema, außer der »Repubblica«, die ein Artikelchen in die hinteren Seiten des Blattes stellte, gezeichnet von einem unbekannten Lokaljournalisten.

Doch drei Wochen nach der Vorstellung des Buches kam die populäre Wochenzeitung »Oggi« mit einem großen Bildbericht heraus – Überschrift: »Eine verbotene Passion hinter dem Blutbad im Vatikan« –, in dem der Schriftsteller Lacchei noch wesentlich weiterging als in der Erzählung. Dem »Oggi«-Journalisten Gennaro Di Stefano wollte er weismachen, dass Cédric Tornay sich prostituierte. »Es war ein Jahr nach unserer ersten Begegnung bei einem römischen Aristokraten, also im April 1998, wenige Tage vor der Tragödie. Ich traf diesen wunderhübschen Jungen auf der Via della Conciliazione und sprach ihn an. Er kam willig mit mir nach Hause, ich machte ihm Avancen, und er verlangte Geld. Aber bevor wir zur Sache kommen konnten, läutete es, und ein Freund von mir erschien, der das homosexuelle Ambiente des Vatikans gut kannte und auch Schweizergardisten frequentierte. Cédric und er wechselten ein paar Worte, und dann ging Tornay. Wenige Tage später war er tot.«

Ich glaubte inzwischen eine klare Strategie zu erkennen. Es konnte kaum ein Zufall sein. Am Mittag des 8. Februar 1999 der sonderbare Abschlussbericht aus der vatikanischen Pressestelle und am selben Abend dann eine »schwule« Interpretation des Geschehens, die den jungen Tornay als Strichjungen diffamierte: Mir schien das ein koordinierter Angriff auf eine unbequeme Wahrheit zu sein, im Zangengriff. Hatte der Vatikan die Veröffentlichung seines dubiosen Dokuments absichtlich auf den Tag der länger vorher verkündeten Vorstellung des Buches gelegt, um doppelte Wirkung zu erreichen?

Aber im Frühjahr 1999 beschloss ich zunächst, den Herrn Professor Lacchei persönlich aufzusuchen. Er wohnt im fünften Stock eines schmalen, älteren Gebäudes am Vicolo d'Oro, das auf den Corso Vittorio Emanuele blickt. Ein dicht mit immergrünem italienischem Jasmin bewachsener Balkon dürfte ein wenig vor dem Lärm und dem Staub der verkehrsreichen Hauptstraße schützen. Gegenüber erhebt sich die Kirche Santa Maria dei Fiorentini, in welcher der undurchsichtige Altpolitiker Giulio Andreotti die Sieben-Uhr-Messe zu frequentieren pflegte.

Ich kletterte die fünf Stockwerke hoch. Lacchei, ein großer, magerer Mann mit kurz geschorenem Haar und einem etwas schütteren Bart, empfing mich mit einer gewissen Vorsicht im Blick. Weibliche Journalisten dürfte er nicht täglich empfangen. Ich hörte mir erst mal seine »wahre« Geschichte im Originalton an. Das Mittagessen mit privater Messe für die frommen Gäste verlegte Lacchei nunmehr auf Ende April 1997 und in das Palais eines hohen Klerikers, seine zweite Begegnung mit Cédric wiederum auf Ende April 1998 – »wenige Wochen vor seinem Tod«, so der Professor.

»Daten sind wohl nicht Ihre Stärke«, hielt ich ihm entgegen. »Fangen wir mit dem Gastgeber an. Mal soll es sich um einen hohen homosexuellen Politiker gehandelt haben, einen Ex-Ministerpräsidenten sogar, wobei einem natürlich Namen wie Colombo oder Spadolini einfallen, um deren sexuelle Präferenzen es immer Gerüchte gegeben hat. Dann wiederum waren Sie bei einem Granden des schwarzen römischen Adels zu Gast oder wahlweise schließlich bei einem offenbar frommen Kunstsammler.«

»Ich musste die Identität des Mannes natürlich verschleiern«, erwiderte Lacchei. »Nach dem Erscheinen des Buches bin ich ernsthaft bedroht worden. Ein paar Tage nach der Lesung hielt eine riesige schwarze Limousine vor meiner Haustür, deren robuster Chauffeur mir erklärte: Wenn ich noch einmal irgendwo öffentlich über dieses Mittagessen reden würde, habe er den Auftrag seines Chefs, mir höchstpersönlich in die Beine zu schießen.«

Lacchei lachte nervös. Ich forschte weiter. »Aber auch das Datum wechselt in Ihren Erzählungen. Mal findet das festliche Mahl mit Messe Ende April, dann wieder Anfang Mai statt.« Lacchei protestierte: »Das tut doch nichts zur Sache. Aber ich habe inzwischen in mein Tagebuch geguckt. Es muss sich um einen der beiden letzten Sonntage im April 1997 gehandelt haben oder um einen der nächsten, Anfang Mai.« »Sind Sie sicher?«, fragte ich nach. »Hundert Prozent«, tönte Lacchei. »Dann können Ihre beiden Helden von der Schweizergarde nicht gemeinsam ein exklusives Lunch am Sonntagmittag besucht haben. Wenn Sie nämlich wirklich von Estermann und Tornay reden, und das beteuert Ihr Verleger ja sogar im Vorwort des Buches, dann müsste in deren Dienstplänen, selbst in einem weiten Zeitraum von drei, vier Wochen zwischen Mitte April und Mitte Mai wenigstens ein Sonntag aufzutreiben sein, an dem beide keinen Dienst hatten.« Ich zog einen Zettel aus der Tasche, auf dem ich mir die entsprechenden Daten notiert hatte. »Am Sonntag, dem 13. April 1997, war Estermann nämlich gar nicht in Rom, sondern unterwegs mit dem Papst, der Sarajewo besuchte. Den 20. April hat Cédric, wie gewöhnlich, mit seiner Freundin Valeria und ihrer Clique verbracht. Das folgende Wochenende kann das Mittagessen mit den beiden verliebten Schweizergardisten schon wieder nicht stattgefunden haben: Der Weltreisende Wojtyla war zwischen Freitag, dem 25., und Sonntag, dem 27. April, in Tschechien, und abermals gehörte Estermann zu seiner Begleitung. Cédric wiederum unternahm an diesem Sonntag mit seiner Freundin und einigen anderen einen Ausflug nach Orte. Die Fotos in Valerias Album sind datiert. Am Sonntag, dem 4. Mai, hatte Estermann Dienst während der Feier einer Seligsprechung auf der Piazza San Pietro, während Cédric um dieselbe Zeit mit den neuen Rekruten die Aufstellung für die Einschwörungszeremonie einübte.«

Nun schaute Lacchei wahrhaft betreten.

»Außerdem fällt mir auf«, sagte ich dem Schriftsteller, »dass Sie nirgendwo eine konkrete Aussage über das Aussehen des jungen Mannes machen – außer Ihrer Behauptung, sein Geschlechtsteil sei beschnitten gewesen, was nach Aussage seiner Verlobten, Valeria, mit der er seit Anfang 1997 zusammen war, nicht stimmt. Aber es gibt andere äußere Merkmale Tornays, die jeder bemerken musste, die unübersehbar waren, sobald er keine Uniform trug.«

Ich wusste, dass ich nunmehr äußerst vorsichtig sein musste. Ich wollte Lacchei kein Material liefern, das er bei nächster Gelegenheit als Beweis dafür anführen könnte, Cédric gekannt zu haben. Aber einen einzigen Bissen warf ich ihm doch noch hin und kam mir dabei vor, als sei ich Moderatorin einer makabren Quiz-Show: »Tornay trug außerhalb des Dienstes drei Schmuckstücke, und zwar immer. Nennen Sie mir die.«

Der Professor schwieg, und ich ging.

Für Lacchei und den Autor des Artikels in der Illustrierten »Oggi«, Gennaro Di Stefano, gab es mehrere gerichtliche Nachspiele. Zunächst zeigte der Kunsthistoriker den Journalisten an. Er habe nie gesagt, was ihm im »Oggi« in den Mund gelegt worden sei. Worauf Di Stefano eine Tonbandaufzeichnung in den Gerichtssaal trug. Sie wurde abgespielt, doch Lacchei behauptete, der dort spreche, sei nicht er. Nun kam Di Stefano auf die Idee, ein merkwürdiges Kunstprodukt in den Prozess einzubringen: Er ließ seine in der Tat schwer verständliche Aufnahme von einem Stenografen abschreiben. Das Protokoll, das ihm derart vorlag, ließ er nun von Schauspielern erneut vortragen. Der Richter hörte sich das seltsame Hörspiel nicht mal eine Minute lang an. Dann verwies er beide, den Angeklagten und den Ankläger, des Raumes. Solche manipulierten Beweisstücke gedenke er nicht in seinem Gerichtssaal zu bewerten. Ende des Prozesses. Die Kosten hat wahrscheinlich der Verlag Rizzoli getragen, in dem »Oggi« erscheint und der dem gegenwärtigen Ministerpräsidenten Italiens, Silvio Berlusconi, gehört. Niemand und nichts außer der Wahrheit kam zu Schaden.

Ich nahm im Frühjahr 1999 einen ersten Kontakt mit Muguette Baudat auf, obwohl ich wusste, dass sie nach den Schlammschlachten in der italienischen Presse nicht mehr mit Journalisten sprach. Doch sie reagierte umgehend auf meinen Brief und war einverstanden, mich zu treffen. Ein fest umrissenes Projekt hatte ich noch nicht, weil es für mich noch keine Klarheit über den Fall gab und ich zudem mit den letzten Kapiteln eines anderen Buches beschäftigt war.

Cédric war nicht mal ein Jahr lang tot. Muguette trug Schwarz. An einem Vorfrühlingsmorgen traf ich sie in Martigny. Sie fuhr wie eine Wilde und sprach für mein angerostetes Französisch zu schnell. Aber das gab sich bald. Ich bat sie, als Erstes, mir das Grab ihres Sohnes zu zeigen. Das Grab Cédrics trug noch ein einfaches Holzkreuz, während ein Steinmetz aus der Stadt noch an dem kleinen Denkmal arbeitete, das Muguette Baudat in Auftrag gegeben hatte. Freunde hatten kleine Andenken an dem Holzkreuz hinterlassen, ein Edelweiß aus Emaille, ein Pfadfinderabzeichen. Jemand hatte einen Song abgeschrieben, den ihm die Westschweizer Popgruppe »Parfum« gewidmet hatte. Das Papier war zusammengefaltet und in eine kleine Plastikhülle gesteckt worden, die wiederum mit einem hellblauen Bändchen am Kreuz befestigt worden war. Muguette entnahm es und las mir vor: »In der Weite von Raum und Zeit sind wir von Dämonen und Engeln umgeben. Was wissen wir von unserem Sohn, unserem Bruder, unserem Freund und Bekannten … In Rom, bei der Garde, wird die Regel der drei Affen respektiert, anstatt eine Wahrheit auszusprechen, die sowohl für unsere Herzen als auch für unsere Augen offenkundig ist … Eine dunkle Macht versteckt sich hinter einem gefälschten Brief, vier Gläsern und falschen Vorwänden, die einen Jungen anklagen, der zu früh gegangen ist.« Ob das Lied jemals ein Hit wurde, weiß ich nicht, aber immerhin: Ein paar wesentliche Punkte der Problematik hatten seine jugendlichen Verfasser offenkundig verstanden. »Haben Sie den Tod Ihres Sohnes auch unabhängig untersuchen lassen?«, fragte ich. »Die vatikanische Darstellung ist doch zu grotesk.« »Das ist mir schon klar«, antwortete sie, »aber ich überlege mir meine Schritte noch.« »Denken Sie an eine Exhumierung, die müsste doch noch klären können, wie Cédric gestorben ist.« Sie sah mich merkwürdig an. »Nein«, sagte sie, »eine Exhumierung wird es nicht geben. Und das ist auch nicht nötig.«

Sie sagte mir keinen Ton von der zweiten Autopsie in Lausanne, und das war auch gut so. Ich war Anfängerin in der Materie. Warum sollte sie mir vertrauen – in einer Situation, in der Journalisten ihr Vertrauen schon mehrfach und reichlich missbraucht hatten. Dass das Schlimmste noch kommen würde, konnten wir beide nicht ahnen.

Wenig später saß ich mit Muguette Baudat in einem Café an der Hauptstraße von Martigny, in dessen hinterem Bereich ein Internet-Point eingerichtet war. Wir tranken Kaffee, Muguette rauchte viel und kam dann gleich zu dem Punkt, mit dem ich eher zufällig eine Recherche begann, aus der dieses Buch geworden ist.

»Kann es sein«, fragte ich sie ziemlich unvermittelt, »dass Cédric schwul war?« »Mütter wissen nicht immer alles über ihre Kinder, und das ist sicher gut so«, erwiderte Muguette Baudat. »Aber glauben Sie denn wirklich, dass ich nichts gemerkt hätte? Dass es hier in Martigny oder in Saint-Maurice oder in Vevey, wo er seine Lehre gemacht hat, nicht Gerede über ihn gegeben hätte? Wir sind hier nicht in New York. Außerdem: Cédric war seit mehr als einem Jahr mit Valeria befreundet. Die beiden waren unzertrennlich. Die wenige Freizeit, die er hatte, verbrachte er mit ihr. Im April oder Mai vorigen Jahres hatten die beiden beschlossen zu heiraten. Glauben Sie wirklich, dass Cédric sich in eben diesen Wochen mit seinem Chef auf schwulen Matineen mit Heiliger Messe und Imbiss herumgetrieben hätte? Was für eine absurde Idee!«

»Aber wenn es denn nun wirklich so wäre und Ihr Sohn ein sexuelles Doppelleben geführt hat, von dem Sie nichts erfahren haben?«

»Ich hätte einen homosexuellen Sohn genauso akzeptiert wie den Liebhaber junger Frauen, der Cédric in Wirklichkeit war. Homosexualität ist normal. Viele Menschen fühlen sich zum eigenen Geschlecht hingezogen. Nur: Cédric gehörte nicht zu ihnen.«

Die nächste Frage war mir entschieden peinlich. »In einem Artikel der italienischen Zeitschrift ›Oggi‹ ist noch Schlimmeres behauptet worden: dass ihr Junge sich auch prostituiert, an Männer verkauft habe …«

Muguette funkelte mich an. Sie war verärgert und brauste

auf. »Glauben Sie immer alles, nur weil es irgendwo gedruckt wird? Ihr Journalisten seid zu naiv, ihr seid Herdenmenschen, einer sagt was, und alle laufen hinterher, nur damit ihnen nicht nachgesagt werden kann, sie hätten was verpasst. Was für ein schrecklicher Beruf.«

»Ich übe ihn gern aus, und das seit ziemlich vielen Jahren.«

»Was haben Sie denn überhaupt vor mit diesem Interview, wenn es denn überhaupt eins ist?«

»Ich weiß es noch nicht«, gab ich zurück und dachte: Jetzt steht sie auf und geht. Aber sie sah mich weiterhin an, ziemlich hart und prüfend. »Und warum reisen Sie dann aus Rom an? Nur um diese eine dumme Frage zu stellen?«

»Ganz gewiss nicht, Madame Baudat«, gab ich zurück. »Aber genau erklären, was ich vorhabe, kann ich leider auch noch nicht.« Sie blickte mich ungläubig an, aber der Grund war einfach genug: Ich wusste es noch nicht. Der Vatikan hatte direkt nach der Tragödie vom 4. Mai 1998 eine Mordthese aufgetischt, die nicht stimmen konnte. Ein kleiner Trupp von Schwulen in Rom hatte auf der Basis einer einzigen Aussage eines einzigen Mannes Cédric Tornay als Strichjungen diffamiert und den Tod von drei Menschen zu einem homosexuellen Drama verfälscht. Die Sache roch nicht gut. Aber wohin mich meine Nachforschungen führen würden, das konnte ich an diesem kühlen Vorfrühlingsmorgen des Jahres 1999 noch nicht sagen. Nach ihrem Ausbruch schien sich Muguette Baudat wieder beruhigt zu haben. »Halten Sie mich auf dem Laufenden«, sagte sie, und dann ging sie wirklich.

Vier Jahre später: Mein Buch über den Mordfall bei der Schweizergarde ist in Arbeit und fast fertig. Ich weiß, dass der englische Journalist John Follain zwei Jahre vor mir mit den Recherchen über dasselbe Thema begonnen hatte und entsprechend früher fertig sein würde. Ich kümmerte mich nicht darum. Plötzlich, im Frühjahr 2003, wieder ein Anruf von Olivier. Diesmal klingt er etwas besorgt: »Hasenzähnchen hat zugeschlagen. Sein Buch ist in New York erschienen. Ich hab es schon, und es ist widerwärtig.« Das überraschte mich nicht. Wir verabredeten uns wieder bei Riccioli's. Olivier brachte den Band mit, ich blätterte darin und verstand sofort: Follain tischte erneut die »schwule These« auf und verrührte sie mit der Version des Vatikans: Cédric Tornay, der Mörder und Selbstmörder, im Drama vom 4. Mai 1998. »Und weißt du, was Follain richtig dreist unter Kollegen verbreitet: Er hätte schreiben können, was er wollte, seinen Verlag in New York würde niemand aus Europa verklagen.«

Aber John Follain hatte sich ein wenig zu sicher gefühlt. Er hatte seine erfundenen Schmutzgeschichten wirklichen Personen aus dem Umkreis des Vatikans, gar ehemaligen Freunden von Cédric Tornay in den Mund gelegt – ohne daran zu denken, dass deren Aussagen für jeden leicht zu überprüfen wären. Ich rief Steve Kellenberger an, einen Garde-Kollegen und Freund Cédrics: »Haben Sie diesem John Follain wirklich erzählt, dass Cédric ein Weiberheld war, der nichts anderes im Sinn hatte, als römische ›chicks‹ aufzureißen? Haben Sie wirklich mit einer einstigen Freundin Cédrics, Bierdosen in den Händen, um das Grab von Tornay getanzt und Witze über ihren früheren Freund gerissen?«

Kellenberger war sprachlos. Entsetzt. Erbost. Er lud seinen Zorn auf meinem Rücken ab: »Ihr verdammten Journalisten. Ihr schreckt vor nichts zurück. Ich hätte nie mit diesem Kerl sprechen sollen, mit diesem Schwein. Ich habe nichts dergleichen gesagt, nichts.«

Als Nächstes war erneut Massimo Lacchei dran. »Haben Sie Follain erzählt, dass Sie von dem, was dieser Mensch ›den Beginn einer oralen Beziehung‹ nennt, eine merkwürdige Geschlechtskrankheit bekommen haben, nämlich eine Halsinfektion, die Sie gezwungen hat, tagelang nur Kartoffelbrei zu essen?«, erkundigte ich mich.

Der Kunsthistoriker klang ehrlich erschrocken. »Das habe ich nie gesagt. Was für ein schmutziger Unsinn. Ich erinnere mich vage an einen Besuch von Follain vor vier Jahren, das war, nachdem mein Band mit Erzählungen über schwule Kleriker erschienen war. Damals hatte ich in der Tat eine Halsentzündung. Aber selbstverständlich hatte die weder mit Geschlechtsverkehr noch mit Cédric Tornay zu tun.«

Ich spürte den Impuls, Lacchei noch auf etwas hinzuweisen, das ich mit Sicherheit wusste: dass der Kunsthistoriker Tornay zu Lebzeiten nie zu Gesicht bekommen hat. Aber dieses Wissen wollte ich vorerst für mich behalten.

Den Fotografen Hugues de Wurstemberger, den Follain angeblich in Brüssel interviewt hatte, musste ich nicht anrufen. Die Geschichte erledigte sich aufgrund meiner eigenen Unterlagen von selbst. Follain schreibt in seinem Buch, Wurstemberger habe sich 1995 als Gardist in die Garde eingeschlichen und sehr respektlose Fotos vom Innenleben des Schweizer Wachkorps geschossen; auch Bilder von Cédrics Zimmer mit lauter Nacktfotos von Frauen an den Wänden seien in seiner Reportage vorgekommen oder ein übermütiger Cédric, der sich mit Toilettenpapier als Mumie verkleidet habe. De Wurstemberger hatte sich, wie erwähnt, tatsächlich ein halbes Jahr lang bei der Garde verdingt und einige enthüllende Fotos gemacht. Seine Reportage war aber bereits 1985 in einer Schweizer Fotozeitschrift erschienen. Cédric Tornay war damals elf Jahre alt und ein braver Pfadfinder in der Westschweiz gewesen.

Ich rief Valeria an. »Hat Follain mit dir geredet?«, fragte ich sie. »Klar«, antwortete die junge Frau, »stundenlang sogar. Was schreibt er denn?« »Du kommst in dem Buch nicht vor«, eröffnete ich ihr schonungslos. Sie war sprachlos. »Aber ich hab ihm doch auch mein Album gezeigt, da ist unsere Geschichte doch lückenlos drin ...«, stotterte Valeria, und dann schwieg sie. Ich merkte, wie verletzt sie war. Ich hörte eine Zeit lang nichts von ihr. Und dann rief sie mich an. Sie habe mit Freunden aus der damaligen Zeit geredet. Etliche hätten spontan angeboten, schriftlich ein paar Erinnerungen an Cédric Tornay niederzulegen. Außerdem sei sie bereit, die privaten Fotos aus den anderthalb Jahren ihrer Freundschaft mit Cédric zur Verfügung zu stellen.

Beides, die Aussagen der Freunde und einige Fotos, finden sich als Anhang in diesem Buch: ein Album für Cédric Tornay.

Follain ging im Übrigen bald die Courage aus. Stattdessen überkam ihn Panik. Als ihn etwa eine Journalistin aus der Westschweiz traf, um ihn kritisch zu seinem diffamierenden Werk zu befragen, rief er umgehend Professor Lacchei an: Er bitte ihn, diese Frau nicht zu empfangen. Lacchei aber hatte inzwischen die Seiten gewechselt.

Kapitel 13

Vatikanische Innenansichten

Von der Piazza della Maddalena im Zentrum Roms, sechs Stockwerke unter mir, stieg dumpfer Trommelklang auf meine Terrasse. Ich beugte mich über das Geländer und sah eine Prozession junger Menschen, die schweigend über den Platz in Richtung Pantheon schritten. Schnell lief ich nach unten. Aus der Nähe gesehen, wirkte der Umzug noch eindrucksvoller. Er erinnerte mich an Sevilla und eine seiner nächtlichen Osterprozessionen. Durch die engen Gassen der Stadt tragen geheimnisvolle Männer mit spitzen Hauben langsam und rhythmisch gigantische Kreuze, auf die eine gruselig blutfarben bemalte Holzskulptur, der Körper Jesu, genagelt ist. Ein riesiges Holzkreuz, mindestens zehn Meter lang, schleppten diese jungen Leute auch. Neugierig folgte ich ihnen, holte auf und fragte schließlich einen der Jungen: »Wer seid ihr, wo kommt ihr her, wo wollt ihr hin?« Ich fand, das seien völlig angemessene Fragen, selbst für normale Passanten.

Aber der Junge schwieg eisern, den Blick nach vorn gerichtet. Vielleicht ist eine junge Frau ansprechbarer, dachte ich und lief ein paar Schritte weiter. Aber ich hatte mich geirrt. Das Mädchen blickte mindestens genauso stahlhart an mir vorbei. Das fand ich allmählich ärgerlich. Ich verfiel in die Gangweise dieser merkwürdigen Prozession, immer schön langsam, leicht rhythmisch, fast in der Stop-and-go-Bewegung von Hochzeitspaaren, die sich zu den Klängen von Verdi dem Altar nähern. Ich schwieg eine Weile und versuchte einen frommen Ausdruck anzunehmen. Aber als Mitläuferin taugte ich offensichtlich auch nicht. Niemand wollte mir Antwort geben.

Inzwischen war ich dem Trupp wohl auch aufgefallen. Jedenfalls schien es mir, als sei eine kleine, wortlose Verständigungsmaßnahme unter den Teilnehmern der Prozession im Gang. Blicke in meine Richtung, ein kaum wahrnehmbares Kopfnicken und Kopfschütteln und schließlich eine strenge weibliche Stimme: »Wir sind Studenten von der Universität.« »Ach so«, sagte ich, »das erklärt ja alles.« Mir war der Zusammenhang inzwischen klar. So öffentlich und zugleich so geheimnisvoll benimmt sich nur das Opus Dei.

Einige Wochen zuvor hatte mich der damalige Sprecher der weltweiten Organisation, Giuseppe Corigliano, angerufen. Der Ton klang unverkennbar nach Stierkampf: den Feind an den Hörnern packen, bis er in die Knie gezwungen ist. Meine Zeitschrift habe so viel Negatives über das Opus Dei geschrieben, forderte mich der Herr Sprecher des »Obra« heraus. Ob ich es, als Korrespondentin vor Ort, nicht als meine Pflicht empfände, mich über eine weltweite Organisation wie das Opus Dei direkt an der Quelle zu informieren?

Klar, sagte ich.

Ein paar Tage später trat ich bei Herrn Corigliano an. Von meinem Büro ging ich, wie zu den meisten meiner Termine, einfach zu Fuß. Das Zentrum Roms ist klein. Um die mir angegebene Adresse zu erreichen, lief ich durch die Via delle Coppelle bis an ihr Ende, vorbei an dem gewaltigen Treppenaufbau von Sant' Agostino, auf dem nächtens die Stadtstreicher lagern, bis zur Piazza della Mezza Luna. Auf der rechten Straßenseite, direkt hinter dem großen Bogen, der die Via delle Coppelle an dieser Stelle überwölbt, fand ich mich vor einer unauffälligen Tür wieder und drückte eine Klingel ohne Namensschild. Herr Corigliano, ein eleganter Herr in maßgeschneidertem Anzug, öffnete mir.

In den nächsten zwei Stunden war ich allein mit ihm und einem Fernsehapparat, den er unablässig mit Videobändern fütterte, was ich anfangs eine Spur gruselig fand. Warum schrillte kein Telefon? Warum schellte niemand an der Tür? Warum erschien keine Sekretärin, um mir ein Glas Wasser anzubieten? War ich denn ganz gottverlassen allein mit diesem ölig-freundlichen Menschen vom Opus Dei und seinem elektronischen Wiedergabegerät?

Nun hatte ich am Vorabend mit Freunden ziemlich lange gespeist. Die Müdigkeit holte mich ein, während vom Bildschirm her eine unaufhaltsame Folge von frommen Wohltaten über mich hinwegrollte. Wo war ich denn jetzt?

In Brasilien? Ein Kinderkrankenhaus, schön, diese Kleinen mit den glänzenden Augen, und husch, schon wieder auf einem anderen Kontinent, das waren wohl philippinische Fromme, die hingebungsvoll verknitterte Alte wuschen; dann waren schwarze Menschen zu betrachten, die von hell gekleideten Weißen versorgt wurden, und jetzt präsentierte sich ein Studentenchor mit lauter aufgerissenen Schnäbelchen, wahrscheinlich waren das auch Hungrige, die nach Speisung schrien – mir wären die Augen zugefallen, hätte mich die angestrengt gütige Stimme meines Gastgebers nicht aus meinem Halbschlaf gerissen.

»Verstehen Sie nun ein wenig mehr vom Opus Dei?«, weckte mich Herr Corigliano auf. Und nun war ich wieder präsent. »Ehrlich gesagt, nein«, erwiderte ich und fragte: »Warum sind die Namen Ihrer Mitglieder geheim? Warum wird es zudem verschleiert, wenn Organisationen Filialen Ihrer Bewegung sind? Warum dürfen Jugendliche es ihren Eltern nicht erzählen, wenn sie vom Opus Dei angeworben werden? Warum verbirgt das Opus Dei seinen Einfluss auf Politik und Wirtschaft hinter neutralen Decknamen wie der Rhein-Donau-Stiftung in Deutschland, der Limmat Stiftung in der Schweiz oder – unter vielen anderen – dem finnischen Intercultural European Training Center oder der Foundation for Professional Training auf den Philippinen?«

Herr Corigliano klang nun nicht mehr so zugeneigt und warf mir vor, ich plappere die Propaganda von »Feinden des Opus Dei« nach. So was lässt man sich als Journalistin nicht gern sagen. Ich versuchte eine letzte Frage: »Was ist denn eine Personalprälatur?«

Diese seltsame Sonderehre hatte Johannes Paul II. dem Opus Dei nämlich im Jahr 1982 verliehen.

Herr Corigliano: »Falls Sie wissen, was ein Bistum ist, dann müssen Sie sich unter Personalprälatur ein globales Bistum vorstellen, eine Diözese, die nicht mehr an einen bestimmten Ort gebunden ist. Ihre Mitglieder sind über die ganze Welt verteilt, aber sie fühlen sich dennoch diesem Bistum des Opus Dei zugehörig.«

»Also hat Ihnen der katholische Bischof des Ortes, in dem Ihre Kirche steht, nichts mehr zu sagen?«

»Das ist eine Privatsache für jeden, der sich dem Opus Dei verbunden fühlt.«

Ach, dachte ich mir inzwischen, die Standardantwort: Privatsache. Sobald es ans Eingemachte geht: Privatsache der Gläubigen. Damit ist die Mauer aufgerichtet. Wer will, kann versuchen hinüberzuklettern. Aber dann wird er auf eine neue Mauer treffen, an der das Schild steht: Privatsache. Eine Diskussion zwischen Gehörlosen über Musik oder zwischen Blinden über die Farbenlehre – das mag im Einzelnen möglich sein, ganz gewiss aber nicht mit einem als Gentleman verkleideten Fanatiker wie dem Herrn Giuseppe Corigliano. Unser Abschied kam dann rasch und war frostig.

Nach der Ernennung des »Obra« zur Personalprälatur im Jahr 1982 ging der Aufstieg der militanten Glaubenstruppe in der katholischen Kirche flott weiter. Sicher war es kein Zufall, dass die Kirchenregierung unter Johannes Paul II. bereits 1984 einen Mann vom Opus Dei, Joaquín Navarro-Valls, zu ihrem Sprecher ernannt hatte. Große Summen sollen von Opus Dei der polnischen Gewerkschaftsbewegung Solidarność zugeflossen sein, mit deren Aufstieg in den frühen achtziger Jahren das Ende des sowjetischen Imperiums und seines Satellitensystems in Osteuropa begann.

Vor einigen Jahren hatte sich der deutsche Opus-Dei-Experte Peter Hertel einer katholischen Studiengruppe angeschlossen, die einen Besuch im Hauptquartier der Bewegung vereinbart hatte, und darüber geschrieben: »Die dreistöckige Villa Tevere … liegt wie die meisten Häuser des Opus Dei in einer Feine-Leute-Gegend. Ihr Hauptgebäude war einst Sitz der ungarischen Botschaft beim Heiligen Stuhl. Innen ist die Villa eine herrschaftliche Residenz – mit Empfangsräumen, großen Sälen, trauten Winkeln und dunklen Nischen. Die Alabasterpracht, die kostbaren Gemälde und der Edelluxus sind bemerkenswert. Von außen sieht man dem Gebäude, das sich eher unscheinbar in das Bild des Wohnviertels einfügt, keineswegs an, dass es die Schaltzentrale einer mächtigen Geheimorganisation beherbergt. Für Außenstehende ist die Macht des Opus Dei nicht ohne weiteres zu erkennen. Die Namen der Mitglieder bleiben weitgehend geheim. Die Organisation arbeitet im Verborgenen, und im spanischen Ursprungsland wird sie sogar ›Santa Mafia‹, ›Heilige Mafia‹, genannt. Unsere Gruppe ist von Rolf Thomas, dem ranghöchsten deutschen Mitglied des Opus Dei, am Haupteingang freundlich begrüßt worden. Es gibt noch einen Nebeneingang, durch den man in die Villa Sachetti, den Sitz der Frauenabteilung, gelangt, aber den erwähnt der Priester nicht.«

Die deutsche Studiengruppe wird zunächst in die Krypta der prächtigen Hauskapelle in der Villa Tevere geführt, in der das Grab des Gründers Josemaría Escrivá de Balaguer y Albás verehrt wird. Mit der Gruppe tritt ein junger Mann ein. Er sinkt vor der Grabplatte des Meisters in die Knie und beugt sich über sie. Dann legt er die Stirn auf die glatt polierte Marmorplatte und küsst sie innig. Im Dämmerlicht der Krypta erzählt der Führer der »katholischen Studiengruppe«, in die sich Peter Hertel eingeschlichen hat, von den wundersamen Taten des Josemaría Escrivá de Balaguer y Albás.

Als dieser, 1902 im südspanischen Aragonien geboren, 1928 eine fromme Vereinigung ins Leben rief, die er Opus Dei, Werk Gottes, nannte, glaubte er einem speziell an ihn ergangenen Auftrag zu folgen: in direkter Nachfolge gewissermaßen von Jesus. Opus Dei, auf Spanisch verkürzt »Obra« – das Werk – genannt, versteht sich als Elite-Organisation, die »glühend gläubige Katholiken« heranziehen will. Sie will eine »Kampftruppe Gottes« mit strengster Disziplin sein. Dazu gehört, dass sich keines der Mitglieder öffentlich zu seiner Zugehörigkeit bekennen darf. Jungen Leuten, die bereits als Jugendliche angeworben werden, wird auferlegt, ihren Eltern nichts von ihrer Bindung zu erzählen. Sie müssen lernen, ihre bösen fleischlichen Gelüste »abzutöten«, und das mit mittelalterlichen Methoden, etwa durch Anlegen eiserner Bußgürtel oder durch Selbstgeißelung. In einer belgischen Untersuchung wurde die Geheimorganisation in eine Liste von 187 gefährlichen Sekten aufgenommen.

Das hat dem Ruf und der Position des Opus Dei im Zentrum der katholischen Kirchenregierung nicht wesentlich geschadet. Es bildet nach wie vor ein dichtes Aggregat von Macht im Inneren des Vatikans. Seit seinem Amtsantritt hatte Papst Johannes Paul II. mehr als hundert Kardinäle ernannt, von denen etliche dem Opus Dei nahestanden. Der gegenwärtige Papst, Benedikt XVI., erhielt als Chef der Kongregation für Glaubensfragen einen Ehrendoktorhut der Opus-Dei-Universität Pamplona. Zugleich waren Seilschaften wichtig, die sich auf regionale Herkunft stützten, etwa der »Clan dei Romagnoli« oder der »Clan von Piacenza«. Unter dem neuen Papst werden die Karten völlig neu gemischt. Allererste Ernennungen deuten darauf hin, dass unter dem Papst aus Deutschland die Bedeutung der regionalitalienischen Klüngel sinken wird. Die Grundsituation bleibt. In vieler Hinsicht gleicht das Zentrum der katholischen Kirchenregierung in Rom dem Hauptquartier einer internationalen hierarchisch gegliederten Korporation mit einem CEO – Chief Executive Officer – an der Spitze: Jeder drängt nach oben. Rücksichten werden nicht genommen. Geheime Seilschaften stützen den Aufstieg Einzelner ab. Im Vatikan ist das sehr ähnlich, aber doch noch anders: nämlich härter. Die Herren in ihren langen, schwarzen Röcken mit purpurfarbenen oder roten Bauchbinden und Knopflocheinfassungen in entsprechenden Variationen von Rot können sich nämlich ausschließlich auf ihre eigene Karriere konzentrieren.

Schulferien, Masern, Selbstfindungskrisen, Wohnungssuche, bedrohte Jobs, Verkehrsprobleme, ein kaputtes Auto, neue Schuhe für die Kinderschar, also die Wechselfälle des normalen Lebens kommen in ihren Biografien nicht oder allenfalls am Rande vor. Das stärkt die Ellenbogen. Intrigen und Kabalen hingegen wird Priorität auf dem eigenen Stundenplan gewährt. Seilschaften und Fraktionen sind täglich am Werk zum Nutzen ihrer Mitglieder. Niemand kann nach oben klettern, ohne sich abzusichern.

Eine Hand wäscht die andere, ein Jahrmarkt der Eitelkeiten läuft im Staat der Vatikanstadt rund um die Uhr und rund ums Jahr. Fast könnte man sagen: Selbstverständlich gilt christliche Nächstenliebe auch im Vatikan als hoher ethischer Wert – aber nur, solange sie die eigene Karriere nicht behindert.

Ich entsinne mich an manches vatikanische Event, etwa an die Eröffnung einer archäologischen Ausstellung im Palazzo della Cancelleria, einem gigantischen, dreistöckigen Renaissance-Bau im Herzen Roms, in dem das Kirchengericht Sacra Rota wirkt und beispielsweise darüber entscheidet, ob Caroline von Monaco noch mal kirchlich heiraten darf oder nicht.

Welch feinsinniges Aussortieren nach Rang und Prominenz war da unter den hohen Herren zu beobachten, minutiös abgestimmte Verhaltensformen, schon an der Art und Weise abzulesen, wie die Granden des Vatikans einander begrüßten.

Begegnungsrituale: Wenn ihn der Staatssekretär, also der oberste Mann vom dritten Stock, grüßt, verfällt der vatikanische Kleriker in gleichsam militärische Habtachtstellung. Yes, Sir. Hier bin ich. Ganz zu Ihrer Verfügung. Fragen Sie nur. Ich tue alles für Sie. Wenn er hingegen Gleichgestellten begegnet, wird der Gruß schon ein ganzes Stück langsamer, wenn auch freundlicher erwidert: Man weiß nie. Trifft er jedoch auf Kleriker, die auch nur ein ganz klein wenig unter ihm platziert sind, erhebt der vatikanische Würdenträger nur eben lasch die Hand: »Salve«. Einen Monsignore wiederum, der sich im Aufstieg befindet, gilt es zu beachten, aber um ihm seine untergeordnete Position ins Gedächtnis zu rufen, falls er sich zu vertraulich benimmt, darf ihm allenfalls ein Händedruck gewährt werden, und der darf auf keinen Fall zu lange dauern. Umstehende könnten denken, da werde ein Bündnis geschmiedet. Stellt sich gar ein unnützer Wicht vor einem auf, genügt ein leichtes Erheben der Hand – maximal. Dieses darf jedoch nicht anhalten, damit er sofort versteht, dass ein längeres Verweilen seinerseits nicht erwünscht ist.

Besonders heftig wird das Gedränge, wenn die Mittwochsaudienzen des Papstes in der großen, scheußlichen Halle stattfinden, die unter Paul VI. in den siebziger Jahren links neben dem Petersdom errichtet wurde. Hier sind die Fernsehkameras sichtbar, die das Geschehen für den vatikanischen Sender »Tele Pace« aufnehmen, und da möchte sich natürlich jeder ins Bild bringen, wenn das rote Lichtlein an einem der Aufnahmegeräte leuchtet. Aber das Bild muss auch richtig komponiert sein. Niemand möchte neben einem Verlierer stehen, wenn das fromme Publikum die kostbaren Momente der Papstaudienz in der heimischen Kammer zu sehen bekommt. Diese Art von Öffentlichkeit hat im Übrigen etliche Monsignori zu erstaunlichen Maßnahmen zur Verbesserung ihres Abbildes verleitet – man sieht heftig gefärbte Haare, pechschwarze Hauben auf ältlichen Gesichtern, ganz wie die Haartracht, welche den in seinem achten Lebensjahrzehnt angelangten italienischen Entertainer Pippo Baudo schmückt.

Geschmacksverirrungen sind unvermeidlich. Knallrotes Haar mit Jugendlichkeit zu verwechseln passiert nicht nur vatikanischen Würdenträgern.

Je länger Außenstehende hinschauen, desto merkwürdiger wirkt das vatikanische Umfeld auf sie. Der englische Schriftsteller John Cornwell liefert ein Beispiel dafür. In den achtziger Jahren hatte der ehemalige Student des Angelsächsischen Seminars in Rom noch eine Auftragsarbeit für die vatikanische Führungsspitze angenommen und erledigt. Es ging um die Widerlegung der Aufsehen erregenden These von David A. Yallop, Johannes Paul I. sei Opfer eines Mordkomplotts geworden, das sein unmittelbares Umfeld geplant und ausgeführt habe. John Cornwell, Journalist beim britischen »Economist«, lieferte Ende der achtziger Jahre ein ziemlich eindrucksvolles, aber schließlich doch nicht überzeugendes Buch zum Thema mit dem Titel »Wie ein Dieb in der Nacht«: Wie ein nächtlicher Einbrecher sei Johannes Paul I., der »lächelnde Papst«, aus einem Amt geschlichen, das ihn schlicht überfordert habe.

Cornwells nächstes, sehr viel kritischeres Buch handelte vom Versagen der Papstkirche angesichts des barbarischen Völkermords an den Juden. Auch dieser Band spielt natürlich in vatikanischer Umgebung. Cornwell hat sie treffend charakterisiert: »Manchmal, wenn ich über die Plätze, die Innenhöfe oder durch die hohen Korridore des Vatikans ging, kam ich mir vor, als wäre ich in einem schwimmenden Palast, weit entfernt vom Festland des täglichen Lebens. Dieses Gefühl, sich auf einem anderen Planeten zu befinden, wurde weiter verstärkt durch die im Vatikan vorherrschende penible Beachtung von Ritualen und den Äußerlichkeiten von Religiosität, durch die formalistische Haarspalterei in den Auseinandersetzungen, die langen Talare und den Gebrauch von antiquierten Titeln wie Exzellenz oder Eminenz … Diese Entfremdung im Inneren des Vatikans hat viel mit dem Bemühen zu tun, trotz oder gerade wegen des Zweiten Vatikanischen Konzils die alten Festungsmauern gegen die Profanisierung der Welt zu flicken: mit einer geschlossenen

Weltsicht, mit dem Rückzug in ein Reich privater Absprachen, mit pietistischen Heilmitteln gegen die Flüchtigkeit der Sakralität ... In einer solch bizarren Institution fällt es schwer zu sehen, dass der Kaiser nackt ist. Mit einer Mentalität, die so viel Wert auf Mysterien legt, kann man sich leicht selbst etwas vormachen, sich gar wie ein Heiliger fühlen und dabei doch das Gute mit dem Bösen verwechseln.« Was im Fall der drei Toten bei der Schweizergarde wohl eindeutig geschehen ist.

Einen bemerkenswerten vatikanischen Sinnspruch hat ein anderer Außenseiter aufgezeichnet, der amerikanische Sozialwissenschaftler und Jesuit Thomas Reese. Ihm war in den neunziger Jahren die äußerst ungewöhnliche Möglichkeit gegeben worden, das vatikanische Sozialgefüge von innen zu studieren. Dabei ist ihm eine Verhaltensregel vorgetragen worden, die das systemimmanente Duckmäusertum der vatikanischen Herrschaftsstrukturen treffend zusammenfasst:

»Denke nicht.
Wenn du denkst, sprich nicht.
Aber wenn du denkst und sprichst, dann schreibe nichts auf.
Wenn du denkst und sprichst und aufschreibst, unterzeichne wenigstens nicht mit deinem Namen.
Wenn du aber denkst und sprichst und schreibst und unterzeichnest – dann musst du dich nicht wundern.«

Die schmutzige Rückseite einer solchen Unterwerfungshaltung bildet ein wucherndes Spitzelsystem im Vatikan. Geheimes Wissen über andere ist ein hochbegehrtes Gut und wird gehütet. Die geheimen Archive neuzeitlicher Kirchenfürsten gelten als legendär. Ihr Inhalt enthält tödlichen Sprengstoff – an dem freilich auch derjenige, der ihn gesammelt hat, durchaus ernsthaften Schaden nehmen kann.

Der geheimnisvolle plötzliche Tod des französischen Kardinals Eugène Tisserant, der an einem abenteuerlichen, in den siebziger Jahren im Apostolischen Palast ausgeheckten Finanzbetrug teilgenommen haben soll, dürfte ursächlich mit seinem legendären Geheimarchiv zu tun gehabt haben. Viele Jahrzehnte lang hatte der Kardinal aus Nancy vom Beginn seiner vatikanischen Karriere an minutiös festgehalten, was um ihn herum geschah. Er hatte jedes Gespräch protokolliert, jedes Ereignis im Vatikan kommentiert, alle politischen Entwicklungen, die er miterlebte, als Augenzeuge dargestellt, jedwedes Ereignis säuberlich mit Datum und Stunde versehen. Das Ergebnis war ein einzigartiges historisches Dokument. Um es zu sichern, ließ der Kardinal sogar eine Kopie erstellen, die er seinem Sekretär anvertraute. Ob Tisserant seine Geheimwaffe gegen seine Kardinalskollegen eingesetzt hat – möglicherweise zu erpresserischen Zwecken –, kann nicht mehr festgestellt werden.

In dem erwähnten Finanzbetrug, ausführlich beschrieben in dem Buch »The Vatican Connection« des »New York Times«-Reporters Richard Hammer, ging es darum, gefälschte Aktien und Wertpapiere bei der amerikanischen Mafia zu bestellen und in Umlauf zu bringen. Kurz nachdem das dunkle Unternehmen einige der beteiligten Kardinäle um etliche Millionen Dollar bereichert hatte, befiel Tisserant, einen der wichtigeren Mitspieler in der schmutzigen Affäre, ein überaus mysteriöses Leiden.

Sein Sekretär, Monsignore Georges Roche, versuchte, seinen Chef in seine französische Heimat zu schaffen, aber das wurde ihm von den Kurienfürsten verboten. Stattdessen wurde der leidende Kardinal in einem Krankenhaus der Paolinischen Schwestern am Albaner See untergebracht, dem es zwar an frommem Pflegepersonal nicht mangelte, wohl aber offenbar an erfahrenen Internisten. Später hat Monsignore Roche zu verstehen gegeben, dass er die Unterbringung seines Chefs als eine Art von Hausarrest erlebt habe. Das Ende Tisserants kam über Nacht. Der Kardinal, der am Tag zuvor noch munter und optimistisch gewesen war, verschied am 22. Februar 1972. »Nichts hatte einen so plötzlichen Tod angekündigt«, erklärte Monsignore Roche. Eine Autopsie wurde nicht vorgenommen. Gerüchte, denen zufolge ein schnell wirkendes Gift den mächtigen Kardinal ins Jenseits befördert habe, sind seitdem nicht verstummt. Zwei Tage nach Tisserants Tod wurde Roche ins Staatssekretariat beordert, wo ihn Kardinal Villot und Erzbischof Benelli über das Geheimarchiv Tisserants befragten. Es scheint wenig wahrscheinlich, dass Monsignore Roche dem vereinten Druck der Kurienfürsten, es auszuliefern, standhalten konnte.

Ein anderer Sammler geheimer und natürlich schädigender Information über seine vatikanischen Mitbürger war Kardinal Egidio Vagnozzi. Auch sein Archiv galt nach seinem Tod Ende der achtziger Jahre als verschollen. Im immer währenden Untergrundkrieg vatikanischer Fraktionen aber gab es Kirchenfürsten, die lebhaft daran interessiert waren, dieser Dokumente habhaft zu werden: Sie enthielten nämlich schwere Geschosse gegen den damaligen Chef der Vatikanbank, den amerikanischen Bischof Paul Casimir Marcinkus. Der war die wichtigste Stütze Karol Wojtylas bei dessen geheimer – völkerrechtlich flagrant illegaler – Finanzierung der polnischen Gewerkschaftsbewegung Solidarność. Mit einem untergründigen Angriff auf Marcinkus sollte der polnische Papst getroffen werden. Der war in dem seit Jahrhunderten eingespielten italienischen Netz vatikanischer Beziehungen ein Fremder geblieben. Wojtyla störte. Mit schweren Angriffen auf Marcinkus sollte ihm ein wichtiges Stück Boden unter seinen Füßen weggerissen werden.

Aber die Kabale, die sich um die Jagd auf das Geheimarchiv Kardinal Vagnozzis entspann, hier auszubreiten sprengt den Rahmen dieses Buches. Wichtiger ist es in unserem Zusammenhang, einen anderen fanatischen Sammler von Informationen über andere zu erwähnen: Alois Estermann. Es war eine der ersten Informationen, die ich über ihn erhielt, als ich anfing, dieses Buch zu planen. Estermann, so hieß es, habe Karteikarten über jeden angelegt, der in seinem Gesichtsfeld auftauchte. Und besonders eifrig war er natürlich im Sammeln von Informationen, die seinen mutmaßlichen Feinden schaden konnten.

Kapitel 14

Eine große Reform erzeugt Gegengift

Dabei ist in der katholischen Kirche durchaus ein grundlegender Reformversuch unternommen worden – mit eben jenem von Cornwell erwähnten Zweiten Vatikanischen Konzil, das Johannes XXIII. einberufen hatte.

Dieser unternehmungslustige Papst war erst neunzig Tage im Amt, als er am 25. Januar 1959 seinen wichtigsten Mitarbeiter, den Staatssekretär Domenico Tardini, bis ins Mark erschreckte. Seine Heiligkeit war, wie meistens, gut ausgeschlafen, nachdem er am Vorabend, so wie ihm das gefiel, hervorragend gegessen und ein paar Gläser sehr guten Weines zur Mahlzeit getrunken hatte. Sein sich beachtlich wölbender Bauch gab zu erkennen, dass dieser damals 78-jährige Chef der katholischen Kirche von Askese nichts hielt. Auch konnte ihn niemand für einen großen theologischen Denker halten; das war der norditalienische Bauernsohn Angelo Giuseppe Roncalli zweifellos nicht. Aber an diesem historischen Januarmorgen des Jahres 1959 saß Johannes XXIII., wie immer putzmunter und seinem Rang gebührend in weißen Rippentaft gekleidet, an seinem chaotisch überfüllten Schreibtisch und erklärte seinem Regierungschef: »Ich werde ein neues Konzil einberufen, ein universales ökumenisches Konzil.«

Kardinal Domenico Tardini ließ fast den hohen Stapel von Akten fallen, mit dem er den Papst an diesem Vormittag zu beschäftigen gedachte. Später am Vormittag soll er seinen Mitarbeitern anvertraut haben: »Erst dachte ich, der Papst mache Spaß. Dann dachte ich, jetzt ist er wirklich durchgedreht.« Konzilien werden in der katholischen Kirche nicht besonders häufig veranstaltet, und Johannes XXIII. zielte hoch. In seinen eigenen Reihen, der obersten Spitze der katholischen Kirche, war der Beifall für seinen Plan eher verhalten. Letztlich hat der mutige Ansatz zur Erneuerung, den Papst Roncalli unternahm, ein neues Schisma heraufbeschworen: Eine ultrakonservative Fraktion, geführt vom französischen Erzbischof Marcel Lefebvre, verwarf die erneuerte Version des Katholizismus und wurde ihrerseits von Rom exkommuniziert, jedenfalls zunächst. Weitere – und noch rabiatere – Dissidenten formierten sich vor allem in Lateinamerika. Deshalb gehört die Geschichte von der Reform, die Johannes XXIII. wollte, und dem, was er bekam, nämlich nicht viel, an diese Stelle meines Berichts. Auch ist die giftige Gegenreformation, die das Zweite Vatikanische Konzil in der katholischen Kirche am Ende auslöste, ein Schlüsselelement dieser Geschichte.

Die römische Kurie hat das Unternehmen nicht verhindern können, aber von Beginn an boykottiert. Mit seiner monumentalen Logistik – Hollywood-Produktionen wie »Ben Hur« oder »Kleopatra« muten im Vergleich dazu wie die Vorbereitung eines mittleren Betriebsausfluges an – wurde das Zweite Vatikanische Konzil zu einem Schlüsselereignis der katholischen Kirche der Gegenwart, und der Mann, der es bewirkt hat, Johannes XXIII., Jahrgang 1881, zum größten Papst des 20. Jahrhunderts. Drei Jahre lang, von 1962 bis 1965, erwachte Rom noch einmal aus seiner tiefen Provinzialität, in die nicht zuletzt die jahrhundertelange Herrschaft der Papstkirche es gestürzt hatte, und wurde erneut zum »caput mundi«, dem Haupt der Welt.

All dies war Angelo Giuseppe Roncalli nicht in die Wiege gelegt worden. Im norditalienischen Sotto il Monte (»Unter dem Berg«) in der Nähe von Bergamo ist noch das primitive Bauernhaus zu besichtigen, in dem er zur Welt kam. Schon aus Mangel an Wahlmöglichkeiten für einen Bauernjungen entschloss sich Roncalli für das Studium am Priesterseminar von Bergamo. Seine Herkunft vergaß er nicht. Als er etwa im Ersten Weltkrieg als Sanitätsoffizier diente, sprach sich unter den Arbeiter- und Bauernsöhnen, die auf beiden Seiten der Schützengräben den Krieg für ihre Regierungen austrugen, schnell herum, dass dieser Priester in Uniform in Wahrheit ein Genosse sei.

Zum Lehrer in Kirchengeschichte am Priesterseminar von

Bergamo avanciert, fiel Roncalli dem »Heiligen Offizium« in Rom unangenehm auf – etwa durch seine Äußerung, dass eheliches Leben sexuelles Vergnügen auch ohne Prokreation gestatten dürfe. So liberal sehen römische Glaubenswächter den Ehebund bis heute nicht. Der junge Roncalli verlor umgehend seinen Lehrjob. Trotz seiner kritischen Vorbehalte gegenüber der in Rom herrschenden mittelalterlichen Theokratie machte er in der römischen Amtskirche Karriere. Er begab sich in den diplomatischen Dienst des Heiligen Stuhls. Als apostolischer Nuntius in Istanbul und Sofia erwarb sich der künftige Papst gründliche Kenntnisse des östlichen Christentums, aber auch des Islam und des Judentums. Anders als der damals amtierende laue Papst Pius XII. hat Roncalli als Apostolischer Delegat in der Türkei verfolgten Juden in großem Ausmaß geholfen – etwa indem er an Tausende jüdischer Rumänen und Bulgaren Blanko-Taufscheine verteilen ließ.

1958 zum Papst gewählt, demonstrierte Johannes XXIII. von Anfang an eine vergleichsweise revolutionäre Einstellung gegenüber dem Volk, aus dem Christus stammt. Schon in seiner ersten Karfreitagsliturgie ließ er die überkommene Gebetsformel gegen die »perfiden Juden« weg und ersetzte sie durch Fürbitten für die Kinder Israels.

Als erster Papst empfing er eine Gruppe von mehr als hundert amerikanischen Juden. Auf seinen Vornamen Giuseppe anspielend begrüßte er seinen ungewöhnlichen Besuch mit den Worten des biblischen Josef in Ägypten: »Ich bin Josef, euer Bruder.« Es waren einfache, brüderliche Gesten – aber in der zutiefst antisemitischen römischen Kurie provozierten sie Abneigung und Spott, aus denen im Lauf der Jahre sogar Hass wurde.

Johannes XXIII. gab sich auch keine Mühe, seine progressiven, sogar linken Ansichten zu verbergen. Auf dem Stapel der Tageszeitungen, die er täglich las, fehlte niemals die kommunistische »Unità«, und an den vielen roten Unterstreichungen erkannten seine entsetzten Mitarbeiter, dass Seine Heiligkeit sich dieser Lektüre mit großer Aufmerksamkeit widmete.

Mitten im Kalten Krieg, in dem die katholische Kirche Kommunisten mit Exkommunizierung strafte, wirkte solche intensive Beschäftigung des Papstes mit dem linken Parteiblatt nicht anders, als wenn der Heilige Vater täglich mit dem Teufel selbst Cappuccino tränke. Die für die Außenwelt bis heute meist verborgenen antisemitischen, antiliberalen, antisozialistischen Strömungen in der römischen Kurie schwollen während des Konzils zu reißenden Flüssen an.

Schon die Eröffnung der ökumenischen Versammlung am 11. Oktober 1962 geriet zu einem sakralen Schauspiel, das manche der aus aller Welt Angereisten abstieß und skeptisch stimmte. Die quälend lange, siebenstündige Zeremonie, erstmals rund um die Erde vom Fernsehen übertragen, führte der Welt das alte System in all seiner Erstarrung vor Augen. Höhepunkt der Feierlichkeiten war die »Obödienz«, die Gehorsamsleistung der Konzilsväter vor dem auf dem Thron sitzenden Pontifex. Hans Küng, der als offizieller Sachverständiger »peritus« der Deutschen Delegation am Konzil teilnahm, hat dieses altertümliche Unterwerfungszeremoniell in seiner Autobiografie beschrieben: »Der alte Byzantinismus. Die Kardinäle und Patriarchen küssen des Papstes Ring, zwei Erzbischöfe als Repräsentanten des Episkopats seine Stola. Die beiden Vertreter der Ordensoberen sogar seine Füße. Als ob sie allesamt nicht schon ganz und gar auf den Gehorsam gegenüber Rom eingeschworen gewesen wären. An eine parlamentarische, gar kollegiale Zusammenarbeit untereinander aber sind sie überhaupt nicht gewöhnt. Dabei wäre gerade das für dieses Konzil besonders nötig.«

Ein Lichtblick allerdings war, so Küng, das Verhalten des Papstes an diesem Tag, wenn ihm auch seine Zeremonienmeister wieder den mittelalterlichen Tragesessel aufgedrängt hatten, den Edelmänner seines Hofstaates benutzen durften, während zwei andere Noble gigantische Fächer schwangen, um mit deren Flamingofedern dem Heiligen Vater eine sanfte Brise ums Haupt zu wedeln. Johannes XXIII. blickte skeptisch aus seinen alten Eulenaugen. Aber kaum hatte sein antiquiertes Sitzmöbel, auf dem er sich, so vertraute er einem ihm nahe stehenden Menschen an, wie ein »heidnischer Parther-König« vorkam, das Hauptschiff der Basilika erreicht, stieg er ab. Der nunmehr achtzigjährige Papst stapfte, mühsam mit seinen arthritischen Gliedern, langsam zu Fuß vorwärts und wanderte durch das Spalier seiner Bischofsbrüder zu seinem Thron – eine Geste, die das Beste vorausnahm, was dieses Konzil erreichen konnte, obwohl es im Grunde bis heute nicht durchgesetzt worden ist: nämlich eine kollegiale Beziehung zwischen dem Papst und den Bischöfen.

Eine weitere Neuerung war mehr als augenfällig: die Beteiligung einer starken ökumenischen Delegation am Zweiten Vatikanischen Konzil. Bis dato galten Protestanten und Orthodoxe als Ketzer, als abgefallen von der wahren Lehre. Johannes XXIII. jedoch sprach von ihnen als »unseren getrennten Brüdern«. Gegen den Widerstand des »Sanctum Officium«, der heutigen »Kongregation für Glaubensfragen«, wurde eine vielköpfige Delegation des Genfer Weltkirchenrates eingeladen, den katholische Würdenträger bis dahin strengstens zu meiden hatten. Und nun erhielten diese »Ketzer« in der Basilika sogar einen besonderen Ehrenplatz, eine eigens für sie aufgebaute Tribüne in unmittelbarer Nähe des Papstaltars.

Freilich konnten diese Auswärtigen von dem, was gesprochen wurde, so gut wie nichts verstehen, und das ging ihnen nicht allein so. Die römische Kurie hatte durchgesetzt, dass die Verhandlungen des Konzils in lateinischer Sprache vonstatten gehen sollten. Deren Mitglieder mochten und mögen in der Lage sein, sich über das Wetter, ihre Gesundheit und über den letzten Klatsch auf Lateinisch zu unterhalten. Die zum Zweiten Vatikanischen Konzil aus aller Welt angereisten Bischöfe konnten es in der Regel nicht. Die Einrichtung einer Simultanübersetzungsanlage, die ein amerikanischer Kardinal sogar finanzieren wollte, wurde abgelehnt. Der über das Konzil verhängte Zwang zum Lateinischen blieb ein Herrschaftsinstrument der römischen Kurie, das jeden spontanen Widerspruch oder Einwurf in den Kommissionen für die meisten Teilnehmer unmöglich machte.

Die sichtbare Gegenwart von Protestanten und anderen Ketzern in der Basilika von Sankt Peter alarmierte die Hardliner aus der Kurie. Einer der Reaktionäre, Franco Bellegrandi – ein päpstlicher Kammerherr und Mitarbeiter des »Osservatore Romano«, des offiziellen Sprachrohrs des Heiligen Stuhls – hat das vom Papst gewünschte »Vordringen« der Andersgläubigen ins Konzil voller Abscheu dargelegt: »Die ›Getrennten‹ betreten den Vatikan, sie dürfen sich in Sankt Peter inmitten der Konzilsversammlung niederlassen, ich habe sie viele Male ganz von nahem gesehen, während ich aus dem Untergrund der Basilika das dumpfe Geräusch der verstorbenen Päpste vernahm, die in ihren Gräbern rotierten. Ich habe sie mir genau angesehen, diese Beobachter. Wenn auch in hermetisches Schweigen gehüllt und mehr als zurückhaltend, sieht man, dass sie sich jetzt hier zu Hause fühlen. Sie unterhalten sich frei mit Kardinal Bea, dessen trügerisches und geisterhaftes Gesicht so semitisch aussieht, als repräsentiere es die Karikatur eines Juden. Diese dunkel gekleideten Herren, die sich im Halbdunkel der Basilika verbergen und ihre Augen hinter schwarzen Sonnenbrillen verstecken, wissen, dass sie das Spiel schon gewonnen haben. Es ist ihnen gelungen, in die Zitadelle des Katholizismus einzudringen, versteckt im Trojanischen Pferd des Ökumenismus. Jetzt ist es nur eine Frage der Zeit, und die Zitadelle wird kapitulieren. Nicht die Abgefallenen, die Protestanten, werden von der Kirche absorbiert werden – die Kirche wird vielmehr von den Protestanten verschlungen werden. Und die katholische Messe wird bald ein protestantischer Ritus sein.«

Bellegrandi nannte sein erst 1994 erschienenes Pamphlet »Nikitaroncalli«: Der Titel verband polemisch die Namen des zur Zeit des Konzils amtierenden Führers der Sowjetunion, Nikita Chruschtschow, mit dem des »linken« Papstes Johannes XXIII., Angelo Giuseppe Roncalli. Demselben Buch ist zu entnehmen, wie sich der »Osservatore Romano«, bis heute die offizielle Stimme der Kurie, in seiner Berichterstattung über das Konzil systematisch zum Sprachrohr der reaktionären Opposition erhob: »An den Schreibmaschinen saßen Männer, die ihren ganzen Zorn, ihre ganze Enttäuschung und ihre verbliebenen Hoffnungen zu Papier brachten – es waren die besten antiprogressiven Geister ihrer Zeit«, lobte Bellegrandi.

Dabei konnten die Gegner des vom Papst gewünschten »Sprungs nach vorn« mit dem Ergebnis des Konzils im Grunde sogar zufrieden sein. Die wichtigsten der bis heute klärungsbedürftigen Fragen einer katholischen Kirche, die sich der Gegenwart stellen will – vom Zwangszölibat bis zum Priestertum für Frauen –, wurden auf dem Zweiten Vatikanischen Konzil nicht einmal gestreift.

Allerdings: Eine entscheidende Neuerung hat das Zweite Vatikanische Konzil, das 1965 unter einem neuen Papst, Paul VI., zu Ende ging, dann doch gebracht – die Reform der katholischen Liturgie. Auf Lateinisch vom Konzil beschlossen, schaffte sie das Latein in den täglichen kirchlichen Handlungen ab. Und so konnten Katholiken endlich verstehen, was der Priester in der Messe murmelte. Auch der Altar wurde umgedreht. Während der Geistliche zuvor mit dem Rücken zur Gemeinde am Altar hantierte, durften die Gläubigen jetzt an den sakralen Handlungen des Gottesdienstes beteiligt werden. Viele katholische Kirchenführer bedauern die verloren gegangene Exklusivität für den Priester noch heute. In seiner 1998 erschienenen Autobiografie klagt zum Beispiel Kardinal Joseph Ratzinger, Chef der römischen Glaubenskongregation: »Dieses geheimnisvolle Gewebe von Text und Handlungen war in Jahrhunderten aus dem Glauben der Kirche gewachsen ... Nicht alles war logisch, es war manchmal verwinkelt und die Orientierung gewiss nicht immer leicht. Aber gerade dadurch war dieser Bau wunderbar, und er war eine Heimat.«

Dieser liturgischen Heimat trauerten offenbar viele nach, und so formierten sich nach dem Konzil als Gegenreaktion Bewegungen, die zu einem katholischen Äquivalent jener deutschen Vertriebenenverbände wurden, die nach dem Zweiten Weltkrieg die verlorenen Ostgebiete Deutschlands zurückhaben wollten.

Der Gründer der wichtigsten Antimodernistentruppe war Erzbischof Marcel Lefebvre. Dieser französische Kleriker, Jahrgang 1905, hatte sich schon bei seinem Priesterstudium am Französischen Kolleg in Rom den Ruf erworben, die »Stein gewordene reine Lehre« der katholischen Kirche zu repräsentieren. Der Ruf eines dogmatischen Ultras war der Karriere Lefebvres nicht abträglich. Nach langen Jahren als Mitglied, dann Oberhaupt eines Missionsordens in Westafrika gehörte der Traditionalist einer vorbereitenden Kommission des Konzils an, wobei er sich sofort als Gegner alles Neuen profilierte. Die am Ende beschlossene Liturgiereform lehnte Lefebvre mit solcher Entschlossenheit ab, dass er meinte, dieser neumodischen katholischen Kirche nicht mehr angehören zu können. Er gründete ein eigenes Priesterseminar im westschweizerischen Ecône, in dem er Priester nach seiner Gesinnung erzog und schließlich sogar Bischöfe weihte. Rom protestierte und exkommunizierte den Rebellen, nahm ihn am Ende aber wieder auf und erlaubte ihm und seiner inzwischen beachtlich angewachsenen Bewegung, die Messe nach der alten, auf dem Konzil von Trient im Jahr 1378 abgesegneten lateinischen Liturgie abzuhalten. Rom zeigte sich flexibel, wohl wissend, dass die Traditionalisten eine solide Basis unter konservativen Katholiken aufgebaut hatten und von wichtigen Männern der Kurie voll unterstützt wurden.

Nach der großen Weltversammlung der katholischen Kirche hatte etwa der extrem konservative Kardinal Ottaviani, damals Chef der Glaubenskongregation, einen besorgten Rundbrief an etliche der ihm bekannten Traditionalisten verschickt, in dem er sie ersuchte, sich unverblümt und offen über eventuelle schädliche Folgen des Konzils zu äußern. Marcel François Lefebvre ließ sich nicht lange bitten. »Das Übel der Gegenwart zeigt sich in einer schrecklichen Verwirrung der Ideen, dem Zerfall der kirchlichen Institutionen, der Orden, der Seminare und der katholischen Schulen. Dort, wo früher das eigentliche Fundament der Kirche verankert war, blühen heute ketzerische Ideen und Irrtümer, welche die Kirche seit bereits einigen Jahrhunderten untergraben«, schrieb der französische Rückwärtsdenker an den Kardinal. »Ich meine insbesondere die so genannte Aufklärung und jenen trügerischen Liberalismus, der um jeden Preis versucht hat, die Kirche mit dem schädlichen Gedankengut zu versöhnen, das die Französische Revolution hervorgebracht hat. Die Kirche hatte sich in dem Maß gefestigt, in dem sie sich solchen Irrlehren wie Gedankenfreiheit und Gleichheit widersetzte, und einige unserer besten Päpste in diesem und im vergangenen Jahrhundert haben in ihren Enzykliken mutig solchen unziemlichen Modernismus verdammt. Aber das scheint nichts zu nützen.«

Erzbischof Lefebvre war ein Mann von starken Überzeugungen, und der Präfekt des Heiligen Offiziums hat sie zweifellos geteilt.

Doch die wahren katholischen Fanatiker gingen sehr viel weiter. In einigen katholischen Randgruppen vermischten sich »Zorn und Enttäuschung« der Reaktionäre, die Bellegrandi so schätzte, zu purem Hass. Es war ein giftiges Gebräu; diejenigen, die davon tranken, verfielen dem Wahn, dass es rechtens und sogar obligatorisch sei, die »Verräter« auf dem Heiligen Stuhl zu ermorden. Eine dieser Gruppen stammt aus Lateinamerika und hatte sich auch in Venezuela etabliert.

Die Umtriebe erzkatholischer Fundamentalisten sind hinter mehreren Mordanschlägen auf Johannes Paul II. auszumachen. Wie sich im Fall des berühmtesten Anschlags auf den polnischen Papst gezeigt hat, scheuen diese Fanatiker auch das Bündnis mit fundamentalistischen Islamisten nicht – Ali Agca, der am 13. Mai 1981 auf Johannes Paul II. schoss, ist aus solchen Kreisen gesteuert worden. Das Komplott von 1981 fand sogar heimliche logistische Unterstützung aus finsteren Winkeln der römischen Kurie. Das jedenfalls hat der römische Staatsanwalt

Rosario Priore herausgefunden. Jahrelang hatte er über diesen Anschlag auf den Papst ermittelt und war dabei auf unerwartet heftigen Widerstand im Vatikan gestoßen. In seinem abschließenden Urteilsspruch kritisierte der renommierte römische Staatsanwalt, seine Bemühungen seien jenseits des Tiber offen oder versteckt boykottiert worden. Insgesamt habe er den Eindruck gewonnen, dass im Vatikan versucht werde, »einen unverrückbaren Grabstein« auf das Geschehen vom 13. Mai 1981 zu wälzen.

Derweil konspirierten die katholischen Ultras weiter. Genau ein Jahr später, am 13. Mai 1982, sollte der Papst erneut ermordet werden. Diesmal schoss kein Muselman, auch war weit und breit im Umkreis des Mordanschlags kein bösartiger Kommunist zu erkennen. Der Täter war vielmehr ein katholischer Integralist, ein 32-jähriger spanischer Priester namens Juan Fernandez Krohn – und Anhänger einer rabiat reaktionären katholischen Sekte, die oft unter dem Namen »Tradiçao, Familia, Propriedade« (TFP) oder ähnlichen Bezeichnungen von sich reden gemacht hat. Zum Beispiel im Mai 1982.

Johannes Paul II. war nach Portugal gepilgert, um sich bei der Madonna von Fatima zu bedanken, weil er meinte, ihre wundertätige Hand habe ihn vor dem Tod durch Kugeln Ali Aggas bewahrt. Der Heilige Vater war im Begriff, die dortige Basilika zu betreten, als Krohn auf ihn zustürzte und versuchte, ihn mit einem 37 Zentimeter langen Bajonett zu erstechen, das er unter seiner Soutane versteckt hatte. Er konnte aufgehalten und verhaftet werden, wobei in seinen Taschen ein Bekennerschreiben gefunden wurde. Darin hieß es, dass Karol Wojtyla kein rechtmäßiger Papst sei, er habe den Heiligen Stuhl usurpiert, unrechtmäßigerweise besetzt. Als sei davon auszugehen, dass seine Mordtat gelingen werde, bot Krohn die Motivation seiner Tat in der Vergangenheitsform an. »Ich habe Karol Wojtyla hingerichtet, um die Kirche von einem Papst zu befreien, der sich den Kommunisten gegenüber zu kompromissbereit gezeigt hat. Wojtyla ist der Hauptverbündete des Generals Jaruzelski [in der damaligen Militärregierung Polens Staatsoberhaupt]. Er dient den Interessen der Kommunisten, indem er den Aufruhr des katholischen Volks bremst und derart den Ausbruch eines landesweiten Aufstandes gegen die Kommunisten verhindert. Er benimmt sich wie ein nationaler Kommunist, nicht wie das Oberhaupt der universalen katholischen Kirche.« Das klingt ziemlich irre, war aber damals und ist noch heute reine Lehre unter besonders rigiden Rechtsabweichlern in der katholischen Kirche. Sie nennen sich »Sedevakantisten« und behaupten entsprechend, dass der Apostolische Stuhl vakant sei: Wer sich dennoch auf dem heiligen Sitzmöbel niederlässt, ohne sich ihren Vorstellungen von einem integralistischen Katholizismus zu beugen, verdient nichts anderes als den Tod.

Herbst 1984: Der Papst soll im Januar des folgenden Jahres im Rahmen einer Lateinamerika-Reise auch Venezuela besuchen. Fast im letzten Moment wird eine Verschwörung gegen ihn entdeckt. Der damalige Staatspräsident Venezuelas, Hugo Chavez, kein Freund der katholischen Kirche, setzt eine parlamentarische Untersuchungskommission ein, die Erstaunliches findet. Hinter dem Attentatsprojekt stehen wiederum integralistische Katholikenklüngel, unter ihnen erneut Anhänger von TFP.

Ich hatte versucht, in Rom ansässige Korrespondenten aus Venezuela einzuspannen, um mir Material über TFP aus den Archiven ihrer Zeitungen zu beschaffen. Aber meine Bitte stieß auf wenig Gegenliebe. Antonio Mendoza, Korrespondent einer großen venezolanischen Wochenzeitung, rang die Hände: »Kannst du mich nicht etwas Leichteres fragen. Mit den Jungs vom TFP ist nicht zu scherzen.«

Da entsann ich mich Don Florians. Der ist ein deutscher Traditionalist aus dem Lager Lefebvres und ungeachtet dessen ein sehr umgänglicher, hilfsbereiter Mann. Er lebt in Rimini und leitet eine Buchhandlung, in der Traditionalisten die Literatur ihrer Bewegung finden und bestellen können. Don Florian wusste sofort, wovon ich sprach. Wenige Tage später traf eine interessante Broschüre bei mir ein, verfasst von ehemaligen Mitgliedern dieser Fanatikersekte, die unter verschiedenen Namen in den trüben Gewässern eines rabiaten katholischen Integralismus navigiert.

Mir selbst ist in den neunziger Jahren ein möglicher Ableger oder eine verwandte Gruppierung in Norditalien begegnet. Bei Recherchen über offen separatistische Bewegungen, radikale Brüder der Liga Nord, war ich in Verona auf ein Centro Lepanto gestoßen: Dort seien die wahren Getreuen zu finden, mit nicht nur politischen, sondern auch religiösen Motiven, hatte mir ein Kollege aus Verona gesagt. Der Name der von ihm genannten Gruppierung bezieht sich auf die Seeschlacht bei Lepanto im Jahr 1571, in der eine Heilige Liga, bestehend aus dem Stadtstaat Venedig, Spanien und dem päpstlichen Kirchenstaat, die Osmanen besiegte.

Ich saß also gegen Mittag in einem kleinen, dunklen Büro in der Altstadt von Verona einem sehr entschlossen wirkenden Herrn gegenüber. Hinter ihm zeigte ein bunter Öldruck ein Abbild der Schlacht, in der wohl zum letzten Mal gewaltige Galeeren aufeinander losgegangen waren. Gesiegt hatte das christliche Abendland. Die osmanische Gefahr war fürs Erste gebannt. »Sie sind also Feinde des Islams?«, fragte ich meinen Gesprächspartner. »Nicht unbedingt und in allen Fällen«, erwiderte der. »Es gibt Muselmanen, die wir schätzen, weil sie in unserem Sinne wirken. Da wäre zum Beispiel Ali Agca zu nennen, der, leider vergeblich, im Jahr 1981 versucht hat, den Papst zu töten.« »Und das finden Sie richtig?«, stotterte ich fassungslos. Ziemlich gelassen antwortete der Sprecher des Zentrums Lepanto: »Wir sind gute Katholiken. Aber wir müssen uns gegen Päpste wehren, die den wahren Glauben verraten.« »Ist das die offizielle Linie Ihres Vereins?«, fragte ich nach. »Ich spreche als Privatmann«, gab der gute Mensch aus Verona sehr entschieden zurück, »bitte vergessen Sie das nicht, falls Sie mich zitieren sollten. Wir haben gute Rechtsanwälte.« Ich war gewarnt.

Über die Sekte TFP hingegen hatte der italienische Staatsanwalt Carlo Palermo mehrfach geschrieben, zuletzt in einem im linken Verlag Editori Riuniti erschienenen Bändchen, »Der Papst im Fadenkreuz«. Der Gründer der Bewegung, ein Brasilianer namens Plinio Corrêa de Oliveira, habe nichts anderes im Sinn gehabt, als die gesamte Gesellschaft in die Zeit des Mittelalters und der Kreuzzüge zurückzuschicken, einschließlich Leibeigener der herrschenden Kriegerkaste von »Mönch-Soldaten«. Anhänger der Bewegung trugen bei ihren geheimen Treffen eine mittelalterliche Tracht, in der sich militärische und mönchische Elemente mischten. Palermo schrieb auch, dass sich die TFP-Kämpfer mit Schießübungen vergnügten, bei denen auf ein Porträt von Papst Johannes Paul II. gezielt wurde.

Ganz ohne geheime Unterstützung im Vatikan ist die Kriegerkaste des Plinio Corrêa de Oliveira offenbar nicht. Kardinal Alfons Maria Stickler, Jahrgang 1910, schrieb im Jahr 1996 ein begeistertes Vorwort zu einer Biografie des Sektenführers. Die wiederum wurde von Roberto de Matei verfasst, einem beim Presseamt des Apostolischen Stuhls akkreditierten Journalisten. Mittlerweile hat sich die Organisation weltweit etabliert. Nun versucht sie vehement, ihren Einfluss im Vatikan zu vergrößern. Man kann nur hoffen, dass es den religiösen Fundamentalisten von TFP nicht gelingen wird, in Rom Fuß zu fassen. »Unter Ordnung aber verstehen wir eine strenge, hierarchische, wesenhaft sakrale, antiegalitäre und antiliberale christliche Kultur«, schrieb Plinio Corrêa de Oliveira in einem seiner Bücher. Er forderte also nichts anderes als die Errichtung eines Gottesstaates, und seine Anhänger sind dieser Idee weiterhin verhaftet: vielleicht mehr als je zuvor.

Teil 3

Eine Hinrichtung

Die Wahrheit wird euch frei machen.

Johannes 8, 32

Kapitel 15

Die Dossiers des Alois Estermann

Alois Estermann ist es in den fünf Monaten nach dem Abschied von Buchs, die die letzten Monate seines Lebens sein sollten, nach vielerlei Aussagen schlecht ergangen. Das Licht in seinem Zimmer, so bemerkten Gardisten, brannte oft bis in die frühen Morgenstunden. Manche von ihnen, die nach Mitternacht von einem fröhlichen Abend auf römischen Pisten heimkehrten, begegneten dem Kommandanten, der bleich und rastlos über den hell erleuchteten Ehrenhof streifte und ihren Gruß nicht erwiderte. Morgens war er entsprechend schlecht gelaunt. Die Strafen wurden härter: Cédric Tornay bekam das zu spüren.

Estermann, darüber wurde in vatikanischen Kreisen geredet, begehrte die Position des Kommandanten wie nichts zuvor, und es grauste ihm zugleich vor einem Vergeltungsschlag, der ihn treffen könnte, wenn er ihn bekam. »Ihm muss klar gewesen sein, dass er um sein Leben würfelte, wenn er seine Kandidatur nicht zurückzog«, sagte mein behäbiger Freund mit dem lila Käppi, als ich Unterlagen bei ihm abholte, die er gegengelesen und da und dort mit Anmerkungen, Frage-, aber auch Ausrufezeichen versehen hatte.

Ich ahnte nicht, dass diese Begegnung mit ihm die letzte sein sollte. Kurz bevor ich mit der Niederschrift dieses Berichts begann, überbrachte mir seine Haushälterin ein schmucklos eingewickeltes Päckchen, in dem ich das Gesamtwerk von Laurence Sterne in sechs Bänden aus dem Jahr 1823 fand.

Ein Briefchen, mit der Hand geschrieben, lag im ersten Band. »Ich wünsche Ihnen ein gutes Ende Ihrer most Unsentimental Journey. Und vergessen Sie nicht – auch Estermann und Gladys waren Opfer. Das System ist unmenschlich.« Anders hatte ich es, auch dank seiner Hilfe, nie gesehen.

Der Vizekommandant der Schweizergarde wusste, dass er sich nach dem Abschied von Buchs auf vermintem Gelände bewegte. Er kannte die innervatikanischen Grabenkriege mit ihren mäandernden Fronten und wusste nur zu genau, dass jede falsche Entscheidung jetzt sein Ende bedeuten könnte. Also verhielt er sich vorsichtig und streute zunächst einmal in die Runde, dass er gar nicht wisse, ob er den Posten des Kommandanten überhaupt annehmen wolle.

Nur 44 Jahre war er alt, aber schon bald würde er sein zwanzigstes Dienstjubiläum feiern, und damit hatte er das Anrecht erworben, sich mit einer – wenn auch bescheidenen – Pension in den Ruhestand zu begeben. Manche hörten auch davon, was die Estermanns für die Zeit danach planten: Sie wollten nach Venezuela übersiedeln. Das Ehepaar hatte in Caracas eine Wohnung erworben. Im vatikanischen Klatsch und Tratsch war unausweichlich darüber gesprochen worden, wie denn ein Offizier der Schweizergarde mit seinem eher dürftigen Gehalt die Mittel für derartige Immobilien hatte aufbringen können. Aber da solche Fragen in der Zentrale der Kirchenregierung auch vielen, sehr vielen anderen Würdenträgern nachhingen, wurde nicht allzu lange darüber nachgedacht.

Je weiter meine Recherchen fortschritten, desto mehr Quellen taten sich mir unvermutet auf. Exgardisten, nach denen ich anderthalb Jahre gefahndet hatte, die meine Briefe nicht beantwortet und meine Nachrichten auf ihren Anrufbeantwortern ignoriert hatten, meldeten sich plötzlich bei mir. Martin Utz berichtete mir aus der Schweiz, dass mehrere seiner Exkollegen ihn auf mein Projekt angesprochen hatten.

In der Tat: Alois Estermann besaß eine Sammlung explosiver Dossiers. Zeugen vom Mordabend berichteten mir, dass nicht nur die Wohnung Estermanns, sondern auch sein Büro in der Kommandantur hektisch durchwühlt worden war. Estermann hatte Angst. Er wusste zu viel. Und er hatte es schriftlich niedergelegt – das war bekannt. Jemand hat in seinem Büro Dokumente gesucht. Estermann hatte lange genug im vatikanischen Ambiente gelebt, um von Fällen wie dem plötzlich verschiedenen Kardinal Tisserant und seinem Geheimarchiv gehört zu haben. Seine Dossiers waren Waffen mit großer Sprengkraft. Und deren Rückstoß konnte ihn umbringen. Ihm war auch klar, dass dies besonders für eine Akte gelten würde, diejenige, in der er Material über das Verschwinden der beiden Mädchen Emanuela Orlandi und Mirella Gregori gesammelt hatte, die erste Vatikanbürgerin, die zweite nicht. Beide waren 15, als sie spurlos verschwanden.

Der Espresso-Journalist Pino Nicotri vermutet jedenfalls in seinem 2002 erschienenen Band »Mistero Vaticano. La scomparsa di Emanuela Orlandi« einen Zusammenhang zwischen dem dreifachen Mord bei der Schweizergarde und dem düsteren Rätsel um die beiden jungen Mädchen. Rechtlich unangefochten hat Nicotri das so formuliert: »Im Vatikan heißt es, dass bei der höchst kontroversen Ernennung Estermanns zum Kommandanten der Schweizergarde sein Wissen um den Fall Orlandi ein entscheidendes Gewicht hatte. An einem unbekannten Datum des Jahres 1997 hatten anonyme Täter das Safe im Büro des Vizekommandanten der Schweizergarde aufgebrochen und zwei Dossiers entwendet: Man sprach von einem Plan zur radikalen Reform der Schweizergarde und von einem Faszikel über den Fall Orlandi; Letzteres hätte möglicherweise eine Kopie des Berichts der Gendarmerie an das Staatssekretariat sowie Unterlagen einer Untersuchung enthalten, die Estermann persönlich über den Fall angestellt hatte.« Die römische Staatsanwaltschaft bemüht sich noch heute um Aufklärung, vor allem deshalb, weil immer deutlicher zu erkennen ist, dass Spuren des doppelten Verbrechens, denn um ein solches handelt es sich, nach Erkenntnissen der Ermittler in den Vatikan selbst führen. Dass die beiden Mädchen noch leben, halten die Vertreter der italienischen Justiz für ausgeschlossen. Wahrscheinlich waren sie sogar schon tot, als mit großem Aufwand nach ihnen gesucht wurde –

doch ihre Leichen sind nie gefunden worden. Es ginge hier zu weit, auf alle Einzelheiten einzugehen, aber das unaufgeklärte Schicksal der beiden Mädchen wirft derart lange und dunkle Schatten auf einige Würdenträger des Vatikans, dass es nötig ist, ein paar der Details zu erwähnen.

Am 22. Juni 1983 kam Emanuela Orlandi, damals fünfzehneinhalb Jahre alt, nicht von ihrem Musikunterricht nach Hause. Sie war ein attraktives, schlankes Mädchen mit schulterlangem, kastanienbraunem Haar – in ihrer körperlichen Entwicklung an jener Grenze zwischen Kind und junger Frau angelangt, die manche Männer besonders anziehend finden. In den ersten Monaten nach der Entführung erreichten zahlreiche telefonische und schriftliche Nachrichten die Familie Orlandi: Eine Organisation, die sich »Fronte anticristiano Turkesh« nannte, bekannte sich zur »Entführung« des Mädchens und verlangte für seine Freigabe die Entlassung des Türken Ali Agca, der zwei Jahre zuvor auf Papst Johannes Paul II. geschossen hatte und wenige Monate später zu lebenslanger Haft verurteilt worden war. Telefonisch unterstrich eine Männerstimme die Forderungen der angeblichen Türken. Sie war amerikanisch gefärbt, obwohl sie versuchte, einen osteuropäischen Akzent nachzuahmen: Ein Englisch sprechender Türke in kommunistischem Sold sollte offenbar dargestellt werden.

Ali Agca beteuerte schnell und, wie man heute weiß, zu Recht, dass er mit der Entführung des Mädchens nichts zu tun habe und es vorziehe, seine Strafe in einem italienischen Hochsicherheitsgefängnis abzusitzen.

Auch fanden die italienischen Kriminalbeamten schnell heraus, dass nirgendwo eine »Fronte anticristiano Turkesh« existierte; die Anrufe bei den Eltern und die Briefe, die sie erhielten, sollten ihnen eine Entführung und einen politischen Zusammenhang vorgaukeln, den es in Wahrheit nicht gab. Auch die Beweise, die die Eltern Emanuelas glauben machen sollten, dass ihr Kind noch lebe, waren mehr als spärlich.

Die italienischen Ermittler, von der Polizei bis hin zur Staatsanwaltschaft, dehnten ihre Untersuchungen aus, und es verdichteten sich die Hinweise darauf, dass der oder die Täter möglicherweise im direkten Umfeld des Vatikans zu finden waren. Aber dort war offensichtlich niemandem an der Aufklärung des Falls gelegen. Zunehmend fühlten sich die Behörden behindert, an der Nase herumgeführt, sogar boykottiert in ihren Bemühungen. Am deutlichsten sprach das Präfekt Vincenzo Parisi, seinerzeit stellvertretender Chef des italienischen Geheimdienstes Sisde, am 9. Februar 1994 aus: »Die gesamte Angelegenheit Orlandi war durch eine ständige Verweigerungshaltung von Seiten des Heiligen Stuhls gekennzeichnet. Obwohl dieser offenkundig über telefonische Kontakte mit den Entführern verfügte, ließ er die italienische Staatsanwaltschaft nicht an seinen Erkenntnissen teilhaben ... Ich behaupte sogar, dass alle unsere Nachforschungen und Einsichten in diesem Fall absichtlich durch einen vom Vatikan aufgesetzten Nachrichtenfilter verfälscht und unbrauchbar gemacht worden sind. Es hat zahlreiche Vertuschungsmanöver von Seiten des Heiligen Stuhl gegeben, gezielte Desinformationen bis hin zu offener und gewollter Irreführung der italienischen Ermittler ...«

Der Vatikan sieht nicht gut aus in diesem und im Urteil anderer Vertreter der italienischen Polizei und Justiz. Noch trüber, ja schmutziger wird das Bild des Heiligen Stuhls, als wenig später Mirella Gregori spurlos verschwindet: wiederum in einem direkten Zusammenhang, der sich als vatikanisch darstellt.

Die ermittelnde Staatsanwältin Adele Rando, die nach einem Hinweis von Mirellas Mutter in Erfahrung gebracht hatte, dass es häufige Kontakte zwischen Raoul Bonarelli, einem Mitglied der päpstlichen Gendarmerie, und dem verschwundenen Mädchen gegeben haben könnte, veranlasste im Rahmen ihrer Ermittlungen, dass das Telefon Bonarellis abgehört wurde. Eines der aufgezeichneten Gespräche, es wurde einen Tag vor einer geplanten Vernehmung Bonarellis mitgeschnitten, ist derart interessant, dass ich es an dieser Stelle kurz wiedergebe:

Bonarelli: »Hallo?«

Kollege: »Raoul!«

Bonarelli: »Ja.«

Kollege: »Jetzt geb ich dir den Chef.«

Bonarelli: »Hallo, also sagen Sie mir, was ich sagen soll …«

Chef: »Was weißt du von Gregori … Nichts weißt du. Wir wissen nichts. Nur aus den Zeitungen. Es war auch nicht in unserer Kompetenz … Aber sag nicht, dass die Sache dann ins Staatssekretariat gegangen ist …«

Bonarelli: »Und was soll ich also sagen …«

Chef: »Na ja, also … was sollen wir schon wissen … Wenn du sagst: Ich habe niemals ermittelt … Unser Büro hat nur eine interne Ermittlung gemacht, und die … aber du darfst nicht sagen, dass die dann ins Staatssekretariat gegangen ist …«

Bonarelli: »Nein. Nein. Klar, von unseren internen Sachen darf ich nichts sagen. Nichts.«

Chef: »Also, du sagst nichts, gar nichts. Nichts von dem, was du weißt, gar nichts.«

Bonarelli: »Aber wenn ich sage, dass ich Angestellter des Vatikans bin, dann werden sie doch sicherlich fragen, wo ich wohne, dann werden sie erfahren, wer ich bin …«

Chef: »Na, und … Du bist Angestellter des Sicherheitsdienstes in der Stadt des Vatikanstaats, du arbeitest im Schichtdienst, und damit hat's sich.«

Bonarelli: »Okay. Also, morgen werde ich diese Aussage machen, und dann komme ich gleich.«

Chef: »Dann kommst du gleich, klar …«

Aus diesen Anweisungen von Camillo Cibin, Chef der päpstlichen Gendarmerie, denn nur um den kann es sich handeln, wenn ihn Bonarelli mit »Chef« anredet, ist klar zu erkennen, dass der Vorgesetzte seinem Vize anordnet zu mauern. Desgleichen ergibt sich aus der Aufzeichnung, dass im Staatssekretariat eine interne Untersuchung über den Fall durchgeführt worden ist. Darüber wollte Adele Rando nun sehr gern mehr wissen. Sie richtete daher ein Gesuch an das Staatssekretariat des Heiligen Stuhls, in dem sie eine Vernehmung des damaligen Staatssekretärs für Auswärtige Angelegenheiten, Kardinal Agostino Casaroli, von Staatssekretär Angelo Sodano, Monsignore Giovanni Battista Re und weiteren Größen der vatikanischen Kirchenregierung anregte und bat, bei diesen Befragungen anwesend sein zu dürfen.

Ihre Bitte wurde kühl abgeschlagen: Sie habe keine präzisen Fragen eingereicht, und die Anwesenheit eines Vertreters der italienischen Justiz sei aus Gründen der im Konkordat festgelegten staatlichen Souveränität des Heiligen Stuhls nicht möglich. Ein zweites Rechtshilfe-Ersuchen der Staatsanwältin, diesmal mit konkreten Fragen für die Herren, wurde nicht rundweg abgeschmettert, die Anwesenheit der italienischen Justiz allerdings erneut aus »völkerrechtlichen Gründen« als »nicht zulässig« verweigert. Wie man sich denken kann, waren die erteilten Auskünfte mehr als dürftig. Niemand wusste nichts.

Diese Haltung führte letztlich dazu, dass die italienische Justiz bis heute nicht viel weitergekommen ist. Kardinal Silvio Oddi, der inzwischen auch verstorben ist, hat jedenfalls, so der »Espresso«-Autor Pino Nicotri in seinem 2002 erschienenen Buch »Mistero Vaticano«, Interessantes zum Thema verbreitet. Am späten Nachmittag des 22. Juni 1983 habe ein vatikanischer Dienstwagen Emanuela Orlandi in den Vatikan gebracht, in den das junge Mädchen kurz danach wieder eingestiegen sei. Nicotri schreibt: »Das Auto hat in einiger Entfernung vom Sankt-Anna-Tor gehalten, um die Rückkehr Emanuelas abzuwarten, an jenem Eingang zum Vatikan also, der von Schweizergardisten bewacht wird.« Und weiter: »Wenn Emanuela tatsächlich am späten Nachmittag oder frühen Abend kurz in den Vatikan zurückgekehrt wäre, hätte jemand von der Schweizergarde sie ganz gewiss gesehen.« Der Autor betont: »Die Verbindung zwischen dem Fall Orlandi und dem vatikanischen Blutbad am 4. Mai 1998 mit ausdrücklichem Bezug auf Alois Estermann ist eine der dauerhaftesten Stimmen zum Thema hinter den leoninischen Mauern.«

»Gleichwohl: Die Dauerhaftigkeit eines Gerüchtes sagt nicht

viel über seinen Wahrheitsgehalt. Den könnte nur eine weltliche Justiz ausloten, in einer umfassenden, kriminologisch unanfechtbaren Untersuchung. Und die ist nicht möglich, solange der Vatikan mauert und sich hinter seiner staatlichen Souveränität versteckt.

Was bleibt, sind Hypothesen.

Einige neue Einsichten konnte ich sammeln, nicht mehr als Mosaiksteine einer Erklärung dafür, warum Alois Estermann, seine Frau Gladys und Cédric Tornay ermordet wurden. Aber ein schlüssiges Bild ergaben sie am Ende doch. Besonders aufschlussreiches Material lag plötzlich fast eher zufällig vor meinen Füßen.

Ein ehemaliger Offizier der Schweizergarde, den ich lange gesucht hatte, nannte mir, als ich ihn schließlich in der Schweiz fand, den historisch gefärbten Vornamen eines römischen Freundes von damals. Der sei zur Zeit des Verbrechens in der Verwaltung des Vatikanstaats beschäftigt gewesen und hätte den Tatort gesehen. Er gab mir eine römische Nummer. Ich wählte sie an. Das Telefon wurde von einer älteren Frau beantwortet, die eine Weile unter etlichen Telefonadressen ihres Sohnes herumsuchte, bevor sie mir – wahrscheinlich wirklich nicht wissend, was sie tat – eine Nummer nannte.

Als ich diese anrief, explodierte eine aufgebrachte Männerstimme in meinem Ohr. »Wer hat Ihnen diese Nummer gegeben«, schrie der Mann auf Französisch, aus meinem immer noch nicht akzentfreien Italienisch schließend, dass ich Ausländerin bin. Der Hörer wurde aufgeknallt. Wenig später klingelte mein Telefon.

»Ich bin der, den Sie suchen.«

»Warum dann das Geschrei?«

»Das werde ich Ihnen am Telefon nicht erklären.«

»Könnten wir uns treffen?«

»Ich bin nicht in Rom.«

»Ich auch nicht. Ich sitze in meinem Landhaus in der Toskana.«

»Das trifft sich gut. Ich könnte in zwei Stunden am Hauptbahnhof von Florenz sein.«

Ich konsultierte den Zettel mit dem Fahrplan der Bummelzüge, die mein toskanisches Nest mit Florenz verbinden.

»In zweieinhalb Stunden«, sagte ich, »wo?«

»Es gibt einen Aufenthaltsraum für Vielreisende der Eurostar-Züge (der italienischen Version des ICE). Auf der rechten Seite des Hauptbahnhofs Santa Maria Novella. Dort werde ich Sie erwarten. Auf meinem Aktenkoffer wird das heutige Exemplar des »Osservatore Romano« liegen.« Merkwürdig, fand ich. Das Sprachrohr des Vatikans ist nicht jedermanns tägliche Zeitungslektüre.

In dem ziemlich schäbigen Raum des Eurostar-Clubs traf ich einen etwa 35-jährigen Mann, den zu beschreiben mir untersagt wurde. Er stellte sich als Mitarbeiter des italienischen Nachrichtendienstes Sisde vor, der für die inneren Belange des Landes zuständig ist. Ich bat um seinen Dienstausweis. Er legte mir eine Karte vor, die vom Innenministerium ausgestellt war und nichts über seine Funktion sagte. Seinen Nachnamen hielt er mit dem Zeigefinger verdeckt.

»Woher wissen Sie von mir?«

Ich nannte ihm den Ex-Offizier der Schweizergarde, der mit meinem geheimnisvollen Gegenüber befreundet gewesen war.

»Der Gute«, lächelte er. »Zurück in der Schweiz und immer noch im Dienst der katholischen Kirche.«

»Warum nicht? Außerdem: Er hat Familie. Und im Übrigen hat er mir gesagt, dass Sie sehr viel darüber wüssten, was am Abend des 4. Mai 1998 hinter den vatikanischen Mauern geschah.«

»Das kann man sagen.«

»Wieso eigentlich?«

»Auch der italienische Staat sieht es als wichtige und legitime Aufgabe an zu erfahren, was im Vatikan geschieht. Also wurde ich eingeschleust, ausgestattet mit einem perfekt gefälschten Lebenslauf.«

»Was war Ihre Aufgabe?«

»Sehr einfach. Ich war Mitarbeiter der Grundstücks- und Hausverwaltung und trug einen Overall. Die Schlüssel für sämtliche Büros der Kirchenfürsten waren mir zugänglich. Die Herren Kardinäle sitzen ja auch nicht extrem lange an ihren Schreibtischen. Die Regierung des Heiligen Stuhls macht um 14 Uhr dicht.«

»In einigen Büros von Kardinälen sind Wanzen entdeckt worden – eine davon pikanterweise in einer Marienstatue aus Porzellan.«

»Das war bei Casaroli, der bis Mitte der neunziger Jahre ›Außenminister‹ des Heiligen Stuhls war. Die stammte nicht von uns.«

»Sprechen wir über den Abend des 4. Mai 1998.«

»Ich wurde gegen 21.30 Uhr mit einem Kollegen in die Wohnung der Estermanns gerufen.«

»Waren die Toten noch da?«

»Ja. Schrecklicher Anblick.«

»Wie und wo lagen die Leichen?«

»Estermann lag auf dem Rücken, vor einem Sofa an der Rückwand des Raumes, Cédric auf der linken Seite vor einem Tischchen und einem Sessel. Er lag auf dem Bauch.

»Sahen Sie Blut am Kopf des Jungen?«

»Keine Spur. Es schien fast, als ob er schliefe.«

»Und Frau Estermann?«

»Sie lag zusammengekrümmt hinter dem Sofa in einer riesigen Blutlache, die unter dem Möbel bis nach vorne geflossen war.«

»Was geschah dann?«

»Wir wurden zunächst an das strenge Stillschweigen erinnert, auf das alle Mitarbeiter des Vatikans gegenüber der Außenwelt verpflichtet sind. Und dann mussten wir in aller Eile ein bisschen am Tatort herumbasteln, bevor der Ermittlungsrichter eintraf.«

»Wer gab die Anweisungen?«

»Ein Mann im Priestergewand. Ich kannte ihn vom Sehen, nicht namentlich. Er war aufgeregt, doch es schien, als wüsste er genau, was zu tun sei, um zu belegen, was die Pressestelle des Heiligen Stuhls wenig später verkünden würde.«

»Der Tatort wurde verändert. Das höre ich nicht zum ersten Mal. Was hatten Sie dabei zu tun?«

»Wir mussten mit einer Hellebarde, die von einer Wache geholt wurde, ein Loch in die Zimmerdecke bohren, um ein ›Einschussloch‹ herzustellen. Wenn sich Tornay nämlich hingekniet und seine Pistole nach oben gerichtet in den Mund geschoben und abgedrückt hätte, dann hätte die Kugel ja irgendwie über ihm einschlagen müssen. Eine vorhandene Einschlagspur hingegen haben wir zugegipst und einen Stuhl davorgestellt. Schließlich haben wir aus einem kleinen Zimmer in der Wohnung der Estermanns ein Hochbett geholt und gegen eine Wand gestellt, auf der Blut und Spritzer aus Gehirnmasse zu sehen waren.«

»Aber das wäre doch alles sehr leicht zu entdecken gewesen!«

»Bei einer normalen kriminologischen Untersuchung des Tatorts ganz gewiss. Aber die hat es eben nicht gegeben. Der Raum war ja nicht einmal abgesperrt worden. Hier waren Dilettanten am Werk, die in höchstem Tempo ein Vertuschungsmanöver durchziehen mussten.«

»Das müssen Sie doch vor Gericht aussagen!«

»Vor welchem denn? Das so genannte vatikanische Verfahren ist abgeschlossen. Ob es eine gerichtliche Untersuchung in der Schweiz geben wird, ist noch offen. Und aussagen werde ich sowieso nicht. Das verbietet mein Job.«

»Was, glauben Sie, war der Hintergrund dieses blutigen Dramas?«

Der Mann zog ein Blechschächtelchen mit Tabak aus seiner Aktentasche, fischte in ihr herum, um Papier zu finden, sammelte die Reste des Krauts, die auf dem Tisch gelandet waren, penibel mit dem Zeigefinger ein, drehte sich langsam und umständlich eine Zigarette, fragte mich nach Feuer, das ich nicht zu bieten hatte, fand ein Zippo in einer seiner Jackentaschen und konnte endlich den ersten Zug genießen.

Mannomann, dachte ich, mach's nicht so spannend. Schließlich schien sich der Unbekannte daran zu erinnern, warum wir im Aufenthaltsraum des Eurostar zusammensaßen.

Er blickte mich bedeutungsvoll an.

»Von dem geplanten Attentat auf den Papst haben Sie gehört«, fragte er endlich.

»Von welchem denn – es gab etliche geplante und auch etliche versuchte Anschläge auf das Leben des polnischen Papstes.«

»Ich meine natürlich das für den 13. Mai 1998 geplante.«

Da fuhr ich hoch. Das war mir neu. Aber es passte in die Linie der vorhergegangenen Attentate auf den Papst im Namen von Fatima: Wieder am 13. Mai, dem Tag der Madonna von Fatima, in deren Namen sich die schon erwähnten erzkatholischen, rabiaten Fundamentalistengruppen gesammelt haben.

»Allerlei Gerüchte waren im Umlauf«, erinnerte ich mich, »ich habe sogar Agenturmeldungen gesehen. Mal war von einem geplanten Bombenanschlag auf den Apostolischen Palast die Rede, mal von Vorbereitungen zur Entführung hoher Würdenträger der katholischen Kirche, und natürlich wollte irgendjemand auch etwas über das Vorhaben eines neuen Attentats auf Johannes Paul II. erfahren haben. Alles blieb vage. Ich habe das nicht weiter verfolgt.«

Der Mann blies mir Tabakwolken ins Gesicht und sah mich herausfordernd an.

»Aber die Serie kennen Sie wenigstens?«

»Die kann ich Ihnen aufsagen. 13. Mai 1981, der rechtsradikale Türke Ali Agca schießt auf den Papst – angeblich in kommunistischem Auftrag, in Wahrheit ein westliches Projekt, das die sich anbahnende Entspannung zwischen Ost und West in die Luft jagen sollte. Im Hintergrund waren freilich auch katholische Integralisten aus Lateinamerika zu erkennen. Sie hielten den polnischen Papst für einen Usurpator des Heiligen Stuhls, der für seinen Verrat an der wahren Lehre sterben sollte.«

Mein Gegenüber nickte.

»1982, Besuch des Papstes im Heiligtum von Fatima in Portugal«, fuhr ich fort. »Der junge Priester, der den Papst erdolchen will, ist wiederum, und das ist vor Gericht nachgewiesen worden, ein katholischer Fundamentalist aus dem gleichen Klüngel.«

»Den Namen kennen wir beide«, sagte der Unbekannte.

»Aber den wollen wir lieber hier weglassen«, erwiderte ich, »schon weil es etliche Gruppierungen solcher fanatischer Kreuzritter gibt, die ganz anders heißen. In den USA, auch in Frankreich zum Beispiel. Aber ging das bis in die 90er Jahre?«

»Ja. Es gab, zum Beispiel in Venezuela, weitere Projekte, den Papst in fundamentalistischem Wahn zu ermorden. Die rabiateste Gruppierung dieser katholischen Glaubensterroristen wurde in Venezuela schließlich verboten und ihre Mitglieder des Landes verwiesen.«

»Aber könnte darauf eine Hypothese für die drei Morde bei der Schweizergarde gebaut werden?«

»Ein Hypothese schon«, sagt der Geheimdienstmann knapp und erhebt sich. Ich begleite ihn zu seinem Dienstwagen, der flagrant in einem Halteverbot geparkt, an einem Nebenausgang des Bahnhofs von Santa Maria Novella auf ihn wartet. Der Chauffeur wirft ein Heftchen mit Frauenfotos auf den Sitz neben sich, springt aus dem Wagen und öffnet seinem Chef die Tür. Der Wagen ist dunkelblau und trägt ein römisches Kennzeichen.

Monate vergehen.

Das Telefon des Geheimdienstlers in Rom läutet, aber niemand hebt ab. Ich bleibe in Kontakt mit meinem wichtigsten Informanten hinter den leoninischen Mauern. Wir treffen uns in Abständen. Irgendwann zeigt er mir einen Zettel mit Notizen eines Telefongesprächs. Die Gattin eines inzwischen pensionierten Mitarbeiters der Kirchenregierung hatte ihn angerufen: Gladys Estermann habe sich ihr wenige Tage vor ihrem Tod telefonisch anvertraut. Ihr Mann sei Anfang Mai 1998 telefonisch über ein neues Anschlagprojekt der katholischen Fundamentalisten gegen den Papst informiert worden. Er habe sein Wissen pflichtgemäß und mit der gehörigen Dringlichkeit »nach oben« weitergegeben. Aber an wen? Wir wissen es nicht. Namen habe ich gehört: nennen werde ich sie nicht. Das wäre weder rechtlich noch journalistisch zu vertreten. Immerhin ergänzt die Aussage dieser Frau über ein geplantes Attentat zum 13. Mai 1998 diejenige des Geheimdienstmannes vom Bahnhof Santa Maria Novella in Florenz.

Zwischen Muguette Baudat und dem Heiligen Stuhl hat es im Übrigen über die Jahre hinweg einen ziemlich bizarren Briefwechsel gegeben. In der Substanz blieben die vatikanischen Schreiben an die Mutter des ermordeten Cédric Tornay gleich: Ihr wurde angeboten, sie dürfe im Vatikan die Akten des Falles »einsehen«. Aber sie müsse allein kommen, ohne ihre Rechtsanwälte also, sie dürfe sich keine Notizen machen und schon gar nichts fotokopieren. Im Ton wechseln die Briefe aus Rom in die Westschweiz zwischen vorgeblicher Konzilianz und Drohung. Muguette hatte zum Beispiel darum gebeten, die private Kleidung ihres Sohnes zurückzuerhalten. Aber diese schlichte Bitte scheint die Kirchenregierung zu empören. Sie solle künftig auf derlei Bitten verzichten – sonst werde die bescheidene Garderobe ihres toten Sohnes »konfisziert«.

Unter solchen Umständen muss mein Bericht in einer Grauzone enden. Immerhin: Bewiesen ist, dass Cédric Tornay den Mord an den beiden Estermanns nicht begangen und sich nicht selbst umgebracht hat. Der gefälschte Brief des Jungen, noch dazu in zwei Versionen, ist eine Säule dieser Argumentation. Sie wird, zweitens, gestützt von dem Ergebnis der unabhängigen Autopsie in Lausanne, die seine Mutter veranlasst hat. Drittens belegt die von mehreren, auch hier vorgestellten Zeugen eilige Veränderung des Tatorts durch vatikanische Angestellte, dass unmittelbar nach dem Verbrechen ein Vertuschungsmanöver begann. Und damit bricht die vatikanische Version über die tragischen Ereignisse am Abend des 4. Mai 1998 in sich zusammen. Der Vatikan kann das nicht zugeben, und damit hat er sich selbst den Weg zu einem ordentlichen Verfahren verbaut. Er weiß es. Aber das kann auch ohne Zustimmung des Vatikans stattfinden. Die Rechtsanwälte der Muguette Baudat arbeiten daran, dass helvetische Behörden die Ermittlungen aufnehmen und es zu einem Verfahren in der Schweiz kommt.

Ich war im Übrigen immer überzeugt davon, dass Johannes Paul II. nie im Einzelnen über das blutige Drama bei der Schweizergarde informiert worden ist. An seinen Nachfolger Benedikt XVI. hat Muguette Baudat bereits geschrieben. Ob ihm dieser Brief vorgelegt wird, bleibt offen. Aber die Publikationen über den Fall nehmen derweil kein Ende. Zum 500. Geburtstag der Schweizergarde im Jahr 2006 sind in der Schweiz neue, kritische Publikationen geplant. Das Thema bleibt lebendig. Nach der Wahl des neuen Papstes im April 2005 habe ich sogar etwas Hoffnung. Ich halte es für denkbar, dass Benedikt XVI. von den ungeklärten Mordfällen vor seiner eigenen Haustür genauere Kenntnis nehmen wird als sein Vorgänger. Und möglicherweise wird dann der vormalige Hüter der katholischen Orthodoxie, Joseph Kardinal Ratzinger, mit der ihm eigenen unerbittlichen intellektuellen Strenge nach Aufklärung verlangen. Es läge an ihm, die blutigen Flecken, welche der dreifache Mord bei der Schweizergarde auf dem Kleid Ecclesias hinterlassen hat, gründlich untersuchen zu lassen.

Anhang

Ein Album für Cédric Tornay

Valeria hat die nachstehenden Aussagen von Freunden Cédrics gesammelt und mir im Februar 2003 für dieses Buch zur Verfügung gestellt. Auch die Fotos stammen aus ihrem persönlichen Besitz. Danke, Valeria.

Lucilla:

So viel ist in jenen Tagen geschrieben worden, und jedes Mal, wenn ich einen Stift zur Hand nahm, kam es mir vor, als wäre er da und bäte mich, zu schreiben. Als ob ich ihn auf Papier festhalten und ihm die Farbe von Tinte geben sollte. Die Zeit vergeht, und tausend Seiten von tausend Tagebüchern sind immer noch feucht von Tränen.

Er hatte gesagt: Ich gehe weg, ich kehre in die Schweiz zurück. Und dann, nur ein paar Tage später, eine innere Stimme zwingt mich zum Fernseher, will, dass ich höre ... ich höre ... ein Zweifel kommt mir ... ich hebe den Hörer ab, telefoniere und erhalte eine Bestätigung. Ja, es ist wahr.

Ich kann nicht vergessen, die Schreie, mein Freund, der stirbt, der Anblick seiner Augen und seine liebe Stimme, mit dem ausländischen Akzent, der mir in den folgenden Nächten in den Ohren klingt. Und in denen, die folgen, auch, immer wieder, immer wieder. Ich habe keine Worte. Manches kann man sich nicht vorstellen, nicht glauben, nicht mal im Entferntesten denken. Das Leben ist manchmal so schmerzhaft und unerklärlich, wie man es sich niemals vorgestellt hat.

Aber das macht nichts. Für mich ist Cédric immer eine liebevolle Person gewesen, ein treuer Freund, voller Leben, hilfsbereit, voller Liebe, voller Kraft, voller unerschöpflicher Lebensfreude, ein Gefährte bei Abenteuern, ein Schweizer so süß wie Schweizer Schokolade, und doch ist sein Leben weggeworfen worden. Aber er ist immer bei mir, in jeder Träne, die ich weine, und in jedem Lächeln von mir, wenn es mir gut geht. Er ist die Luft, die ich atme, das Wasser, in dem ich bade, er ist jeder meiner Träume, er ist es auch, wenn ich einen Freund umarme, er ist alles, was ich für ihn und für mich will, so war es und so wird es darüber hinaus mein ganzes Leben lang sein, mein lieber Cédric.

Obwohl wir uns nur für Bruchstücke unseres Lebens begegnet sind, das macht nichts, man muss nicht tausendmal das Wasser sehen, um zu verstehen, dass es durchsichtig ist und eines der besten Dinge, die man zu sich nehmen kann. Wenn er zurückkehren könnte und ich dürfte eine einzige Sache zu ihm sagen, würde ich sagen: Du bist ganz besonders. Ich würde ihn umarmen, ihn festhalten … aber das muss gar nicht sein. Jeder von uns weiß, wo er zu finden ist, und er weiß, wo er uns findet.

An Cédric und für Cédric, aus ganzem Herzen, Lucilla.

Marco:

Lass dich durch Lügen und Verfälschungen von Institutionen oder Journalisten nicht beirren, Cédric. Das Einzige, was zählt, ist, was diejenigen, die deine Freunde waren, für dich empfinden. Du fehlst uns. Marco

Die Welt in einem Sandkorn zu sehen und den Himmel in einer Wildblume heißt die Unendlichkeit in deiner Handfläche zu halten und die Ewigkeit im Zeitraum einer Stunde zu erleben.

Corinna:

Es sind sehr schöne Momente, die ich bisher immer nur für mich selbst behalten wollte. Aber ich glaube, es ist richtiger, den heiteren Cédric mit seinem süßen Lächeln doch mit anderen zu teilen, so wie ich ihn in meinen Träumen bewahre … Aber verzeiht mir, wenn ich den Rest für mich selbst behalte, weil das zu den wichtigsten Erinnerungen meines ganzen Lebens zählt.

Elisa:

Blaue Augen. Zwei himmelblaue Tropfen und darunter ein schüchternes Lächeln – das ist das Bild, das ich von Cédric im Gedächtnis bewahrt habe. Eine Momentaufnahme von einem Vormittag mit kaltem Wind, vielleicht Januar, so um die Zeit. Das Bild eines großen Jungen mit breiten Schultern und einem hageren Gesicht, mit einem schwarzen Seemannskäppi auf dem Kopf und den Manieren eines wohlerzogenen Kindes, das auf der Schwelle wartet, bevor es hereingebeten wird, und dazu ein Italienisch, das keine grammatischen Regeln kannte und über das wir alle immer wieder lachen mussten. Das Bild eines Zwanzigjährigen also, wie wir alle es waren, mit denselben Schwierigkeiten und denselben Freuden wie wir – nur dass bei ihm eben alles in einem etwas holprigen Italienisch geschah.

Laura:

Cédric war ein Typ, der dich nie vergessen hat, der dich nie im Stich gelassen hat. Er gehörte zu jener raren Gruppe von Leuten, für die es wichtiger ist, miteinander zu spielen, als zu gewinnen. Was nicht heißt, dass er nicht gewonnen hätte! Die wenige Freizeit, die er hatte, versuchte er immer mit seinen Freunden zu verbringen. Für ihn war das eine Freude, die sich jedes Mal erneuerte, wenn wir uns trafen. Ich erinnere mich, als mein Freund so krank gewesen ist, war Cédric der Einzige, der ihn anrief, um etwas mit ihm zu vereinbaren. Und als Luca nach einer Operation im Krankenhaus lag, war er derjenige, der uns am meisten besucht hat – ausgerechnet er, der am wenigsten Zeit hatte. Er saß am Fußende des Krankenbettes und hat so viel Unsinn angestellt, dass unser Lachen durch die gesamte Abteilung schallte. Die Krankheit hat mir meinen Freund genommen. Und Gott weiß, wie sehr ich Cédric und seine Zuneigung in dieser Zeit gebraucht hätte. Ich erinnere mich an seine kleinen Geschenke für mich, an das, was er mir im Vertrauen sagte, von seiner Zuneigung für seine Mutter, für seine Schwestern – es kam mir fast so vor, als würde ich sie kennen –, sein Verspre-

Valeria und Cédric

chen, uns nicht zu vergessen, wenn er wegen seiner neuen Arbeitsstelle in die Schweiz zurückgekehrt wäre. Er hat mir gesagt: Du wirst schon sehen, wenn du mich jedes zweite Wochenende bei dir unterbringen musst, dann wirst du endlich glauben müssen, dass ich nach Rom zurückkommen werde. Er hat gealbert und Scherze gemacht, einfach um ein Zeichen von Zärtlichkeit zu bekommen. Einmal hat er so getan, als hätte er die Fotos von unserem Ausflug nach Calcata vergessen, und dann zog er sie raus und sagte: Du bekommst sie nur, wenn du mir ein Küsschen gibst. Und ich erinnere mich daran, wie wir mit seinem zerbeulten Auto durch die Gegend rasten, mit dem Nummernschild CV (Città del Vaticano). Er fehlt mir, er fehlt mir so, so sehr. Laura.

Giulia:

Ich bin gebeten worden, etwas über Cédric zu schreiben, und für einen Moment habe ich gedacht, dass ich mich an gar nichts erinnere, aber dann habe ich nur eine Sekunde lang nachgedacht und gemerkt, wie lebendig sein Bild noch in meiner Erinnerung ist.

Cédric war ein Jugendlicher wie wir alle, Anfang zwanzig und voller Lebensfreude und Spaß daran, sich zu amüsieren. Er war fröhlich, unterhaltsam und manchmal auch richtig komisch, er sprach mit einem merkwürdigen Akzent, und manchmal dachte man, er wolle einen auf die Schippe nehmen.

Ich erinnere mich, dass er dickköpfig war, aber zugleich ein richtig lieber Junge. Er war in der Lage, Leuten, die er gern hatte, seine Gefühle zu zeigen, und deshalb ist es ihm auch gelungen, so viele Freunde außerhalb des Vatikans zu finden.

Ich erinnere mich, dass er, obwohl er unser Alter hatte, doch reifer wirkte als wir – wahrscheinlich, weil er, anders als wir, nicht mehr zu Hause lebte.

Wenn jemand stirbt, dann neigt man dazu, sich nur an seine positiven Seiten zu erinnern, aber ich weiß, dass niemand ohne Fehler ist. Es ist so viel darüber geschrieben worden, was passiert ist, über ihn, man hat ein Ungeheuer aus ihm gemacht, einen Mörder, einen verdorbenen Menschen. Ich kann nur sagen, dass der Cédric, der da beschrieben wurde, nicht identisch ist mit dem, den ich gekannt habe, mit dem wir unsere Ferien verbracht oder den wir abends mit nach Hause genommen haben. Und es wird niemals ein Buch oder eine Aussage oder eine Person in Fleisch und Blut geben, die mich davon überzeugen kann, dass diese beiden Cédrics identisch sind. So ist das nicht für mich, und so wird es niemals sein.

Valeria hat sich entschlossen, mir auch zwei der Liebesbriefe zu überlassen, die Cédric ihr im Laufe ihrer anderthalbjährigen Beziehung geschrieben hat.

Am 13. Februar 1997 kam er mit einem großen Blumenstrauß und einem Briefchen bei ihren Eltern vorbei, weil Estermann ihm für ein nächtliches Ausbleiben mit Valeria ausgerechnet am Valentinstag Hausarrest und eine Extrawache aufgebrummt hatte.

Mein Liebling, ich hätte Dir gern diese Blumen überreicht und Dir meine Liebe geschworen, aber unglücklicherweise habe ich Dienst. Die vergangenen Monate standen ganz im Zeichen von Freude und Glück. Und sie sind so schnell vergangen, als hätten wir uns gestern kennen gelernt.

Eines ist sicher: Ich hoffe, dass die nächsten sechs Monate genauso schön werden. Ich möchte mich noch einmal für all das Schöne bedanken, was Du mir gibst, wenn wir zusammen sind, auch für Deine Spontaneität und Deine Lebensfreude, jedes Mal, wenn wir uns treffen. Um abzuschließen, das Wichtigste, von dem ich weiß, dass Du es gern öfter von mir hören würdest, aber ich bin nun mal so, wie ich bin, und ich denke es wenigstens die ganze Zeit. Du bist jetzt sicher neugierig, was ich meine, also gut, jetzt sage ich es Dir: Ich liebe Dich.

Dein Schatz Cédric.

Fast genau auf den Tag ein Jahr vor seinem Tod, in den frühen Morgenstunden des 4. Mai 1997, hat Cédric Tornay seiner Liebsten folgende SMS aufs Handy geschickt. Sie waren zusammen ausgegangen, aber es war keineswegs selbstverständlich, dass er bei ihr und ihren Eltern übernachten würde. Also verbrachte er seine freie Nacht bei gemeinsamen Freunden – und schickte ihr noch einen Gruß:

Wie Du selber weißt, es ist schon sehr spät, aber ich möchte Dir noch eine gute Nacht wünschen. Und vor allem möchte ich Dir sagen, wie sehr ich Dich liebe. Du bist mein Schatz. Tausend Küsse, Cédric, Dein Schatz.

Ein Liebesgruß Cédrics

Ciaò Amore,

Penso che per te sarà una sorpresa di ricevére questa lettera. Ma anche si lo festéggeremo dopo volevo farti i auguri è darti il régalo il 22 cosi vedi che anche si non ci sono ti penso lo stesso tanto. Spèro che ti piacerà è che lo portérai con tutto l'amore che l'accompagna. Ti chiamero questa serà e ti mando tanti bacci.

Ti Voglio Bene

Tuo Amore

♡ Auguri per

...riesco ad avere
Momenti Magici

il nostro primo

Anno ♡

Literatur

Aarons, Mark, Loftus, John, *Unholy Trinity*, New York 1992
Accatoli, Luigi, *Il Papa chiede perdono*, Roma 1998

Caraciolo, Lucio, *L'impero del Papa*, Roma 2001
Cesareo, Vincenzo, Hg., *La religiosità in Italia*, Milano 1995
Cornwell, John, *Wie ein Dieb in der Nacht*, Wien 1989
Ders., Pius XII. *Der Papst, der geschwiegen hat*, München 1999

De Agar, José Martin, *Raccolta di concordati, 1950–1999*, Roma 2000
De Mattei, Roberto, *Il crociato del secolo XX*, Roma 1996
Ders., *Quale Papa dopo il Papa*, Milano 2003
Demandt, Alexander, Hg., *Das Attentat in der Geschichte*, Augsburg 2000
Discepoli di Verità, *Ihr habt getötet*, Berlin 2003
Dorn, Luitpold, *Der Papst und die Kurie*, Freiburg 1989

Fuhrmann, Horst, *Die Päpste*, München 1998

Godman, Peter, *Die geheime Inquisition*, München 2001
Gregorovius, Ferdinand, *Geschichte der Stadt Rom im Mittelalter*, Taschenbuchausgabe, München 1978
Guarino, Mario, *I mercanti del Vaticano*, Milano 1998
Guerri, Giordano Bruno, *Gli italiani sotto la chiesa*, Milano 1992
Guieu, Jimmy, *Les visiteurs du suaire*, Paris 2000

Hammer, John, *The Vatican Connection*, New York 1982
Härtl, Helmut, *Im Sprung gehemmt – was mir nach dem Konzil noch alles fehlt*, Wien 2000
Hebbletwaith, John, *Pope John Paul and the Church*, Kansas City 1995
Hertel, Peter, *Die Geheimnisse des Opus Dei*, Freiburg 1995
Hülsebusch, Bernhard, *Vatikan von innen*, Graz 1998

I Millenari, *Wir klagen an*, Berlin 2001

Kastner, Jörg, *Der Engelspapst*, München 2000
Knopp, Guido, *Der Vatikan und die Macht der Päpste*, Gütersloh 1997
Küng, Hans, *Erkämpfte Freiheit*, München 2002
Ders., *Kleine Geschichte der katholischen Kirche*, Berlin 2002
Kwitny, John, *Man of the Century. Pope John Paul II*, New York 1997

Ledl, Leopold, *Im Auftrag des Vatikans*, München 1989
Lexikon der Päpste und des Papsttums, Freiburg 2000

Matillo, Rossend Domenech, *Marcinkus e l'avventura delle Finanze Vaticane*, Napoli 1988

Nicotri, Pino, *Mistero Vaticano*, Milano 2oo2

Palermo, Carlo, *Il quarto livello*, Roma 1996

Ratzinger, Joseph, *Aus meinem Leben*, Stuttgart 1998
Reese, Thomas, *Inside the Vatican*, London 1996
Rendino, Claudio, *I Papi. Storia e segreti*, Milano 1999
Robinson, Jeffrey, *The Laundry Men*, New York 1996
Rosa, Peter de, *Gottes erste Diener*, München 1991
Rossi, Ernesto, *Il sillabo e dopo*, Roma 1965
Ders., *L'aspersorio e il manganello*, Milano 1957

Rouart, Jean-Marie, *Omar. La construction d'un coupable*, Paris 1994

Schaufelberger, Walter, *Begegnung mit der Päpstlichen Schweizergarde*, Rom 2000
Serrano, Antonio, *Die Schweizergarde der Päpste*, Dachau 1992
Stehle, Hans-Jakob, *Geheimdiplomatie im Vatikan*, Zürich 1993
Ders., *Graue Eminenzen, dunkle Existenzen*, Düsseldorf 1998
Stoerkel, Jean-Marie, *Les Loups de St. Pierre*, Plon 1996
Szulc, Tad, *Pope John Paul II. The Biography*, New York 1997

Thierry, Jean-Pierre, *Vergès et Vergèes*, Paris 2000

Villiers, Gérard de, *L'espion du Vatican*, Paris 2000

Wills, Gary, *Papal Sins*, New York 1995

Yallop, David, *Im Namen Gottes?*, München 1988

Register

U

V

W

Y

Aktuelle Themen im dtv

Stefan Aust
Cordt Schnibben
Irak
Geschichte eines modernen Krieges
ISBN 3-423-**34137**-8

Olaf Baale
Die Verwaltungsarmee
Wie der Staat ruiniert wird
ISBN 3-423-**24412**-7

Galina Breitkreuz
Erst kommt die Angst
Afghanistans mutige Frauen
ISBN 3-423-**24487**-9

Colin J. Campbell
Ölwechsel!
Das Ende des Erdölzeitalters und die Weichenstellung für die Zukunft
Übers. v. H. Roth
ISBN 3-423-**24321**-X

Jim Collins
Der Weg zu den Besten
Die sieben Management-Prinzipien für dauerhaften Unternehmenserfolg
Übers. v. M. Baltes u. F. Böhler
ISBN 3-423-**34039**-8

Hans-Peter Dürr
Für eine zivile Gesellschaft
Beiträge zu unserer Zukunftsfähigkeit
ISBN 3-423-**36177**-8

Francis Fukuyama
Der große Aufbruch
Wie unsere Gesellschaft eine neue Ordnung erfindet
Übers. v. K. Dürr und U. Schäfer
ISBN 3-423-**36271**-5

Das Ende des Menschen
Übers. v. K. Kochmann
ISBN 3-423-**34070**-3

Mario Gmür
Der öffentliche Mensch
Medienstars und Medienopfer
ISBN 3-423-**36260**-X

Günter Grass, Daniela Dahn, Johano Strasser
In einem reichen Land
Zeugnisse alltäglichen Leidens an der Gesellschaft
ISBN 3-423-**34131**-9

Robert Greene
Power
Die 48 Gesetze der Macht
Übers. v. H. Schickert und B. Brandau
ISBN 3-423-**36248**-0

Die 24 Gesetze der Verführung
Ein Joost-Elffers-Buch
Übers. v. H. Schickert
ISBN 3-423-**34081**-9

Jahrbuch 2005
Zahlen · Daten · Analysen
Hg. v. DER SPIEGEL
ISBN 3-423-**32005**-2

Bitte besuchen Sie uns im Internet: www.dtv.de

Aktuelle Themen im dtv

Amira Hass
Gaza
Tage und Nächte in einem besetzten Land
Übers. v. S. Langhaeuser
ISBN 3-423-34138-6

Mark Hertsgaard
Im Schatten des Sternenbanners
Amerika und der Rest der Welt
Übers. v. F. Griese
ISBN 3-423-34157-2

Marie-France Hirigoyen
Die Masken der Niedertracht
Seelische Gewalt im Alltag und wie man sich dagegen wehren kann
Übers. v. M. Marx
ISBN 3-423-36288-X

Mobbing: Wenn der Job zur Hölle wird
Seelische Gewalt am Arbeitsplatz und wie man sich dagegen wehrt
Übers. v. I. M. Gabler
ISBN 3-423-34123-8

Michael Howard
Die Erfindung des Friedens
Über den Krieg und die Ordnung der Welt
Übers. v. M. Haupt
ISBN 3-423-34179-3

Harald Klimenta
Was Börsen-Gurus verschweigen
12 Illusionen über die Finanzwelt
ISBN 3-423-36282-0

Frank Lehmann
Wirtschaft
Worauf es wirklich ankommt
ISBN 3-423-34096-7

Rüdiger Liedtke
Die Vertreibung der Stille
Leben mit der akustischen Umweltverschmutzung
ISBN 3-423-34062-2

Joan Magretta
Basic Management
Alles, was man wissen muß
Übers. v. M. Bauer
ISBN 3-423-34064-9

Irshad Manji
Der Aufbruch
Plädoyer für einen aufgeklärten Islam
Übers. v. S. Aeckerle
ISBN 3-423-34193-9

Dirk Schümer
Das Gesicht Europas
Ein Kontinent wächst zusammen
ISBN 3-423-34058-4

Bitte besuchen Sie uns im Internet: www.dtv.de

Aktuelle Themen im dtv

Reinhard Merkel
Forschungsobjekt Embryo
Verfassungsrechtliche und ethische Grundlagen der Forschung an menschlichen embryonalen Stammzellen
ISBN 3-423-**36294**-4

Christian Nürnberger
Kirche, wo bist du?
Warum läuft die Kirche dem Zeitgeist hinterher, statt ihm wesentliche Impulse zu vermitteln?
ISBN 3-423-**24232**-9

Nikolaus Piper
Willkommen in der Wirklichkeit
Wie Deutschland den Abstieg vermeiden kann
ISBN 3-423-**24442**-9

Peter Scowen
USA
Ein Schwarzbuch
Übers. v. S. Hunzinger und K. Neff
ISBN 3-423-**24414**-3

Frederic Vester
Phänomen Streß
Wo liegt sein Ursprung, warum ist er lebenswichtig, wodurch ist er entartet?
ISBN 3-423-**33044**-9

Wolf Wagner
Wie Politik funktioniert
3-423-**34163**-7

Bitte besuchen Sie uns im Internet: www.dtv.de

Frauen, die Geschichte machten

Edwin Dillmann
Maria Theresia
ISBN 3-423-31028-6

Françoise Giroud
Das Leben der Jenny Marx
Biographie
Übers. v. S. Koch
ISBN 3-423-30632-7

Hildegard Hamm-Brücher
Freiheit ist mehr als ein Wort
Eine Lebensbilanz 1921–1996
ISBN 3-423-30644-0

Erinnern für die Zukunft
Ein zeitgeschichtliches Nachlesebuch 1991 bis 2002
ISBN 3-423-24254-X

Frauen-Geschichte(n)
Ein historisches Lesebuch
Hg. v. Brigitte Hellmann
ISBN 3-423-30627-0

Gerda Hoffer
Zeit der Heldinnen
Lebensbilder außergewöhnlicher jüdischer Frauen
ISBN 3-423-30701-3

Jean Markale
Isabeau de Bavière
Biographie
Übers. v. W. Grommes
ISBN 3-423-30633-5

Régine Pernoud
Königin der Troubadoure
Eleonore von Aquitanien
Übers. v. R. Heyd
ISBN 3-423-30042-6

Herrscherin in bewegter Zeit
Blanca von Kastilien, Königin von Frankreich
Übers. v. S. Rott-Illfeld
ISBN 3-423-30359-X

Christine de Pizan
Das Leben einer außergewöhnlichen Frau und Schriftstellerin im Mittelalter
Übers. v. S. Rott-Illfeld
ISBN 3-423-30631-9

Der Prozeß der Jeanne d'Arc
Akten und Protokolle 1431–1456
Herausgegeben von Ruth Schirmer-Imhoff
ISBN 3-423-30202-X

Martha Schad
Elisabeth von Österreich
ISBN 3-423-31079-0

Nathan Stoltzfus
Widerstand des Herzens
Der Aufstand der Berliner Frauen in der Rosenstraße – 1943
Übers. v. M. Müller
ISBN 3-423-30845-1

Bitte besuchen Sie uns im Internet: www.dtv.de

Männer, die Geschichte machten

Manfred Flügge
Heinrich Schliemanns Weg nach Troia
Die Geschichte eines Mythomanen
ISBN 3-423-34025-8

Theodore S. Hamerow
Die Attentäter
Der 20. Juli – von der Kollaboration zum Widerstand
Übers. v. M. Grässlin
ISBN 3-423-34100-9

Eckart Kleßmann
Napoleon
ISBN 3-423-30865-6

Christian Graf von Krockow
Die preußischen Brüder
Prinz Heinrich und Friedrich der Große
Ein Doppelportrait
ISBN 3-423-30659-9

Bismarck
Eine Biographie
ISBN 3-423-30784-6

Churchill
Eine Biographie des 20. Jahrhunderts
ISBN 3-423-30797-8

Siegfried Lauffer
Alexander der Große
ISBN 3-423-34066-5

Christian Meier
Caesar
ISBN 3-423-30593-2

Peter Merseburger
Willy Brandt 1913–1992
Visionär und Realist
ISBN 3-423-34097-5

Shimon Peres
Man steigt nicht zweimal in denselben Fluß
Politik heißt Friedenspolitik
Übers. v. M. Georg
ISBN 3-423-24181-0

Andrew Roberts
Churchill
und seine Zeit
Übers. v. F. Griese
ISBN 3-423-24132-2

Ekkehart Rotter
Friedrich II. von Hohenstaufen
dtv portrait
ISBN 3-423-31078-2

Martha Schad
Ludwig II.
dtv portrait
ISBN 3-423-31033-2

Theo Schwarzmüller
Otto von Bismarck
dtv portrait
ISBN 3-423-31000-6

Zwischen Kaiser und »Führer«
Generalfeldmarschall August von Mackensen
Eine politische Biographie
ISBN 3-423-30823-0

Bitte besuchen Sie uns im Internet: www.dtv.de